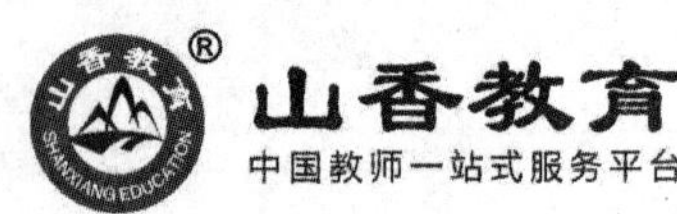

国家教师资格考试

历年真题解析及预测试卷

历史学科知识与教学能力

| 高级中学 |

山香教师资格考试命题研究中心　主编

关注公众号，点击“笔试练习”领取学科笔记

图书在版编目（CIP）数据

历史学科知识与教学能力．高级中学 / 山香教师资格考试命题研究中心主编．-- 北京：首都师范大学出版社，2020.6（2021.8重印）

国家教师资格考试历年真题解析及预测试卷

ISBN 978-7-5656-5505-0

Ⅰ．①历… Ⅱ．①山… Ⅲ．①中学历史课－教学法－高中－中学教师－资格考试－题解 Ⅳ．①G633.512-44

中国版本图书馆CIP数据核字(2020)第010382号

国家教师资格考试历年真题解析及预测试卷
LISHI XUEKE ZHISHI YU JIAOXUE NENGLI GAOJI ZHONGXUE
历史学科知识与教学能力·高级中学
山香教师资格考试命题研究中心　主编

策划编辑　张文强
责任编辑　曹亮亮　　　封面设计　山香教育
首都师范大学出版社出版发行
地　　址　北京市西三环北路105号
邮　　编　100048
咨询电话　010-68418523（总编室）　010-68982468（发行部）
网　　址　http://cnupn.cnu.edu.cn
印　　刷　河南黎阳印务有限公司
经　　销　全国新华书店
版　　次　2020年6月第1版
印　　次　2021年8月第3次印刷
开　　本　787mm×1092mm　1/16
印　　张　15
字　　数　360千
定　　价　35.00元

前　　言

中小学教师资格考试是由国家建立考试标准,省级教育行政部门组织的全国统一考试。通过实施中小学教师资格考试,考查申请人是否具备教师职业道德、基本素养、教育教学能力和教师专业发展潜质。严把教师入口关,择优选拔乐教、适教人员取得教师资格。

中小学教师资格考试包括笔试和面试两部分。笔试各科目采取纸笔考试,笔试各科成绩合格者,方可参加面试。教师资格笔试单科成绩有效期为2年,教师资格考试合格证明有效期为3年,中小学教师资格实行5年一周期的定期注册。目前,除西藏外,我国其余省份全部实行教师资格全国统一考试,不管是师范类专业的考生还是非师范类专业的考生,要想成为一名教师,就必须参加教师资格考试。

山香教育在调研历年教师资格考试真题的基础上,结合最新考试标准和考试大纲,策划出版了本套试卷,致力于帮助广大考生实现教师之梦。

本套试卷具有以下特点:

1. 紧依大纲,浓缩考点。本套试卷按照最新考试大纲编写。试卷知识点全面,题型设置和整体难度也较为准确、全面地反映了大纲的要求,是考生进行备考不可多得的辅导资料。

2. 真题先行,预测居后。本套试卷真题与预测互为补充:真题居前,有助于考生把握国家教师资格考试的题型、难度和命题趋势;预测在后,依真题进行命制,帮助考生有针对性地进行强化训练。

3. 试题海量,答案详尽。试题丰富,且所有试题都附有详细的答案和解析,有助于考生理解知识点,科学备考。

本套试卷难免存在一些不足之处,衷心希望各位读者朋友批评指正,同时希望这套试卷能为考生顺利通过教师资格考试提供帮助。

编　者

目　录

参考答案及解析单独成册

题型解读

一、单项选择题

(一)题型介绍

单项选择题主要考查学科专业知识和学科教学能力中的知识识记与理解,考查覆盖面广。在历年真题中,学科专业知识占24道,学科教学能力占1道。单项选择题总题量比较稳定,有25道,总分值50分,约占试卷总分值的33%。

学科专业知识主要包括中外历史知识和历史学科理论基础,主要考查的知识点包括中国古代史、中国近代史、中国现代史、世界古代史、世界近代史、世界现代史、历史学科理论基础的相关内容。根据对历年真题的分析,单项选择题在学科专业知识各考点中的题量分布大致如下:中国古代史7—10道、中国近代史3—8道、中国现代史1—2道、世界古代史1—3道、世界近代史1—5道、世界现代史2—5道、历史学科理论基础1—2道。历年真题中对这部分考点,一般以历史知识或历史理论的方式考查。题目形式为题干中给出一段材料,提出相应条件,选出选项中符合条件或不符合条件的一项。

学科教学能力包括历史教学设计、历史教学实施和历史教学评价。历史教学设计主要考查的知识点包括教学过程的设计和历史课外活动设计。历史教学实施主要考查的知识点为历史课堂教学中常用的教学方法。历史教学评价主要考查的知识点为学生学习评价的方法。历年真题中对这部分考点,一般以理论知识的方式考查。题目形式为题干中提出相应条件,根据历史教学设计、实施、评价的相关知识,选择选项中符合条件或不符合条件的一项。

(二)解题方法

能否认真审题,是做好单项选择题的关键。单项选择题常用的解题方法有以下几种:

1.排除法:在不能确定正确选项或对考查的知识模糊不清的情况下,可以用此法逐一排除不正确的选项,缩小选择范围,从而确定正确选项。

2.简化法:为了增加难度,有一些题目的中心词或限制词有意扩充,使考生在答题时要绕几个弯。这时,就需要将复杂的题目简化,画出题目的主、谓、宾,依据这些关键词来分析备选项。

3.替换法:有时题干中的词是我们平时不熟悉的,为了便于思考,可以找一个接近的词替换一下,如“功绩”可换成“积极作用”,“重大举措”可换成“重大措施”。

4.直接联想法:此法指直接回忆有关内容,尤其是通过联想分辨时空方面或逻辑方面最直接的内容。

5.题干还原法:题干内容和答案之间必有严密的逻辑联系。解题时首先把题意明显不符的选项剔除,然后把其他各项纳入题干之中,进行还原思考。

二、简答题

(一)题型介绍

简答题主要考查学科专业知识和学科教学能力中的知识识记与理解,考查覆盖面广。在历年真题中,学科专业知识占1—2道,学科教学能力占1—2道。简答题总题量比较稳定,有3道,总分值30分,占试卷总分值的20%。

学科专业知识主要考查的知识点包括中外历史知识和历史学科理论基础的相关内容。

学科教学能力包括历史教学设计、历史教学实施和历史教学评价。历史教学设计主要考查的知识点包括学情分析、教学过程的设计和不同课型的教学设计。历史教学实施主要考查的知识点包括历史细节的讲授、史学研究成果的运用、历史导学案和历史复习。历史教学评价主要考查的知识点包括教学评价的功能、学生学习评价的基本原则和学生学习评价的方法。

历年真题中对这部分考点,一般以历史专业知识或教学理论知识的方式考查。题目形式为简述、论述、评价、比较或说明某一历史事件、历史现象或教学理论。

(二)解题方法

1.审题

首先,审清楚试题是针对哪一历史事件、历史现象或哪个教学理论知识进行提问。

其次,看题目具体规定要回答哪一方面的内容,是背景、经过、意义还是方法、原则。

再次,看题目要求的作答方式,一般来说,有“评价”“论述”“比较”“说明”等。

最后,注意题目对答题范围的限定。

2.回忆相关知识

知识点包括两大类:一是与题目有关的基本史实,二是答题所需的历史基本理论和基本认识。回忆知识点要做到全面、快速简明。

3.厘清思路

动笔之前先想好答题顺序,如何组织相关知识点。考生可以先在草稿纸上简单写一下思路再作答。

4.规范作答

首先,答题格式要规范,做到“段落化、要点化、序号化”。其次,语言要规范,要使用历史学科术语。最后,做到字迹清晰、卷面整洁。

三、材料分析题

(一)题型介绍

材料分析题主要考查学科专业知识和学科教学能力中的知识识记、理解和运用,考查覆盖面广。在历年真题中,学科专业知识占1道,学科教学能力占2道。材料分析题总题量比较稳定,有3道,总分值48分,占试卷总分值的32%。

学科专业知识主要考查的知识点为中外历史知识。

学科教学能力包括历史教学设计、历史教学实施和历史教学评价。历史教学设计主要考查的知识点包括历史学科教材分析、教学目标的设计、教学过程的设计和不同课型的教学设计。历史教学实施主要考查的知识点包括历史课堂教学中常用的教学方法和历史专题内容的讲授方法。历史教学评价主要考查的知识点包括课堂教学评价的内容、教学反思、学生学习评价的方法和试题命制。

历年真题中对这部分考点，一般以历史专业知识或教学理论知识与教学案例相结合的方式考查。题目形式为题目中给出一到三则历史材料或一段教学案例片段，根据学科专业知识或学科教学能力的相关知识，分析历史材料或分析该教学案例片段，指出其优缺点并提出改进意见。

(二)解题方法

1.学科专业知识材料分析题

(1)先浏览，后细审。

第一步，快速浏览一遍试题，看材料主要涉及哪些知识点，如何设问的。第二步，结合设问要求，细读材料，从材料中找出答题所需的关键信息。

(2)重视材料的出处和说明性文字。材料出处对理解材料观点非常重要。

(3)调动知识要“依据材料，结合所学”。

(4)按分值多少确定答案要点，答案要点要齐全。

(5)答案要段落化、要点化、序号化，书写工整。

(6)运用历史学科概念和术语作答。

2.学科教学能力材料分析题

学科教学能力材料分析题主要有以下三种类型：

(1)对教师的教学行为进行整体评述。

作答思路：

首先，对教师行为进行整体判断，在分析教师的行为时，要辩证地看待。

其次，指出其合理之处，并针对合理之处分析说明原因。

最后，指出不合理之处，针对不合理之处分析说明原因，并提出改正措施。

(2)对某一具体行为进行评述。

作答思路：

首先，判断所使用的教学方法、技能、方案或活动是什么，可简单指出该教学方法、技能、方案或活动的定义及其优缺点。

其次，运用相关教学方法、技能、方案或活动的原则或注意事项的知识并结合案例进行分析。

最后，指出该教学方法、技能、方案或活动在使用过程中的合理之处及其原因，或者不合理之处及其原因。

(3)针对某一教学方法、技能、方案或活动进行提问。

作答思路：直接针对问题回顾相关理论知识进行回答。

四、教学设计题

(一)题型介绍

教学设计题主要考查教学设计的能力和水平。在历年真题中，教学设计题总题量比较稳定，有1道，总分值22分，约占试卷总分值的15%。教学设计题一般是从现行版本的高中历史教材中节选一段教学内容，要求考生根据《普通高中历史课程标准》(2017年版)和课文内容，设计出相关的教学过程，包括教学环节、教师活动和学生活动，并说明设计意图。

(二)解题方法

1.确定教学内容、知识结构。

(1)确定教学内容。

①结合课程标准提炼知识点。

②结合课文摘录提炼知识点。

(2)确定知识结构。

结合课程标准和课文摘录中的知识点重新组合知识，确定知识点的逻辑和结构。

2.根据知识内容的特点设计教学活动。

3.采用恰当的方式进行书写。

(1)表格式

考生可采用表格来呈现教学活动的片段设计，这种方法直观性强，方便考官阅卷。但是如果考生画的表格不够整齐，就会影响试卷美观，因此要酌情使用。

(2)文字式

考生可将表格转化为文字，充分实现段落化，通过段落来强调不同的活动。

机密★启封前　　　　姓名＿＿＿＿＿＿　准考证号＿＿＿＿＿＿

2020年下半年中小学教师资格考试真题试卷(精编)

《历史学科知识与教学能力》(高级中学)

(本套试卷共32小题,目前已收录30小题)

注意事项:

1. 考试时间为120分钟,满分为150分。
2. 请按规定在答题卡上填涂、作答,在试卷上作答无效,不予评分。

一、单项选择题(本大题共25小题,每小题2分,共50分)

在每小题列出的四个备选项中只有一个是符合题目要求的,请用2B铅笔把答题卡上对应题目的答案字母按要求涂黑。错选、多选或未选均无分。

1. 在我国新石器时期,人们使用的工具是什么?(　　)

A. 打制石器　　B. 磨制石器　　C. 青铜器　　D. 铁器

2. 《史记》记载,秦始皇曰:"天下共苦战斗不休,以有侯王。赖宗庙,天下初定,又复立国,是树兵也,而求其宁息,岂不难哉!"为了"求其宁息",秦始皇采取了哪项措施?(　　)(常考)

A. 修建长城　　B. 统一度量衡　　C. 焚书坑儒　　D. 推行郡县制

3. 下图所示的耕作方法是在(　　)时期出现的。

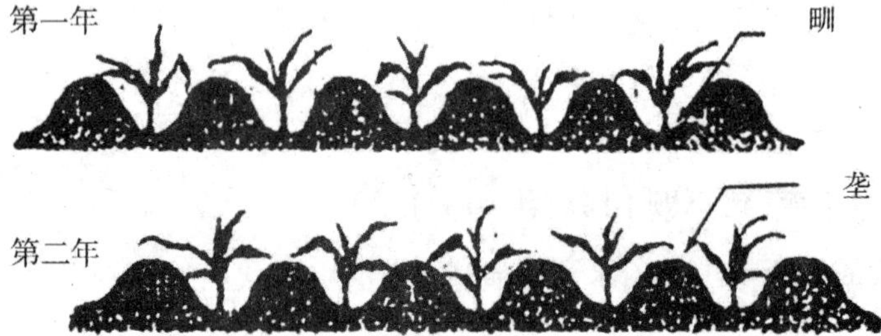

A. 西周　　B. 春秋战国　　C. 秦朝　　D. 汉朝

4. 根据某史料记载,某水利工程"北通涿郡之渔商,南运江都之转输,其为利也博哉"。这句话描述的水利工程是(　　)

A. 灵渠　　B. 郑国渠　　C. 都江堰　　D. 隋朝大运河

5. 日本的奈良城中有一条朱雀大街,此外还有东市、西市两个商业区,它仿照的是中国古代的哪个城市?(　　)

A. 汉代的洛阳城　　B. 唐代的长安城

C. 宋朝的东京城　　D. 明朝的北京城

6. 某史料记载:"上既削平诸国(女真各部),每三百人设一牛录额真,五牛录设一甲喇额真,五甲喇设一固山额真。""上"指的是(　　)

A. 成吉思汗　　B. 努尔哈赤　　C. 忽必烈　　D. 皇太极

7. 从明朝万历时期开始,北京的戏曲形成了"四方歌者皆宗吴门"的现象。"吴门"指的是(　　)

A. 乐府　　B. 京剧　　C. 昆曲　　D. 评弹

8. 张之洞认为:"棉布本为中国自有之利,自有洋布、洋纱,反为外洋独擅之利。耕织交病,民生日蹙,再过十年,何堪设想!今既不能禁其不来,惟有购备机器,纺花织布,自扩其工商之利,以保利权。"为此他建立了(　　)(易混)

A. 湖北织布局　　B. 上海机器织布局

C. 机器织呢局　　D. 华盛纺织总厂

9. 下列条约当中,和香港有关的是(　　)(易错)

①《南京条约》　②《北京条约》

③《天津条约》　④《马关条约》

A. ①②　　B. ①③　　C. ②③　　D. ②④

10. 近代中国的一篇文章在开篇说道:"长梦千年何日醒,睡乡谁遣警钟鸣。"这篇文章的作者是(　　)

A. 章太炎　　B. 陈天华　　C. 邹容　　D. 黄兴

11. 孙中山曾说:"万户涕泪,一人冠冕,其心尚有共和二字存耶?既忘共和,即称民贼。……誓死戮此民贼,以拯吾民。"与此有关的历史事件是(　　)(易混)

A. 武昌起义　　B. 二次革命　　C. 护国战争　　D. 护法战争

12. 李大钊的著作《我的马克思主义观》最早发表在(　　)

A.《新青年》　　B.《晨报》　　C.《每周评论》　　D.《时务报》

13. 下列选项中属于我国第一部无声电影的是(　　)

A. 

B. 

C. 

D. 

14. 与1952年相比,1957年中国的钢产量增长了296%,煤炭产量增长了96%,该现象和下列哪一历史事件有关?(　　)

A. 全国土地改革的完成　　B. “大跃进”运动的开展

C. 抗美援朝战争的胜利　　D. 第一个五年计划的实施

第14题

15. 下图是一对夫妻结婚时领取的结婚证。根据图片信息判断这对夫妻可能是什么时候结婚的?(　　)

毛主席语录

千万不要忘记阶级斗争

社会主义制度的建立给我们开辟了一条到达理想境界的道路,而理想境界的实现还要靠我们的辛勤劳动

结婚证

A. 解放战争时期　　B. 新中国建立初期

C. “文化大革命”时期　　D. 改革开放时期

16. 唐朝时期,西方有一个地跨亚、欧、非三洲的大帝国,它是哪个国家?(　　)

A. 阿拉伯帝国　　B. 罗马帝国

C. 亚历山大帝国　　D. 奥斯曼土耳其帝国

17.《理想国》一书中明确指出,政治的本质在于公正,一个“理想国”应该具有智慧、勇敢、节制和正义四种美德。《理想国》的作者是(　　)

A. 普罗泰格拉　　B. 苏格拉底　　C. 柏拉图　　D. 亚里士多德

第17题

18. 中世纪晚期,以手工业享誉欧洲的城市是(　　)

A. 热那亚　　B. 巴黎　　C. 威尼斯　　D. 佛罗伦萨

19. 下列航线中反映麦哲伦船队的是(　　)(常考)

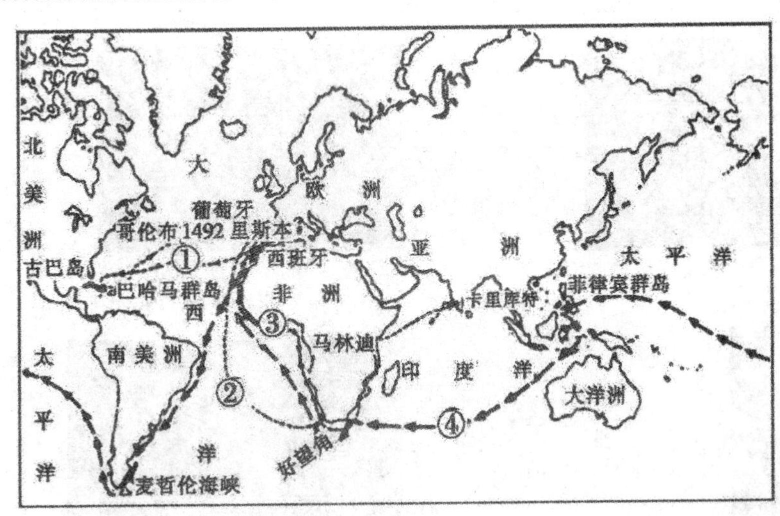

A. ①　　B. ②　　C. ③　　D. ④

20. 下列思想家属于英国启蒙思想家的有(　　)

①卢梭　②洛克　③霍布斯　④斯宾诺莎

A. ①②　　B. ②③　　C. ③④　　D. ②④

21. 下图中的人物是美国《独立宣言》的起草者,他是(　　)

A. 华盛顿　　B. 杰斐逊　　C. 林肯　　D. 富兰克林

22. 1943年12月发表的《开罗宣言》称,三大盟国进行此次战争之目的,在于制止及惩罚日本的侵略,决不为自己图利,亦无拓展领土之意。三大盟国指的是哪三个国家?(　　)

A. 中国、美国、英国　　B. 中国、苏联、印度

C. 英国、法国、埃及　　D. 美国、苏联、法国

23. 下列与《布雷顿森林协定》相关的是哪些组织?(　　)

①国际货币基金组织　②世界贸易组织

③国际复兴开发银行　④亚太经合组织

A. ①②　　B. ①③　　C. ②④　　D. ③④

24.《史记》当中记录西周各诸侯国历史的是(　　)(易错)

A. 本纪　　B. 列传　　C. 世家　　D. 书

25. 运用史料之前要辨别史料,为了考查史料的准确性,可以(　　)

①考查史料的来源　②依据官方的文件

③比较史料的异同　④考究史料的真伪

A. ①②③　　B. ①②④　　C. ①③④　　D. ②③④

二、简答题(本大题共3小题,每小题10分,共30分)

26. 简述第二次世界大战后资本主义国家实行福利制度的影响。(10分)

27. 简述历史教学中复习的意义。(10分)

28. 历史教师在教学中应该如何突出教学重点?(10分)

三、材料分析题(本大题共1小题,16分)

29. 阅读下面材料并回答问题。

材料 1910年8月,《国风报》一篇文章中写道:“我国今日之新政,固速乱之导线也。十年以来,我国朝野上下,莫不奋袂攘臂,嚣然举行新政。兴学堂也,办实业也,治警察也,行征兵也,兼营并举,日不暇给。然而多举一新政,即多增一乱端,事变益以纷挈,国势益以抢攘。……”

问题:

(1)结合所学知识回答,“新政”史称什么?(4分)

(2)材料中的“兴学堂也,办实业也”的具体内容是什么?(5分)

(3)根据材料并结合所学知识,分析“新政”为什么被称为“速乱之导线”。(7分)

四、教学设计题(本大题共1小题,共22分)

30. 根据下列材料,按要求完成教学设计任务。

材料一 《普通高中历史课程标准》(2017年版)规定:通过了解马克思主义产生的时代背景以及马克思、恩格斯的理论探索与革命实践,了解《共产党宣言》的主要内容,理解马克思主义产生的世界意义。

材料二 课文摘录

马克思主义的诞生

19世纪中叶,德国思想家、革命家马克思和恩格斯在广泛吸收人类优秀思想成果的基础上,进一步探讨工业革命引起的社会变化,总结工人运动的经验,共同创立了富有生命力的马克思主义。

1846—1847年间,马克思和恩格斯先后在布鲁塞尔建立了共产主义通讯委员会和德意志工人协会,还加入了德意志流亡工人的组织“正义者同盟”,并帮助该同盟改组为“共产主义者同盟”。在伦敦召开的共产主义者同盟第二次代表大会上,马克思和恩格斯受大会委托起草同盟纲领,这就是1848年2月发表的《共产党宣言》。

《共产党宣言》肯定了资本主义的历史进步作用,指出“资产阶级在它的不到一百年的阶级统治中所创造的生产力,比过去一切世代创造的全部生产力还要多,还要大”。《共产党宣言》揭示了资本主义在积累财富和资本的同时对工人阶级的残酷剥夺必将引起工人阶级反抗的社会现实,论证了资本主义必然灭亡、共产主义必然胜利的客观规律。《共产党宣言》肯定阶级斗争在阶级社会中推动历史发展的重要作用,宣告了无产阶级作为资本主义掘墓人和共产主义建设者的伟大使命,阐明了共产党的性质、目的和策略原则。

《共产党宣言》第一次较为完整系统地阐述了科学社会主义的基本原理,阐明了社会发展的客观规律,标志着马克思主义的诞生。

要求:根据《普通高中历史课程标准》(2017年版)要求和课文内容,设计出相关的教学过程,包括教学环节、教师活动和学生活动,并说明设计意图。

机密★启封前　　　　　　　　　　姓名________　准考证号________

2019年下半年中小学教师资格考试真题试卷

《历史学科知识与教学能力》(高级中学)

注意事项：

1. 考试时间为120分钟，满分为150分。
2. 请按规定在答题卡上填涂、作答，在试卷上作答无效，不予评分。

一、单项选择题(本大题共25小题，每小题2分，共50分)

在每小题列出的四个备选项中只有一个是符合题目要求的，请用2B铅笔把答题卡上对应题目的答案字母按要求涂黑。错选、多选或未选均无分。

1. 孔子曰：“殷因于夏礼，所损益，可知也；周因于殷礼，所损益，可知也。”文中所说“礼”的含义是(　　)(常考)

A. 生活礼节　　B. 风俗习惯

C. 政治制度　　D. 国家政权

2.《史记》载：“高祖末年，非刘氏而王者，若无功上所不置而侯者，天下共诛之。”这反映出西汉统治者的主要意图是(　　)

A. 加强皇帝专制统治　　B. 维护“家天下”统治

C. 鼓励百姓建功立业　　D. 加强对地方的控制

第2题

3. 在中国古代的选官制度中，由下而上推荐人才的制度是(　　)

A. 世官制　　B. 察举制　　C. 军功爵制　　D. 科举制

4. 下图是古代中国某一历史时期的政局形势图(局部)。此图反映的时期是(　　)(易错)

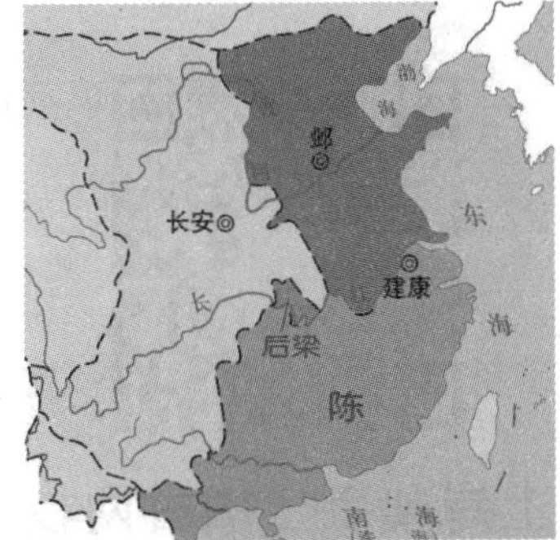

A. 南北朝时期　　B. 十六国时期

C. 两宋时期　　D. 五代十国时期

5. 郭沫若为宋代著名词人写下这样的对联：“大明湖畔，趵突泉边，故居在垂杨深处；漱玉集中，金石录里，文采有后主遗风。”这位宋代词人是(　　)

A. 柳永　　B. 苏轼　　C. 李清照　　D. 辛弃疾

6.《元朝秘史》中对12世纪蒙古草原的状况描述道：有星的天旋转着，众百姓反了，互相抢掠财物；有草皮的地翻转着，全部百姓反了，互相攻打。结束这种局面的史事是(　　)

A. 铁木真统一蒙古　　B. 蒙古攻灭西夏

C. 忽必烈建立元朝　　D. 元朝统一中国

7. 某史书序言中说：“上起战国，下终五季，一千三百六十二年之间，贤君令主，忠臣义士，志士仁人，兴邦之远略，善俗之良规……靡不具焉。”这部史书是(　　)

A.《战国策》　　B.《汉书》

C.《史记》　　D.《资治通鉴》

8. 下图是《点石斋画报》刊登的《海上繁华》组图中的一幅。图中所描绘的这一社会生活景象出现在(　　)

赛脚踏车

A. 晚清时期的中国都市　　B. 民国初期的中国乡村

C. 民国后期的中国城市　　D. 20世纪80年代的中国

9. 在一本有关民国初期的读物中，作者写道：“喝咖啡逛公园的上海买办、书包里藏着白话小说的学生、在政府各部跑新闻的北京记者和出口中国茶叶进口英国钢琴的广州商人们，他们的力量远远不足以支撑一个现代宪政社会。”由此可以得出的结论是(　　)

A. 生活习俗全盘西化　　B. 新潮人士已遍及城乡

C. 西方商品开始进入　　D. 民主化进程基础薄弱

10. 下列红军长征历程中的重大事件，按时间先后排列正确的是(　　)(易错)

①召开遵义会议　②飞夺泸定桥　③吴起镇会师　④巧渡金沙江

A. ①②③④　　B. ①③④②　　C. ①④②③　　D. ②④①③

11. 中国共产党在某次会议上提出：“党要立即开始着手建设事业，一步一步地学会管理城市，并将恢复和发展城市中的生产作为中心任务。”这次会议是(　　)

A. 中共六大　　B. 瓦窑堡会议

C. 洛川会议　　D. 中共七届二中全会

12. 20世纪80年代中期，为跟踪世界战略性高科技发展方向，抢占科学技术前沿，缩小与发达国家的差距，我国政府提出的发展战略是（　　）

A. 科教兴国　　B. “七五”计划

C. 改革开放　　D. “863计划”

13. 下表为中国某一时期制定和修改的法律。制定和修改这些法律的主要目的是（　　）

制定	证券法、合同法、招标投标法、信托法、个人独资企业法、政府采购法等
修改	对外贸易法、中外合资经营企业法、外资企业法、专利法、商标法、著作权法等

A. 建立新民主主义经济基础　　B. 保障社会主义改造的推进

C. 启动城市经济体制的改革　　D. 适应加入世界贸易组织的需要

14. 法国学者费奈隆认为“民众支配雅典，演说支配民众”。这句话表明他对古代雅典民主政治的看法是（　　）（常考）

A. 民众缺乏民主意识　　B. 公民大会形同虚设

C. 民主制度有局限性　　D. 雅典缺乏民主传统

15. 17世纪早期，一位英国的国王说：“我不允许议论我的政权，君主制是地上最高制度，君主是上帝派来统治人民的总督。”这位国王是（　　）（易混）

A. 詹姆士一世　　B. 詹姆士二世

C. 查理一世　　D. 查理二世

16. 某法令规定：“一切公职人员，都只应领取相当于工人工资的薪金，并且毫无例外地可以随时撤换。”这一法令出自（　　）

A. 国民公会　　B. 巴黎公社

C. 共产国际　　D. 工兵代表苏维埃

17. 下图是俄罗斯500卢布的纸币。2014年12月15日卢布兑美元汇率暴跌。有人指着纸币上的人物调侃说：“这位俄罗斯民族的开拓者可没有随之贬值。”这张纸币上的人物是（　　）

A. 彼得一世　　B. 亚历山大二世

C. 列宁　　D. 斯大林

18. 第一次世界大战后期，美国总统威尔逊对战后问题提出方案。这一方案是（　　）

A.《和平法令》　　B.《十四点原则》

C.《大西洋宪章》　　D.《联合国宪章》

19. “阿芙乐尔号”巡洋舰现已成为著名的历史遗迹，与之相关的史事是（　　）

第19题

A. 俄国二月革命　　B. 苏俄国内战争

C. 苏联卫国战争　　D. 彼得格勒起义

20. 1932年7月，美国漫画家柯尔比画了一幅漫画：当一架机翼标有“新政”字样的罗斯福座机在天空掠过时，一位迷惘而满怀希望的农民倚锄仰望。该漫画反映的是（　　）

A. 社会保障覆盖广大农民　　B. 贫困和饥饿遍及城乡

C. 美国人民期盼度过危机　　D. 农业萧条状况得以改善

21. 荣获诺贝尔文学奖的阿尔贝·加缪写有荒诞三部曲，其中有这样的表述：“今天，妈妈去世了。可能是昨天，我不清楚。”这三部曲可以归属的文学流派是（　　）

A. 浪漫主义　　B. 现实主义

C. 现代主义　　D. 后现代主义

22. 二十世纪八九十年代，在日本的科研经费构成中，企业投入占70%，企业拥有的科研人员占全国科研人员的59%，企业拥有全国80%以上的科研机构。这一现象反映的是（　　）

A. 产学研一体化　　B. 企业主导科研

C. 科研经费充足　　D. 科研队伍强大

23. 北美自由贸易区、东南亚国家联盟和亚太经合组织在职能上的共同之处是（　　）

A. 阻碍区域一体化进程　　B. 推动经济区域集团化

C. 对抗特定的国家集团　　D. 加强成员国反恐合作

24. 丛书是汇集多种单独的著作为一编并冠以总书名的一种集群式图书。下列图书中具有这一属性的是（　　）（易混）

A.《永乐大典》　　B.《四库全书》

C.《康熙字典》　　D.《古今图书集成》

25. 课堂教学中引用多样化历史材料的主要作用是（　　）

①提高学生阅读和理解材料的能力　②引导学生多角度分析历史问题

③帮助学生形成求真求实的历史意识　④促进学生理解专家的权威结论

A. ①②③　　B. ①②④　　C. ①③④　　D. ②③④

二、简答题（本大题共3小题，每小题10分，共30分）

26. 简述宋代理学兴起的原因。（10分）

27. 简述在历史教学中运用导学案的主要作用。(10分)

28. 简述历史习题的主要作用。(10分)

三、材料分析题(本大题共3小题,每小题16分,共48分)

29. 阅读下面材料并回答问题。

材料　第11条　普鲁士国王享有德意志皇帝的尊称,皇帝在国际关系上代表帝国,以帝国的名义宣战,与外国缔结和约、同盟和其他条约,委派并接受使节。

第12条　联邦议会与帝国议会的召集、开会、延会、闭会之权属于皇帝……

第15条　帝国首相是唯一行政负责人,由皇帝任命。

第17条　签署并公布帝国法律及监督执行之权属于皇帝……皇帝的命令和指示应以帝国名义下达,并须有帝国首相副署,方为有效,后者通过副署而承担责任。

第18条　皇帝任命帝国官吏……并有权在必要时解除其职务。

第63条　各邦的各支部队构成统一的军队,在平时和战时都服从皇帝的命令。

——摘编自1871年《德意志帝国宪法》

问题:

(1)概括上述材料中德意志皇帝拥有的权力。(8分)

(2)依据材料并结合所学知识,说明1871年《德意志帝国宪法》有哪些进步性和局限性。(8分)

30. 阅读下面材料并回答问题。

材料　说课中的“说教材”,意味着教材分析。下面是某教师“说教材”的片段:

《中华人民共和国成立和向社会主义过渡》是教材第九单元的第1课,上承新民主主义革命胜利,下启社会主义建设。本课有四个子目,即中华人民共和国的成立、人民政权的巩固、开创独立自主的和平外交、社会主义基本制度的建立。这四个子目比较全面地反映了新中国在过渡时期的内政、外交和社会经济状况。各子目讲述的史事虽然不一,但彼此关联,有着共同的历史主题,即站起来的中国人民在中国共产党的领导下,巩固新民主主义革命胜利成果,全面确立社会主义基本制度,实现了从新民主主义到社会主义的转变。这一“历史性转变”,应当是本课教学的主题。

问题:

(1)根据材料,该教师的“说教材”有哪些值得肯定的地方?(8分)

(2)结合所学说明教师在授课前进行教材分析有什么价值。(8分)

31. 阅读下面材料并回答问题。

材料　下面是某教师编制的一道材料分析题:

> 材料:洋务派的“自强”,有两重含义:其一,从阶级意义上说,它寻求的是在农民战争打击下的王朝自救;其二,从民族意义上来说,是为了抵御外国资本主义的侵略,实现民族的自我图强,以“自强”为宗旨,“洋务”成为最大的“时务”“急务”。
> 问题:
> (1)材料中的“自强”是什么意思,或者有几层含义?
> (2)“洋务运动”的根本目的是什么?

问题:

(1)评价该材料分析题中的问题设计。(6分)

(2)教师在命制材料分析题时应如何选择材料?(10分)

四、教学设计题(本大题1小题,22分)

32. 根据下列材料,按要求完成教学设计任务。

材料一 《普通高中历史课程标准》(2017年版)规定:通过了解文艺复兴、宗教改革、启蒙运动与资产阶级革命的历史渊源,认识资产阶级革命的发生和资本主义制度的确立,是近代西方政治思想理念的初步实现。

材料二 课文摘录

文艺复兴

意大利是古代罗马的故乡,意大利人能够接触到大量的古代希腊罗马文化遗存,还有机会得到拜占庭帝国保留的古代希腊罗马文化典籍。于是,一些对宗教文化传统思想不满的先进知识分子,在古代希腊罗马文化中找到了共鸣。他们通过欣赏、阐释古典文化充满人性的美,表达他们对现实生活的希望,从而掀起了一场思想解放运动。这场运动因为打着复兴古代希腊罗马文化的旗号,因而被人们称为文艺复兴运动。实际上,文艺复兴时期的思想家们不是在提倡复古,只是借古代文化之名宣传新的资产阶级思想。

文艺复兴的核心是人文主义,主张以人为中心而不是以神为中心,认为人是现实生活的创造者和主人,要求肯定人的价值和尊严。文艺复兴时期的思想家们虽然信仰宗教,但他们反对教会宣扬的禁欲苦行,抨击教会的腐败,提倡追求自由、幸福和物质享受,鼓励发财致富和冒险精神,崇尚理性和科学,追求知识。

文艺复兴首先在文学艺术领域表现出来。薄伽丘是佛罗伦萨人,文艺复兴时期著名文学家,代表作是用意大利方言创作的短篇小说集《十日谈》。这部书里的很多教士和贵族显现了荒淫伪善的面目,而商人和手工业者却都表现得机智勇敢。通过故事的讲述,作者抨击了封建道德和教会的禁欲思想,宣传人类平等,主张发展人的个性。

文艺复兴时期的著名文学家还有但丁和彼特拉克,他们和薄伽丘一起被誉为文艺复兴"文学三杰"。但丁在他的长诗《神曲》中,率先对教会的丑恶现象表达了憎恶。彼特拉克的代表作是《歌集》,他最早提出要以"人的学问"代替"神的学问",被称为"人文主义之父"。

文艺复兴时期的艺术领域更是群星灿烂,达·芬奇等艺术大师创作了许多杰出作品,一扫中世纪的呆板拘谨的宗教气息。作者根据自己的感受和对人类世界的细致观察,自由发挥,表现了高超的技艺。

16世纪以后,文艺复兴从意大利传播到欧洲其他国家,在文学、艺术、科学等许多方面,硕果累累,越来越多的人从封建愚昧中解放出来,开始更多地关注人及人生活的世界。

这是15世纪末荷兰画家画的一幅画,画中描绘了修士和修女们在夜宴中纵情声色的情景,反映了当时人们对教会的讽刺和嘲弄。

莎士比亚

(1564—1616)

莎士比亚是文艺复兴时期英国卓越的戏剧家,他创作了《哈姆雷特》等大量脍炙人口的作品,他借助作品中的人物之口,热情讴歌人的伟大和高贵,称人是"宇宙的精华,万物的灵长",极富个性,充分反映了人文主义思想。

要求:根据《普通高中历史课程标准》(2017年版)的要求和课文内容,设计出相关的教学过程,包括教学环节、教师活动和学生活动,并说明设计意图。

机密★启封前　　　　　　　　　　姓名＿＿＿＿＿＿　准考证号＿＿＿＿＿＿

2019年上半年中小学教师资格考试真题试卷

《历史学科知识与教学能力》(高级中学)

注意事项:

1. 考试时间为120分钟,满分为150分。
2. 请按规定在答题卡上填涂、作答,在试卷上作答无效,不予评分。

一、单项选择题(本大题共25小题,每小题2分,共50分)

在每小题列出的四个备选项中只有一个是符合题目要求的,请用2B铅笔把答题卡上对应题目的答案字母按要求涂黑。错选、多选或未选均无分。

1. 据先秦典籍记载,有一位思想家在论述仁义问题时,提出"仁者无敌""仁人无敌于天下"的观点。这位思想家是(　　)(常考)

A. 老子　　B. 墨子

C. 孟子　　D. 荀子

2. 下列选项,发生在东汉时期的是(　　)

①耦耕的推广　　②《九章算术》成书

③党锢之祸　　④始设西域都护

A. ①②　　B. ①③　　C. ②③　　D. ②④

3. 隋文帝时,以户等为依据征调赋税、力役,这一措施被称为(　　)(易错)

A. 租庸调制　　B. 均田制

C. 输籍之法　　D. 大索貌阅

4. 下列绘画,反映五代南唐统治阶层奢侈生活的是(　　)

A. 

B. 

C. 

D. 

5. 据《明史·职官志》载:"成祖即位,特简解缙、胡广、杨荣等直文渊阁,参预机务。阁臣之预务自此始。然其时,入内阁者皆编、检、讲读之官,不置官属,不得专制诸司。诸司奏事,亦不得相关白。"这说明当时的内阁实质上是(　　)

A. 皇帝的参谋、秘书机构　　B. 中央一般行政机构

C. 中央主要决策机构　　D. 事实上的宰相

6. 提出"吾心之良知,即所谓天理也""是非之心,不待虑而知,不待学而能,是故谓之良知"的理学家是(　　)

A. 朱熹　　B. 陆九渊

C. 张载　　D. 王阳明

7. 清朝时,江南地区商业繁荣。史书载"徽州富甲江南,然人众地狭,故服贾四方者半土著"。江苏吴江"人浮于田,计一家所耕,不能五亩,以是仰贸易工作为生"。这反映当时江南地区商业繁荣的直接原因是(　　)

A. 政府鼓励商业发展　　B. 农业和手工业繁盛

C. 工商皆本观念影响　　D. 地少而人口众多

8. 规定取消旧的公行制度,允许英商在通商口岸自由交易的不平等条约是(　　)(易混)

A. 1842年中英《南京条约》

B. 1858年中英《天津条约》

C. 1860年中英《北京条约》

D. 1898年《展拓香港界址专条》

9. 据史料统计,1872—1890年间,进口棉纱的价格下降了1/4以上,如以1872年的进口棉纱价格为基数,1886年进口棉纱的价格仅为它的66.9%。这一变化引起的直接后果是(　　)

A. 政府财政收入增加

B. 民族工业迅速发展

C. 自然经济加速解体

D. 阶级矛盾空前尖锐

10. 有一张官方发行的"兴文教育彩票",上面写着"光绪三十四年五月初五日开彩"。其发行目的是(　　)

A. 纪念屈原　　B. 中体西用

C. 实业救国　　D. 兴办新学

11. 1917年初,《新青年》载文:"一曰,须言之有物。二曰,不摹仿古人。三曰,须讲求文法。四曰,不作无病之呻吟。五曰,务去烂调套语。六曰,不用典。七曰,不讲对仗。八曰,不避俗字俗语。"这篇文章的题目是(　　)

A.《文学改良刍议》　　B.《敬告青年》

C.《庶民的胜利》　　D.《文学革命论》

12. 下图是小明家里收藏的一张民国时期的香烟广告。这张广告适于探究学习的历史主题是(　　)

A. 二次革命　　B. 护国运动

C. 五四运动　　D. 国民大革命

13. 下图是1927—1937年中国共产党党员人数发展折线图。图中折线上升部分表示党员人数急速上升,其主要原因是(　　)

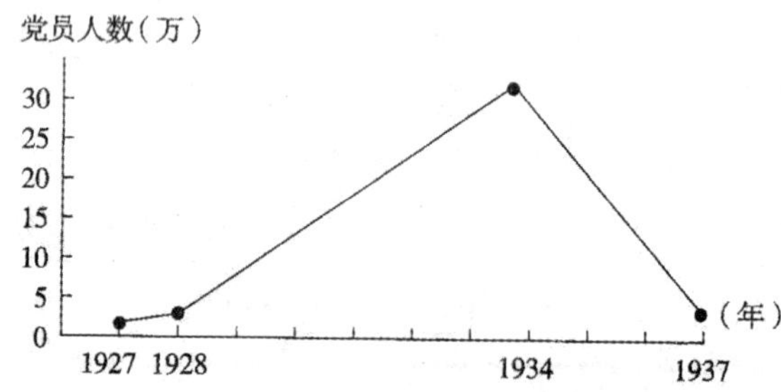

A. 农村革命根据地的发展　　B. 工农红军的战略大转移

C. 抗日救亡运动的新高涨　　D. 苏维埃政府的整风运动

14. 据学者统计,截至1938年底,全国有1001座城市沦陷,中东部地区就有755座被占;全国集中于中东部地区92%的工厂除了少量迁出(上海也只迁出12.3%)外,其余均沦入敌手。这些数据可用来说明的观点是(　　)

A. 日寇侵略迟滞了中国现代化进程　　B. 汪伪政府的成立造成国土沦丧

C. 上海一直是中国城市发展的翘楚　　D. 中东部地区工业基础被彻底摧毁

15. 下图所示学校所在的城市是(　　)

A. 长沙　　B. 重庆

C. 昆明　　D. 贵阳

16. 据统计,福建宁德地区的粮食产量从1978年的70万吨提高到1983年的82万吨;1992年全区16.6万个贫困户累计解决温饱16.1万户。导致这一结果的直接原因是(　　)

A. 十一届三中全会的召开　　B. 农业税的取消

C. 家庭联产承包责任制的实行　　D. 扶贫攻坚计划的开展

17. 继公民法之后,罗马逐渐形成了万民法。其主要原因是(　　)(常考)

A. 领土的不断扩张　　B. 帝制取代共和制

C. 公民矛盾逐渐激化　　D. 社会经济的繁荣

18. 房龙在《人类的故事》中指出:人们的人生观已经改变,他们开始穿与以前不同的服装,不再把全部思想与精力集中于在天堂等待幸福的永生,他们试图在今生、在地球上建立他们的天堂。下列与上述"改变"相关的史事是(　　)

A. 新航路的开辟　　B. 文艺复兴运动的开展

C. 法国启蒙思想的传播　　D. 工业革命的扩展

19. 史学家评论某一文件"是一份对既定权威造反有理的声明",是美国"创造了一个新的、不同类型的国家"的标志。这一文件是(　　)

A.《常识》　　B.《独立宣言》

C.《邦联条例》　　D.《联邦宪法》

20. 斯塔夫里阿诺斯在评论一位科学家时说,他"因为发现支配宇宙中的物体的定律而统治17世纪的科学"。这位科学家指的是(　　)

A. 牛顿　　B. 门捷列夫

C. 达尔文　　D. 爱因斯坦

21. 在第一次世界大战中,规模最大、消耗最大的战役是(　　)(易混)

A. 凡尔登战役　　B. 索姆河战役

C. 马恩河战役　　D. 坦能堡战役

22. 1950年法国提出的一份文件中写道:"这样结合起来的联营生产意味着将来在法德之间发生战争是不可能的,而且在物质上也不再可能。"这一文件是(　　)

A.《马歇尔计划》　　B.《巴黎条约》

C.《欧洲经济共同体条约》　　D.《舒曼计划》

23. 1961年,第一次不结盟国家和政府首脑会议召开,会议的东道主是(　　)

A. 中国　　B. 南斯拉夫

C. 印度尼西亚　　D. 坦桑尼亚

24. 梁启超在《中国历史研究法》中指出:史迹之为物,必与"当时""此地"之两观念相结合,然后有评价之可言。这里涉及的历史研究方法是(　　)

A. 比较法　　B. 时空定位法

C. 归纳法　　D. 因果分析法

25. 纲要图示法是历史教学的重要方法之一，其主要功能是(　　)

①对历史资料进行具体解释　②直观明了地呈现历史信息

③展示教学内容的逻辑关系　④对知识要素进行整合与概括

A. ①②③　　B. ①②④

C. ①③④　　D. ②③④

二、简答题(本大题共3小题，每小题10分，共30分)

26. 法国大革命前夕，“旧制度”的危机有哪些主要表现?(10分)

27. 在历史课堂教学中组织以学生为主体的活动，教师应注意哪些问题?(10分)

28. 简述高中与初中历史教学衔接应注意的问题。(10分)

三、材料分析题(本大题共3小题，每小题16分，共48分)

29. 阅读下面材料并回答问题。

材料　1905年8月9日，在美国的调停下，日、俄在美国的朴茨茅斯开始谈判。9月5日，日俄两国签订《朴茨茅斯和约》，重要条款包括：①俄国承认日本在朝鲜的独占利益；②俄国将辽东半岛的租借权、南满铁路及有关特权均无偿转让给日本；③以北纬50度为界，将库页岛南部及其附近岛屿

让给日本；④俄国在中国东北撤兵，除辽东半岛外，东北的一切地方均交还中国。

——摘自齐世荣主编《世界史》现代卷

问题：

(1)材料中所说的《朴茨茅斯和约》签订的历史背景是什么?(8分)

(2)根据材料并结合所学知识，概述这一和约对中国造成的危害。(8分)

30. 阅读下面材料并回答问题。

材料一　下面是某校历史学业水平考试中的一道试题：

一种名为“人造自来血”的补药曾在近代中国流行。图甲和图乙分别是1911年10月和11月刊登在《申报》上的广告。这两则广告的变化折射出(　　)

甲图

乙图

①革命党人把广告当作发动武昌起义的宣传工具

②民国成立后商人积极投身中国政治变革的浪潮

③商人利用时局剧变及时调整营销策略

④民主共和已成为中国社会的发展趋势

A.①②　B.②③　C.③④　D.①④

答案:C

材料二

答题结果分析表

得分率	人数比例(%)			
	A	B	*C	D
0.48	6.00	16.00	48.00	30.00

问题：

(1)这道题主要考查了什么内容和能力，难易度如何？(6分)

(2)请从学生知识和题目命制两个方面，分析学生误选D项的原因。(6分)

(3)针对上述原因，教师应采取哪些改进策略？(4分)

31. 阅读下面材料并回答问题。

材料 下面是某教师讲授"宗教改革"时的实录片段：

师：马丁·路德是一位神职人员。原先，他对罗马教会提出的理论深信不疑，严格遵守教会的各种规定，特别渴望自己的灵魂能够得以救赎。可结果呢，马丁·路德没有任何获救的感觉。怎么办呢，去罗马！那可是传说中的"上帝之城"，教皇的所在地，最接近上帝的地方。路德满怀期望地启程又满怀失望地回来了。为什么呢？因为路德发现自己被骗了：这哪里是上帝之城？罗马灯红酒绿，神职人员不学无术，声色犬马。把灵魂交给这样的群体，怎么可能进天堂？路德想，看来得救还是得靠自己。从罗马回来后，路德专注于对原始经典《圣经》的研究，获得了神学博士的学位。这一时期，他开始摆脱罗马教会的权威理论，对得救的方法和途径形成了自己的独立见解。

问题：

(1)对这位教师的讲述，你如何评价？请说出你的理由。(6分)

(2)历史教师在讲授有关思想史的内容时应注意哪些问题？(10分)

四、教学设计题(本大题22分)

32. 根据下列材料，按要求完成教学设计任务。

材料一 《普通高中历史课程标准》(2017年版)规定：通过了解三国两晋南北朝政权更迭的历史脉络，隋唐时期封建社会的高度繁荣，认识三国两晋南北朝至隋唐时期的制度变化与创新、民族交融、区域开发和思想文化领域的新成就。

材料二 课文摘录

唐朝是中国文学发展的又一个高峰。诗歌创作进入黄金时代。流传下来的有两千多位诗人创作的近五万首诗歌，很多脍炙人口的佳作，成为千古绝唱。李白、杜甫的诗作代表了唐诗的最高成就，他们分别被誉为"诗仙"和"诗圣"。

这一时期，书法、绘画、雕塑、舞蹈等大放光彩。书法在东汉末年成为一种艺术。魏晋南北朝时期，隶书、草书、行书和楷书等各种书体均已完备。东晋大书法家王羲之博采众长，诸体兼精，世称"书圣"。隋唐时期的书法艺术，融汇了南朝的秀美和北朝的雄健，创出新风格。颜真卿气势雄浑的颜体和柳公权骨力遒劲的柳体最为有名。

魏晋南北朝的绘画，成就斐然。东晋开始出现知名的专职画家，以顾恺之为代表。他提出"以形写神"，所画人物栩栩如生，《女史箴图》和《洛神赋图》是他的代表作。隋唐的绘画，题材广泛，风格多样。宗教画生活气息浓厚，人物画注重表现人的形态，山水、花鸟也成为绘画主题。唐朝的吴道子被尊为"画圣"。

魏晋至隋唐时期，因佛教广泛传播而修造的石窟，如山西大同云冈石窟、河南洛阳龙门石窟、甘肃敦煌莫高窟等，都是闻名世界的艺术宝库。

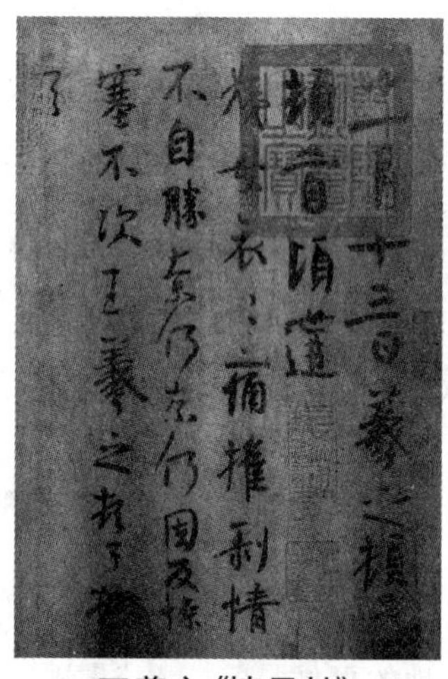
王羲之《姨母帖》

顾恺之《洛神赋图》

敦煌莫高窟壁画《胡旋舞》

要求：根据课程标准要求和课文内容，设计出相关的教学过程，包括教学环节、教师活动和学生活动，并说明设计意图。

机密★启封前　　　　　　　　　　姓名＿＿＿＿＿＿　准考证号＿＿＿＿＿＿＿

2018年下半年中小学教师资格考试真题试卷

《历史学科知识与教学能力》(高级中学)

注意事项:

1. 考试时间为120分钟,满分为150分。
2. 请按规定在答题卡上填涂、作答,在试卷上作答无效,不予评分。

一、单项选择题(本大题共25小题,每小题2分,共50分)

在每小题列出的四个备选项中只有一个是符合题目要求的,请用2B铅笔把答题卡上对应题目的答案字母按要求涂黑。错选、多选或未选均无分。

1. 在一份中国考古报告中写道:"陶器,除支座外,均为以稻草茎叶、稻壳为羼和料的夹碳黑陶。"由此可推断出土这种陶器的遗址是(　　)

A. 北京人遗址　　B. 半坡遗址

C. 河姆渡遗址　　D. 山顶洞人遗址

2.《汉书》载:"诏贤良曰:'……贤良明于古今王事之体,受策察问,咸以书对,著之于篇,朕亲览焉。'于是董仲舒、公孙弘等出焉。"文中的"朕"指的是(　　)

A. 汉高祖　　B. 汉文帝

C. 汉景帝　　D. 汉武帝

3. 在历史上,自率部曲百余家,冶铸兵器,渡江作战,收复黄河以南失地的事件是(　　)(易错)

A. 祖逖北伐　　B. 桓温北伐

C. 张浚北伐　　D. 岳飞北伐

4. 农业著述是中国古代农业文明的重要组成部分。下列历史文献属于该分类的是(　　)

①《沟洫志》　②《齐民要术》　③《水经注》　④《氾胜之书》

A. ①②③　　B. ①②④

C. ①③④　　D. ②③④

5. 唐朝科举制度中最重要的两科是(　　)(常考)

A. 明经、进士　　B. 秀才、进士

C. 明经、明法　　D. 明法、明书

6. 苏轼诗曰:"颜公变法出新意,细筋入骨如秋鹰。"下列书法作品中为"颜公"创作的是(　　)

A

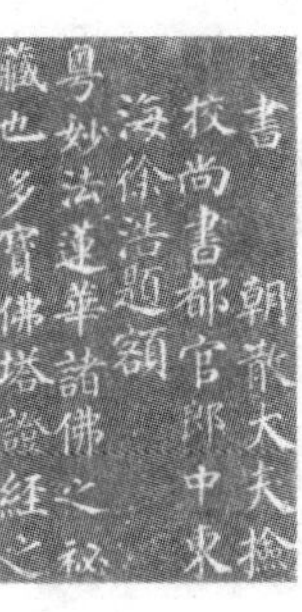
B

C

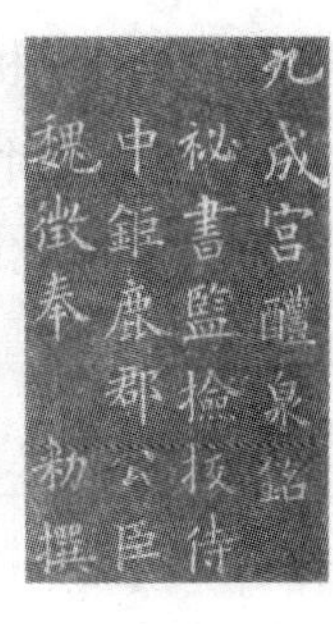
D

7. 两宋时期,风俗画得到了前所未有的发展与繁荣,其主要原因是(　　)

A. 城市商品经济的发展　　B. 程朱理学影响的扩大

C. 对外交往的日益频繁　　D. 民族文化交流的加强

8.《新元史》记载:"上自中书省,下逮郡县亲民之吏,必以蒙古人为之长,汉人、南人贰之。"此处的"汉人"指的是(　　)

A. 所有的汉族人　　B. 随蒙古人西征的汉族人

C. 原南宋统治下长江以南的汉族人　　D. 原辽、金统治下的汉族人及契丹、女真族人

9. 古代中国的一位思想家认为:"某人知孝,某人知弟,必是其人已曾行孝、行弟,方可称他知孝、知弟。"这位思想家是(　　)

A. 董仲舒　　B. 朱熹

C. 王阳明　　D. 黄宗羲

10. 史学家黄仁宇写道:"《南京条约》签订之后,感到不满意的不是战败国而是战胜国。"下列使战胜国感到最不满意的是(　　)

A. 中国赔款数量太少　　B."修约"要求遭到拒绝

C. 鸦片贸易未合法化　　D. 中国市场开放程度有限

11.《全球通史》中写道:"(西方的)入侵在各个领域都达到很大的规模,使中国的生存似乎都受到威胁。结果,愈来愈多的中国领导人被迫得出这样的结论:重大的变革是生存所必不可少的,而且这种变革不能仅限于军事和经济方面。"文中所说的"重大的变革"指的是(　　)

A. 洋务运动　　B. 戊戌变法

C. 辛亥革命　　D. 护国运动

12. 费正清在《伟大的中国革命(1800—1985)》一书中写道:"在向西北前进的路上,毛泽东于1935年初重新被推举上了中共领导地位,自那以后再没有更换。"下列与这一论述相关的史事是(　　)

A. 中共二大　　B. 八七会议

C. 古田会议　　D. 遵义会议

13. 20世纪上半期的一份历史课程标准规定，历史课程要"叙述中华民族之演进，特别注意各支族间之融合与其相互依存之关系，以阐发全民族团结之历史的根据，而于历史上之光荣，以及近代所受列强之侵略与其原因，尤宜充分说明，以激发学生复兴民族之意志与决心"。据此判断，该文件颁行于（　）（常考）

A. 北伐战争时期　　B. 土地革命时期

C. 全面抗战时期　　D. 解放战争时期

14. 下列选项中，与下图所示有因果关联的是（　）

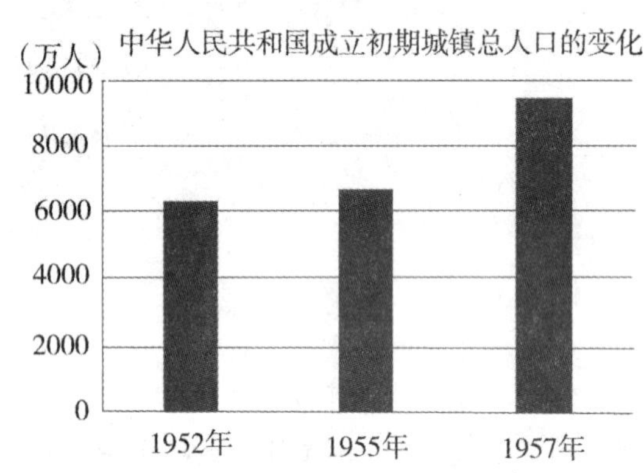

A. "大跃进"运动的开展　　B. 集中主要力量发展重工业

C. 社会主义总路线的制订　　D. 知识青年"上山下乡"

15. 20世纪后半期，我国决定选择生物技术、航天技术、信息技术、激光技术、自动化技术、能源技术和新材料七个领域作为国家发展高科技的重点。这一科技发展规划是（　）（易混）

A. "七五计划"　　B. "985工程"

C. "211工程"　　D. "863计划"

16. 英国诗人雪莱说："我们全都是希腊人，我们的法律、我们的文学、我们的宗教，根源皆在希腊。"这句话强调的是（　）

A. 英国人与希腊人同宗同源　　B. 英国全盘继承古希腊遗产

C. 西方法律、文学与宗教联系密切　　D. 希腊文明对西方文明影响深远

17. 有学者评价某一史事时指出："在14世纪严峻的考验中……新思想渗透到激流涌动的城市国家里。学者和政治家一同复苏了人类尊严的骄傲、人类实践主义的自信及古典思想的魅力。"该史事指的是（　）

A. 文艺复兴　　B. 新航路开辟

C. 宗教改革　　D. 启蒙运动

18. 有学者认为："16世纪前后，它的生产、传播、消费，连接起美洲、欧洲、中亚、东亚等地，成为流淌在全球贸易机体中的血液。"文中的"它"指的是（　）

A. 香料　　B. 白银　　C. 瓷器　　D. 呢绒

19. 1917年4月，美国总统威尔逊说："这是一种与全世界各国为敌的战争，美国船已被击沉，美国人的生命被夺去，其手段令我们听到大为激怒。"威尔逊所说的"手段"指的是（　）（易错）

A. 闪电战　　B. 无限制潜艇战

C. 海空一体战　　D. 大规模消耗战

20.《武力决策》一文写道："我并不是因为印度衰弱才号召实行非暴力主义，而正是因为认识印度的力量我才号召印度实行非暴力主义。"这里表达的思想后来被称为（　）

A. 甘地主义　　B. 纳赛尔主义

C. 尼赫鲁主义　　D. 苏加诺主义

21. 下图所示为欧洲大陆某时期的形势图，其反映的是（　）

A. 凡尔赛体系下的局势　　B. 反法西斯战争中的局势

C. "冷战"开始时的局势　　D. 美苏争霸时的局势

22. 苏联《真理报》曾发表一位经济学家的文章《计划、利润、奖金》，建议削减命令性计划，实行工业企业的物质刺激。该文在当时引起了全国大讨论，并促进了一场持续十余年的经济实验。这场经济实验是（　）（易混）

A. 列宁的新经济政策　　B. 赫鲁晓夫的解决措施

C. 勃列日涅夫的改革　　D. 戈尔巴乔夫的"新思维"

23. 下列史家名句中，出自意大利历史哲学家克罗齐的是（　）

A. "一切历史都是思想史"

B. "一切历史都是当代史"

C. "历史不仅是过去，而且是有意义的过去"

D. "历史是现在跟过去之间的永无止境的问答交谈"

24. 下列王朝中，一个皇帝只有一个年号的是（　）

A. 唐朝　　B. 北宋

C. 元朝　　D. 清朝

25. 教师在编制历史高中试题时，要关注难度与区分度。为保证试题有较好的区分度，试题难度应控制的区间为（　）

A. 0.1—0.2　　B. 0.2—0.4

C. 0.4—0.6　　D. 0.7—0.9

二、简答题（本大题共3小题，每小题10分，共30分）

26. 美国内战前夕，南北两种经济制度的矛盾有哪些表现？（10分）

27. 概述历史教师进行单元教学设计时应考虑的主要问题。（10分）

28. 简要说明教学中讲述历史细节的主要作用。（10分）

三、材料分析题（本大题共3小题，每小题16分，共48分）

29. 阅读下面材料并回答问题。

材料一　中国代表团的顾维钧指出，德国在山东的一切权利应直接归还中国。中日关于山东的换文系因欧战爆发所致，此次和会理应予以变更。当日本代表强调它所获得的德国在山东的权益"公平合理"时，顾维钧当即反驳，"二十一条"是日本以武力威胁迫使袁世凯签署的，这不能成为依据。日本侵略山东不仅违反国际法，更会危害亚洲和世界安全，这不是巴黎和会的本意。

——摘自王芸生《六十年来中国与日本》

材料二　（1919年）6月24日以后，北京外交部接连电告代表团：国内局势紧张，人民要求拒签，政府压力极大，签字一事请中国代表团自行决定。

——摘自《顾维钧回忆录》

问题：

（1）根据材料一，概括指出中国代表团在"巴黎和会"上提出的要求和理由。（12分）

（2）根据材料并结合所学知识，说明中国代表团在巴黎和会拒签和约的原因。（4分）

30. 阅读下面材料并回答问题。

材料　下面是某讲师讲授"商和西周"这一内容时的实录片段：

师：商朝后期，生活在渭水领域的周强大起来，并在牧野之战中击败商朝的军队主力。其后，商朝灭亡。请看《夏商周的疆域变迁示意图》。

生：（观察地图）

师：比较两幅地图，最明显的不同点是什么？

生：周朝版图大大超过了夏和商。

师：很好，版图变化反映了早期国家的发展。如果你是周武王，需要解决什么问题？

生：如何持久、有效地统治这些地方。

师：是啊，新兴的周王朝如何治理呢？学完本课的重点分封制和宗法制，也许大家就有答案了。

问题：

（1）说明该教师是如何运用历史地图的。（8分）

（2）指出历史地图在教学中的主要作用。（8分）

31. 阅读下面材料并回答问题。

材料　下面是某教师的听课笔记摘录：

教学过程	听课反思
内容要点：邓小平理论 教师用课件展示邓小平有关市场经济的两段讲话材料，要求学生概述其中的基本思想(1分钟) 学生甲讲不出来；学生乙把两段材料读一下；学生丙零碎地解读了材料中的一些词汇(3分钟) 教师直接说出基本思想后，又不断地对材料信息进行延伸和解释，就怕学生不懂(8分钟) 尽管教师反复解说，学生仍一脸茫然	教师在教学过程中提出的教学意图是：有效获取并概括材料信息，理解邓小平理论的基本思想 这一教学意图未能实现，其原因何在

问题：

(1)"听课反思"中所提的"教学意图未能实现"的主要原因是什么？(6分)

(2)根据材料及所学知识，说明这位教师的听课笔记有哪些可取之处。(10分)

四、教学设计题(本大题22分)

32. 根据下列材料，按要求完成教学设计任务。

材料一　《普通高中历史课程标准》(2017年版)规定："通过了解冷战结束后世界多极化、经济全球化、社会信息化、文化多样化的发展特点，以及出现的全球性问题，认识人类社会面临的机遇与挑战，理解和平、发展、合作、共赢成为时代潮流；牢固树立构建人类命运共同体意识，共同担当，同舟共济，共促全球的和平与发展。"

材料二　课文摘录

社会信息化

社会信息化是指发展以计算机为主的智能化工具为代表的新生产力，建立有组织的信息网络体系，促进信息交流和知识共享，提高经济增长质量，推动经济社会向高效、优质发展转型的历史进程。进入21世纪，社会信息化已经成为不可逆转的时代潮流，正在使人类社会发生极其深刻的变化。另外，人们在享受信息化带来的便利之时，如何保卫自己的信息安全，也成为各国必须解决的现实问题。

要求：根据《普通高中历史课程标准》(2017年版)要求和课文内容，设计出相关的教学过程(包括教学环节、教师活动和学生活动)，并说明设计意图。

机密★启封前　　　　　　　　　　　　　　　　姓名＿＿＿＿＿＿　准考证号＿＿＿＿＿＿

2018年上半年中小学教师资格考试真题试卷

《历史学科知识与教学能力》(高级中学)

注意事项：

1. 考试时间为120分钟，满分为150分。
2. 请按规定在答题卡上填涂、作答，在试卷上作答无效，不予评分。

一、单项选择题(本大题共25小题，每小题2分，共50分)

在每小题列出的四个备选项中只有一个是符合题目要求的，请用2B铅笔把答题卡上对应题目的答案字母按要求涂黑。错选、多选或未选均无分。

1. 西周时，对以鼎随葬的规定是“礼祭，天子九鼎，诸侯七，大夫五，元士三也”。如此规定的目的是(　　)(常考)

A. 显示富贵　　B. 崇拜鬼魂　　C. 保存器皿　　D. 维系礼制

2.《全球文明史》写道：“席卷整个中国的战争对正在兴起的官僚精英和平民来说，都是一次较大的挫折。在这个时代，军事技能和体能被看作比士所具有的文学和礼仪才能更有价值。”文中的“这个时代”是指(　　)

A. 春秋战国时期　　B. 三国时期　　C. 南北朝时期　　D. 宋金对峙时期

3. 某史书记述秦朝的政治制度时说：“天下之事无大小皆决于上。”这反映了(　　)

A. 皇权至高无上　　B. 官员互相制约

C. 秦律严苛细密　　D. 丞相大权独揽

4. 下图是东汉画像石拓片，从中可以直接获取的历史信息是(　　)

A. 播种工具的出现　　B. 铁制农具的发明

C. 牛耕技术的运用　　D. 灌溉技术的进步

5. 史载：“晋主虽有南面之尊，无总御之实，宰辅执政，政出多门，权去公家，遂成习俗。”文中“习俗”指的是(　　)(易错)

A. 郡国并行　　B. 内阁专权

C. 地方割据　　D. 门阀政治

6. 安史之乱造成北方地区“人烟断绝，千里萧条”。有诗人描述道：“寂寞天宝后，园庐但蒿藜。我里百余家，世乱各东西。”这位诗人是(　　)

A. 李白　　B. 杜甫

C. 杜牧　　D. 白居易

7. 下图是南宋李嵩的《货郎图》，此图反映的是(　　)

A. 农业技术进步　　B. 商业活动活跃

C. 手工业的兴盛　　D. 娱乐业的兴起

8. 顾炎武说：“愚所谓圣人之道如之何？曰‘博学于文’，曰‘行己有耻’……士而不先言耻，则为无本之人。”上述言论的主旨是(　　)

A. 倡导经世致用　　B. 强调学术与道德的结合

C. 提倡无征不信　　D. 回归先秦儒学的义利观

9. 晚清一位大臣针对列强在华攫取的某项特权说：“一国所得，诸国安然而享之；一国所求，诸国群起而助之，是不啻驱西洋诸国，使之协以谋我。”这项特权指的是(　　)

A. 领事裁判权　　B. 外国公使进驻北京

C. 开矿筑路权　　D. 片面最惠国待遇

10. 孙中山说：“(我)所最信的是定地价的法。比方地主有地价值一千，可定价一千，或多至二千，就算那地将来因交通发达价涨至一万，地主应得二千，已属有益无损；盈利八千，当归国家。”他的主张与下列各项相关的是(　　)(易混)

A. 民主主义　　B. 民族主义

C. 民生主义　　D. 民权主义

11.有人说:“天安门见证了新民主主义革命的开端和胜利。”与此说法相关的是(　　)

①新文化运动　②“五四”运动　③中共一大　④开国大典

A.①②　　B.①③

C.②④　　D.③④

12.右图是我国“一五”计划期间各部门的投资比例示意图,此图反映的是(　　)

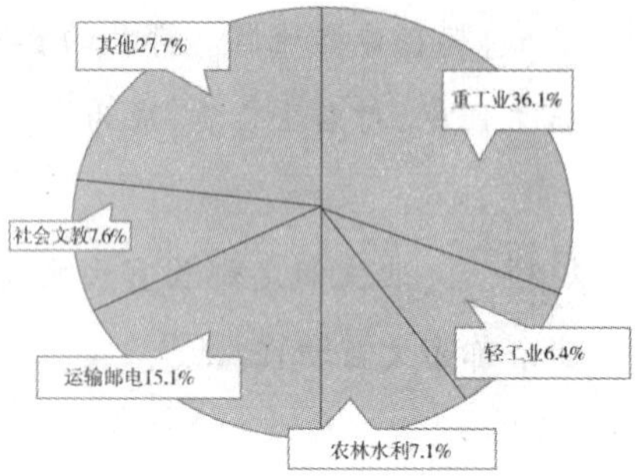

A.优先发展重工业

B.各行业协调发展

C.奠定轻工业基础

D.国民经济比例失调

13.1958年,有报道说:“过去每亩(山药)两千棵秧子的耕作法发展到这里的每亩一万五千棵,计划产量从每亩二十万斤直到一百万斤。”这段报道反映的史事是(　　)

A.土地改革运动　　B.“大跃进”运动

C.农业合作化　　D.农村经济体制改革

14.苏格拉底认为:“用豆子抓阄的办法来选举国家领导人是非常愚蠢的,没有人愿意用这种办法来雇佣一个舵手或者建筑师,或奏笛子的人。”苏格拉底意在说明古代雅典民主制是(　　)

A.间接的民主　　B.少数人的民主

C.不成熟的民主　　D.实质上的专制

15.卢梭认为:“在国家里没有什么基本上不能废除,社会契约本身也不例外,因为假如所有公民一致同意破坏契约,无疑地这将是合法的破坏。”这句话所反映的政治理念是(　　)(常考)

A.自由平等　　B.三权分立

C.民主共和　　D.人民主权

16.1688年,英国的六位政党领袖和一名主教联名向玛丽和威廉发出邀请,声称英国人民极不满意目前的政府,盼望他们来保护英国的“宗教、自由和财产”。这一邀请直接导致了(　　)

A.斯图亚特王朝复辟

B.“光荣革命”发生

C.《权利法案》颁布

D.责任内阁制确立

17.1787年,华盛顿在致麦迪逊的信中说:“凡是有判断能力的人,都不会否认对现行制度进行彻底变革是必需的。”这里所说的“彻底变革”指的是(　　)

A.建立开明君主制　　B.改革联邦政体

C.实行君主立宪制　　D.改变邦联体制

18.某历史著作写道:“明治政府认为强有力的经济是国家实力的基础,……电报、铁路以及蒸汽轮船航线的建立把地方和区域市场连接成为一个全国性的经济网络。”这句论述体现了明治政府实行的政策是(　　)

A.废藩置县　　B.殖产兴业

C.文明开化　　D.土地改革

19.1917年,美国驻俄大使弗朗西斯说:“布尔什维克正试图创造一场世界范围的社会革命,并坚决鼓吹以暴力来推进这场革命。现在看来,资产阶级能否使这个世界成为一个安全的社会都成了问题。”他所评论的“社会革命”是(　　)(易混)

A.二月革命　　B.七月革命

C.十月革命　　D.十一月革命

20.1889年,在上海格致书院举行的一次考试中,有学生写道:“其动物之不合宜者,渐渐澌灭,其合宜者,得以永存,此谓天道自然之理。”文中所说的“天道自然之理”的创立者是(　　)

A.伽利略　　B.哥白尼

C.达尔文　　D.爱因斯坦

21.某科技史著指出:“科学理论的发展往往并不意味着新理论摧毁旧理论,而是限制和缩小旧理论的作用范围,把旧理论作为新理论的某种特例包含在其中。”下列组合能说明此观点的是(　　)

A.地心说与日心说

B.经典力学与相对论

C.进化论与量子论

D.细胞学说与材料学

22.1942年,盟军在太平洋战场组织了一次战役,使太平洋战场局势发生了根本性转折。这场战役是(　　)

A.中途岛海战　　B.冲绳岛登陆战

C.珊瑚岛海战　　D.西西里登陆战

23.1992年,欧共体成员国签订条约,决定将“欧共体”改名为“欧洲联盟”。这一条约是(　　)(易错)

A.《巴黎条约》　　B.《罗马条约》

C.《布鲁塞尔条约》　　D.《马斯特里赫特条约》

24.有史学家认为,“时代愈后,传说中的古史期愈长”“时代愈后,传说中的中心人物愈放愈大”,所以“古史是层累地造成的”。提出这一观点的史学家是(　　)

A.顾颉刚　　B.陈寅恪

C.王国维　　D.郭沫若

25.下面是某教师讲授“百家争鸣”一课时的板书,该板书的类型属于(　　)

百家争鸣

学派	代表	著作	主张
儒家	孟子	《孟子》	民贵君轻,仁政,反对战争
	荀子	《荀子》	人定胜天
墨家	墨子	《墨子》	兼爱,非攻,反对以强凌弱
道家	庄子	《庄子》	无为而治
法家	韩非子	《韩非子》	提倡法治、中央集权

A.图表式板书　　B.纲要式板书

C.图示式板书　　D.线索式板书

二、简答题(本大题共3小题.每小题10分,共30分)

26.简要说明经济全球化和区域经济集团化之间的关系。(10分)

27.教科书的课文辅助系统通常都有“课前提要”,它可以由哪些内容构成?(10分)

28.教师应如何评价学生编写的历史剧本?(10分)

三、材料分析题(本大题共3小题,每小题16分,共48分)

阅读材料,并回答问题。

29.材料一　与分封制相适应,商周的官员选拔采用“世卿世禄制”。三代(夏商周)时期治理国家的统治者是贵族……从诸侯到士,根据出身的高低贵贱来兼任政府职务,世代为官……春秋时期,随着兼并战争的进行,秦、楚等国都在新占领的地方上设立县和郡,作为新的行政建制。一般县在中心区域,郡在边远地区。郡县的长官,不再是世袭领主,而是由君主委派官员直接管理。郡县长官由君主任免,对君主负责,成为中国历史上最早的取代贵族领主的职业官僚。

——摘编自张岂之《中国历史十五讲》

材料二　北宋规定郡长官由文臣担任,长官之外另设“通判”使其互相牵制……除安抚使用武人,其余都由文臣担任。

——摘编自朱绍侯《中国古代史》

问题:

(1)根据材料一,比较分封制与郡县制在任用管理人员上的区别。(4分)

(2)根据材料二并结合所学知识,指出北宋地方官制呈现的特点及对北宋产生的影响。(12分)

30.材料　在进行“维新变法”内容教学时,某实习生对其中的“公车上书”进行详细的叙述。正当她充满激情侃侃而谈时,有一位学生站起来说:“老师,我从网上看到文章说康有为没有组织公车上书,没有上书光绪帝。”

全班同学一阵骚动,窃窃私语,期待着老师的回答。

该实习生说:“材料上不是写得清清楚楚吗?康有为组织了公车上书,不是应该以教材为准吗?”

学生发出了失望的嘘声。

问题:

(1)这位实习生的做法是否合适?(2分)请说明理由。(4分)

(2)传统教学强调“教教材”,新课改理念倡导“用教材教”。如何理解“用教材教”?(10分)

31. 材料　关于新航路开辟,《普通高中历史课程标准》(实验)要求:"概述迪亚士、哥伦布开辟新航路的史实,认识地理大发现对世界市场形成的意义。"某版本历史教科书"开辟新航路"一课包括三个子目:"东方的诱惑""新航路的开辟"和"走向会合的世界"。某教师在讲完新航路开辟的历史背景后,针对第二子目,为调动学生参与活动的积极性,围绕《新航路开辟示意图》开展了两个教学活动:

(1)让学生用不同颜色的彩笔在地图上按时间顺序描出四条航线;

(2)分组讨论哪一条航线最容易到达东方。为此,学生对航海路线、造船技术、洋流、季风等展开了热烈讨论,直至下课,讨论活动仍未结束。

问题:

(1)这位教师的教学有哪些可取之处?(4分)存在哪些问题?(6分)

(2)请你对这位教师提出改进的建议。(6分)

四、教学设计题(本大题22分)

32. 根据下列材料,按要求完成教学设计任务。

材料一　《普通高中历史课程标准》(实验)规定:以"布雷顿森林体系"建立为例,认识第二次世界大战后以美国为主导的资本主义世界经济体系的形成。

材料二　课文摘录

布雷顿森林会议

随着第二次世界大战胜利之日的临近,防止战争悲剧重演、规划战后世界秩序的问题提上议事日程。许多有识之士主张建立有效的机制,以稳定世界经济。

当时很多人认为,世界经济的混乱、各国利己主义的政策,是导致1929年世界经济危机加深的重要原因,并由此促使德、日、意走上使用武力重新瓜分殖民地的战争道路。

第二次世界大战打破了旧有的世界经济体系,以前所未有的力量冲击了欧洲的世界中心地位,使原有的世界经济格局发生了深刻的变化,各国亟待世界经济体系的重建。

战争结束时,德、意、日战败国几乎成了一片废墟,国内经济百废待举;英、法等战胜国"赢得了战争,输尽了财富",实力大为削弱;唯独美国的经济实力在战争中大大膨胀起来。美国企图按照自己的意志规划战后的"世界经济蓝图",确立在世界经济中的霸权地位。

主要资本主义国家工业生产在资本主义世界工业生产中所占比重(%)

年份＼国别	美国	英国	德国	法国	意大利	日本
1937年	41.4	12.5	9	6	3	4.8
1948年	56.4	11.7	4.3	4.1	2.1	1.5

各代表团团长在布雷顿森林合影

1944年夏,美、英、中等44个战时盟国的代表,在美国的新罕布什尔州布雷顿森林召开联合国货币金融会议,简称"布雷顿森林会议"。会议最终基本上按照美国的方案通过了《布雷顿森林协定》,决定成立国际货币基金组织和国际复兴开发银行这两个国际货币金融组织,在此基础上建立的国际货币金融体系称为"布雷顿森林体系"。《布雷顿森林协定》的签订是该体系建立的标志。

要求:根据《普通高中历史课程标准》(实验)要求和课文内容,设计出相关的教学过程,包括教学环节、教师活动和学生活动,并说明设计意图。

机密★启封前　　　　　　　　　　　　姓名____________　准考证号____________

2017年下半年中小学教师资格考试真题试卷(精编)

《历史学科知识与教学能力》(高级中学)

(本套试卷共32小题,目前已收录28小题)

注意事项:

1. 考试时间为120分钟,满分为150分。
2. 请按规定在答题卡上填涂、作答,在试卷上作答无效,不予评分。

一、单项选择题(本大题共21小题,每小题2分,共42分)

在每小题列出的四个备选项中只有一个是符合题目要求的,请用2B铅笔把答题卡上对应题目的答案字母按要求涂黑。错选、多选或未选均无分。

1. 史书记载,禹死后,“益干启位而启杀之”“诸侯皆去益而朝启”。这一史事对中国古代政治制度产生的主要影响是(　　)(常考)

A. 实行了禅让制　　B. 创立了分封制

C. 开创了王位世袭制　　D. 确立了皇帝制

2. 有学者指出,孟子对于社会秩序思考的出发点是建立在“人性善”上。下列言论体现孟子这一思想的是(　　)

A. 老吾老以及人之老,幼吾幼以及人之幼　　B. 父子兄弟作怨恶,离散不能相和合

C. 释法术而以心治,尧不能正一国　　D. 人生不能无群,群而无分则争

3. 向汉武帝建议“兴太学,置明师,以养天下之士”的儒家学者是(　　)

A. 贾谊　　B. 晁错　　C. 董仲舒　　D. 主父偃

4. 东汉桓帝、灵帝之际,社会上流行这样一首歌谣:“州郡记,如霹雳,得诏书,但挂壁。”其反映的状况是(　　)

A. 中央权力加强　　B. 地方势力坐大

C. 州郡割据混战　　D. 尊崇皇帝诏书

5. 钱穆在《国史新论》中写道:“自经此项制度推行日久,平民社会,穷苦子弟,栖身僧寺,十年寒窗,也可跃登上第。”文中的“此项制度”指的是(　　)(易混)

A. 军功爵制　　B. 察举制

C. 九品中正制　　D. 科举制

6. 南宋《梦粱录》载:“杭州城内外,户口浩繁,州府广阔,遇坊巷桥门及隐僻去处,俱有铺席买卖。”造成这种现象的原因是(　　)

A. 杭州商业繁盛　　B. 坊市界限的打破

C. 城镇人口激增　　D. 市民阶层的壮大

7. 中国历史上有多次赋役制度的改革,其中把税收并为单一的土地税的赋役制度是(　　)(易错)

A. 租庸调制　　B. 方田均税法

C. 一条鞭法　　D. 摊丁入亩

8. 《中国现代的区域研究》中记载:“1880年,直隶总督李鸿章委派候补知县戴华藻集股两万两白银,开办中兴矿局,约为商股。”由此可以判断中兴矿局的经营方式是(　　)

A. 官督商办　　B. 官办

C. 商办　　D. 官商合办

9. 下面资料出自中国近代某不平等条约。该条约是(　　)

> 第七款:大清国国家允定各使馆境界,以为专与住用之处,并独由使馆管理。中国民人概不准在界内居住,亦可自行防守。

A. 《天津条约》　　B. 《北京条约》

C. 《马关条约》　　D. 《辛丑条约》

10. 张謇指出:“自今而后,经济潮流,横溢大地,中外合资营业之事,必日益增多。我无法律为之防,其危险将视无可得资为尤甚,故农林工商部第一计划即在立法。”他倡导立法的真正目的在于(　　)

A. 维护民族工业的利益

B. 建立中外合资企业

C. 向外国寻求资金援助

D. 呼吁大力发展工商业

11. 下图所示的战役是(　　)

A. 淞沪会战　　B. 淮海战役

C. 徐州会战　　D. 渡江战役

12. 邮票蕴含着丰富的历史信息。下图反映的是（　）

A. 中国首次提出和平共处五项原则　　B. 广大亚非拉国家掀起不结盟运动

C. 亚非国家寻求紧密的团结与合作　　D. 中国首次以大国身份出席国际会议

13. 梭伦写道:“黑色的土地,将是最好的证人,因为正是我,为她拔掉了众多的债权标,以前她备受奴役,而今已重获自由。许多被出卖的人们……我都使他们获得解放!”梭伦为“使他们获得解放”而采取的措施是（　）

A. 废除债务奴隶制　　B. 实行土地私有制

C. 按财产多少划分等级　　D. 实行陶片放逐法

14. 恩格斯认为,罗马法“包含着资本主义时期的大多数法律关系”,是“商品生产者社会第一个世界性法律”。下列表述符合恩格斯的论断的是（　）(常考)

A. 罗马法是第一部资产阶级成文法典

B. 罗马法是罗马帝国统治的有力支柱

C. 罗马法提倡法律面前公民人人平等

D. 罗马法是近代欧美国家的立法基础

15. 罗斯福新政期间成立“民用工程署”,在全国建立18万个小工程,包括校舍、桥梁等,吸纳400万人工作。该措施的作用是（　）

A. 减少企业盲目生产　　B. 刺激生产与消费

C. 促进企业间公平竞争　　D. 建立社会保障体系

16. 某国际文件写道:“现时业已到来,日本必须决定一途……《开罗宣言》之条件必将实施,而日本之主权必将限于本州、北海道、九州、四国及吾人所决定其他小岛之内。”该文件是（　）(易混)

A.《大西洋宪章》　　B.《联合国家宣言》

C.《德黑兰宣言》　　D.《波茨坦公告》

17. 19世纪初提出“用进废退”的早期生物进化思想的科学家是（　）

A. 胡克　　B. 施莱登

C. 达尔文　　D. 拉马克

18. 下图为美国军费开支统计曲线,与这一时期变化相关的史事是（　）

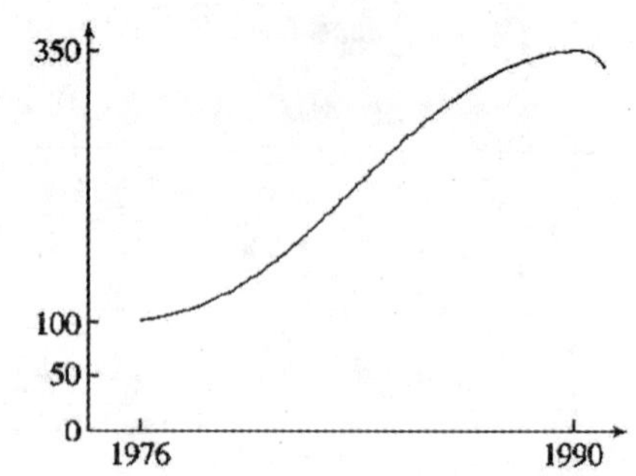

A. 朝鲜战争　　B. 越南战争

C. 星球大战计划　　D. 科索沃战争

19. 梁启超曾说“不敢自承”所作《戊戌政变记》“悉为信史”,因为“感情作用所支配,不免将真迹放大”。上述言论说明确定史料的可靠性,要考虑的因素是（　）

A. 尽量采用原始证据　　B. 记录者动机

C. 语言取舍与文饰　　D. 当事人记忆

20. 要了解“班超经营西域”的史实,可查阅（　）(易错)

①《史记》　②《后汉书》　③《三国志》　④《资治通鉴》

A. ①②　　B. ②③　　C. ②④　　D. ③④

21. 某教师在进行指南针、火药、印刷术三大发明的传播的教学中,发给学生相应文献资料,要求学生分析材料,得出结论并在地图上标出路线。这一教学活动培养的能力主要是（　）

A. 历史感知　　B. 史料实证

C. 历史想象　　D. 读图用图

二、简答题(本大题共3小题,每小题10分,共30分)

22. 简述19世纪鸦片贸易对中国经济发展造成的影响。(10分)

23. 历史教师应从哪些方面指导学生判断文献史料的价值?(10分)

24. 某些版本的高中历史教科书中设置了活动课，简述该类活动课的教学应注意的问题。(10分)

三、材料分析题(本大题共3小题，每小题16分，共48分)

25. 阅读下面材料，回答问题。

材料 19世纪末，维新志士首选近代报刊作为思想传播工具，近代报业突飞猛进，形成国人办报的第一次高潮，于短短几十年间，至一百五十余种。20世纪初，近代报刊又以其文化复制方便、快捷的优势，受到登上政治舞台的资产阶级革命派的青睐，迅速发展成为一股势不可挡的洪流……没有近代报刊这一文化新工具，就没有晚清笔名文化的繁花似锦。晚清报人之所以习用笔名，是缘于清政府的文化专制……在如此险恶的政治环境中办报论政，所承担的风险实在太大。因此报人发表文章时往往采用笔名，以避免因使用本名而引来的种种祸患。当然，晚清报人笔名兴盛更为深刻的社会根源，在于清王朝的统治危机，以及由此引发的社会变革力量的崛起……社会变革力量越强大，富有政治内涵的笔名就越多；反之，离经叛道的笔名越多，就越衬托晚清专制统治的日渐松弛与无奈。报人笔名的勃兴……正是近代报刊特点和晚清时势合力的结果……民治、民意、民伟等笔名也纷纷涌现。

——摘编自《笔名与时代——晚清报人笔名探析》

问题：

(1)结合上述材料和所学知识，说明晚清报人笔名兴盛的原因。(8分)

(2)材料中所列举的笔名分别反映了怎样的思想?(8分)

26. 阅读下面材料，回答问题。

材料 某教师在设计“瓜分狂潮”子目的内容时，用到了下面两幅漫画。

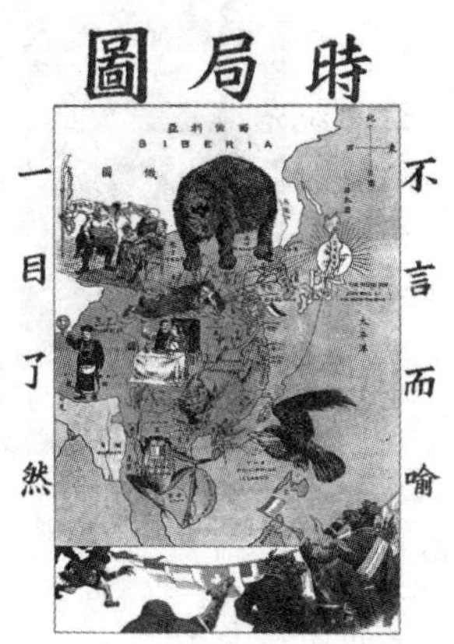

问题：

(1)该教师对两幅图进行了比较，认为右图更适合教学，试分析其理由。(8分)

(2)历史教师选择漫画进行教学应考虑哪些问题?(8分)

27. 阅读下面材料，回答问题。

材料 下面是某教师讲授《英国君主立宪制的建立》时的教学情形。教师首先展示2016年7月13日英国媒体报道中引用的新首相特雷莎·梅接受女王任命时的照片，然后设问：一个是国王，一个是首相，那么到底是谁在统治英国呢？然后导入本课。

教师在讲到责任内阁制时，呈现2015年英国媒体的报道：戴维·卡梅伦于2005年成为保守党领袖，在2015年大选中，保守党获得330个下议院议席，超过半数，成为新一届议会的第一大党，并获得独立组建新政府的权力，保守党党魁戴维·卡梅伦也成功连任首相。之后提出问题：卡梅伦成为首相要满足哪些条件？学生进行讨论，提出自己的观点。之后教师用图示演示了责任内阁制的形成，又通过展示媒体关于"特雷莎·梅就任英国首相，内阁成员大换血"的报道，引导学生认识英国内阁对议会负责及内阁集体负责的原则。

问题：

(1)该教师为帮助学生理解所讲内容采取了哪些对策?(8分)

(2)在上述案例中，教师使用了三则材料，请说明其运用这类材料的理由。(8分)

四、教学设计题(本大题22分)

28. 根据下列材料，按要求完成教学设计任务。

材料一 《普通高中历史课程标准》(实验)规定：了解京剧等剧种产生和发展的历程，说明其艺术成就。

材料二 课文摘录

京剧的出现

中国戏曲从原始的歌舞发展而来。春秋战国时期出现了以乐舞戏谑为业的艺人，称为优伶。元杂剧把中国的戏曲艺术推向了成熟。明朝时候，戏曲演出成为城乡人民重要的文化生活内容。江苏昆山一带形成的昆曲，流传甚广。

清朝前期，北京作为全国政治文化中心，戏曲舞台非常活跃。昆曲和各种地方戏曲，同城争辉。乾隆

末年，安徽的徽剧戏班进京演出，风行一时。道光年间，又有湖北汉剧艺人进京，参加徽班的演出，形成"徽汉合流"的局面。经过广大徽汉艺人的表演实践，徽剧与汉剧互相融合，兼收其他民间曲调的唱腔、剧目和表演方式，形成了一个新剧种，就是后来的京剧。同治、光绪年间，京剧走向成熟，涌现出程长庚、谭鑫培等号称"同光十三绝"的著名艺人。

京剧由北京走向各地，成为全国广为流行的剧种。民国以来，它又逐步走向世界，受到各国人民的赞赏。

除京剧外，清朝各地还出现了名目繁多的戏曲剧种，如秦腔、越剧、川剧、粤剧和黄梅戏等。

《同光十三绝》

要求：根据《普通高中历史课程标准》(实验)的要求和课文内容，设计出相关的教学过程，包括教学环节、教师活动和学生活动，并说明设计意图。

机密★启封前　　　　　　　　　　姓名＿＿＿＿＿＿　准考证号＿＿＿＿＿＿

2017年上半年中小学教师资格考试真题试卷

《历史学科知识与教学能力》(高级中学)

注意事项:

1. 考试时间为120分钟,满分为150分。
2. 请按规定在答题卡上填涂、作答,在试卷上作答无效,不予评分。

一、单项选择题(本大题共25小题,每小题2分,共50分)

在每小题列出的四个备选项中只有一个是符合题目要求的,请用2B铅笔把答题卡上对应题目的答案字母按要求涂黑。错选、多选或未选均无分。

1.《左传·隐公六年》中记载:"京师来告饥,公为之请籴于宋、卫、齐、郑,礼也。"这里的"礼"是指(　)

A. 邻国诸侯之间有相互救援赈灾责任　　B. 诸侯对周王有提供粮食义务

C. 已经出现粮食买卖行为　　D. 王权衰落致使诸侯放弃义务

2. 战国时期,梁惠王问一位学者有关利国之道的问题,该学者答道:"王何必曰利?亦有仁义而已矣。"这位学者是(　)(常考)

A. 墨子　　B. 孟子

C. 庄子　　D. 荀子

3. 光武中兴、开元盛世和《明太祖实录》中的光武、开元、太祖是指(　)

A. 尊号　谥号　庙号　　B. 谥号　庙号　年号

C. 庙号　尊号　年号　　D. 谥号　年号　庙号

4. 下图所示是唐代名窑的瓷器,被诗人陆龟蒙赞誉为"夺得千峰翠色来"。它产自(　)

青瓷莲花碗

A. 邢窑　　B. 哥窑

C. 钧窑　　D. 越窑

5. 1436年,明朝政府下令:南畿、浙江、江西、湖广、福建、广东、广西米麦共400余万石,以米麦一石折银二钱五分为率,共计折银百万余两,解京充俸,称为"金花银"。这表明(　)

A. 海外白银开始大量输入中国

B. 钱、钞兼行的货币制度已结束

C. 政府认可了白银的货币地位

D. 农副产品在全国实现了商品化

6. 有学者说,某机构办事者"职在批答,犹开府之书记也……吾以谓有宰相之实者,今之宫奴也"。这个机构是(　)(易混)

A. 唐代政事堂　　B. 宋代枢密院

C. 明代内阁　　D. 清代理藩院

7.《都门杂咏》云:"时兴小戏得人和,四大徽班势倒戈。虽是园中不上座,原图堂会彩钱多。"词中描绘的情境出现于(　)

A. 宋朝　　B. 元朝

C. 明朝　　D. 清朝

8. 太平天国前期,英国代表声称:英国"绝不左袒中国政府",表示要恪守"中立",同时把《南京条约》的文本抄送给太平天国。英国政府的主要意图是(　)

A. 支持太平天国政权　　B. 维护侵华权益

C. 宣示英国主导地位　　D. 承认两个政权

9.《上海县竹枝词》云:"卅年求富更求强,造炮成船法仿洋。海面未收功一战,总归虚牝掷金黄。"词中作者的态度是(　)

A. 支持守旧势力

B. 痛斥外国列强

C. 批评洋务运动

D. 同情海军官兵

10. 1912年孙中山表示要以全力"尽扫专制之流毒,确立共和,以达革命之宗旨"。此话出自(　)

A.《民报》发刊词　　B.《临时大总统宣言》

C.《临时约法》　　D.《中华民国约法》

11. 1912—1936年我国经济快速增长,与其相关的因素是(　)

①中华民国建立及实行促进经济发展的政策

②一战期间,欧洲列强放松对华资本和商品输出

③南京国民政府开展“国民经济建设运动”

④四大家族对民族工业的推动

A. ①②③　　B. ①②④

C. ①③④　　D. ②③④

12. 下图所示纸币开始发行于（　）

A. 大革命时期　　B. 土地革命时期

C. 抗日战争时期　　D. 解放战争时期

13. 统计数据表明：全国农村人口的人均乡村社会商品零售额，1950年为21.7元，到1952年提高到30.7元，平均每年递增18.9%。这说明（　）

A. 农民生活有了明显改善

B. 合作社促进了农业生产

C. 农产品价格大幅度提升

D. 城乡交流已经初见成效

14. 下列我国外交方针中，最能体现“君子和而不同”理念的是（　）

A.“另起炉灶”　　B.“一边倒”

C.“求同存异”　　D.“联美遏苏”

15. 为统治庞大的国家，处理罗马公民同外邦人和被征服地区居民在法律上的矛盾和纠纷，罗马帝国最早形成的法律是（　）（常考）

A.《十二铜表法》　　B. 公民法

C. 万民法　　D.《民法大全》

16. 1776年初，潘恩的《常识》在北美大地流行，其中写道“现在是分手的时候了”。此处“分手”的含义是指（　）

A. 南部种植园主要分裂

B. 印第安人要求自治

C. 黑人要消除种族歧视

D. 殖民地人民要独立

17. 下图显示1751—1851年英国城市人口占总人口比例不断增加。导致这种变化的相关因素是（　）

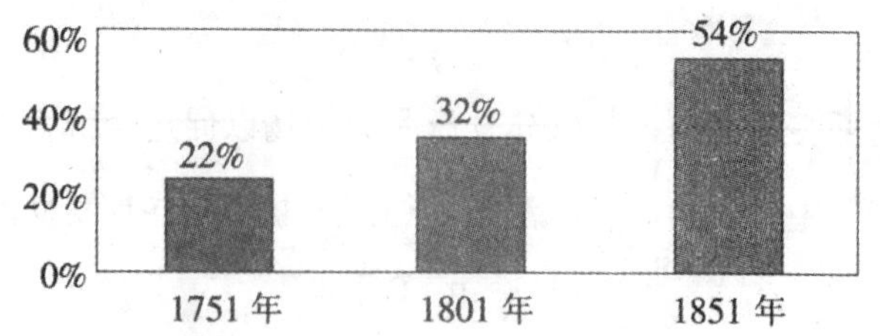

英国城市人口占总人口百分比

①农村自然灾害频发迫使大量农民涌入城市

②工业革命为城市人口增加提供了物质基础

③工业发展促进了城市数量增加和规模扩大

④圈地运动使部分农民流入城市成为雇佣工人

A. ①②③　　B. ①②④

C. ①③④　　D. ②③④

18. 有学者认为，对于大多数苏联人来说，1929年（而不是1917年）是更为伟大的革命时代。其理由是（　）（易错）

A. 一五计划完成后苏联实现工业化

B. 集体化把农民变成集体农庄庄员

C. 企业管理权下放改变工业管理体制

D. 收购制收回农民对农产品的所有权

19. 下图所反映的罗斯福新政的措施是（　）

田纳西水坝

A. 加强工业计划指导　　B. 加强社会保障体系

C. 减少农业耕种面积　　D. 兴办大型公共工程

20. 从最初的西欧六国结盟到横跨大半个欧陆的28国集团,催生并推动这一欧洲一体化进程的主要动力是(　　)

①消弭民族国家间的冲突与战争　②建立统一大市场以促进经济繁荣

③提升欧洲在国际竞争中的实力　④法国与德国欲联手共同控制欧洲

A. ①②③　B. ①②④

C. ②③④　D. ①③④

21. 二战后建立的旨在稳定国际汇率,通过提供短期贷款,缓解成员国国际收支不平衡的国际组织是(　　)

A. 国际货币基金组织　B. 亚太经合组织

C. 国际复兴开发银行　D. 世界贸易组织

22. 下图为法国浪漫主义代表作,其作者是(　　)

自由引导人民

A. 列宾　B. 梵高

C. 毕加索　D. 德拉克洛瓦

23. 史料大致可以分为文献、实物、口传三种,下列史料中兼具文献和口传两种属性的是(　　)(易错)

A.《汉谟拉比法典》　B.《荷马史诗》

C. 秦始皇陵兵马俑　D. 银雀山竹简

24. 20世纪初,明确主张进化史观,提出“史界革命不起,则吾国遂不可救。悠悠万事,唯此为大”的历史学家是(　　)

A. 王国维　B. 陈寅恪

C. 梁启超　D. 傅斯年

25. 下列选项中,能帮助学生形成历史空间概念的直观教具是(　　)

A. 历史年表　B. 历史地图

C. 历史照片　D. 历史文物

二、简答题(本大题共3小题,每小题10分,共30分)

26. 王安石说:“自古治世,未尝以财不足为公患也,患在治财无其道尔。”列举王安石的治财之“道”。(10分)

27. 教师应从哪些方面评价学生的历史小论文?(10分)

28. 教师在教学中应从哪些方面培养学生的历史证据意识?(10分)

三、材料分析题(本大题共3小题,每小题16分,共48分)

29. 阅读下面材料,回答问题。

材料一 今日特派本方面军政治部主任李克农同志传达微忱,并提出下列问题以资讨论:一、从本月十六日起,我军即下令撤出甘泉肤施之围,双方停止敌对行动,同谋抗日;二、目前各就原防,作抗日的一切准备……

——摘编自1936年1月红军第一方面军彭德怀、毛泽东致张学良信

材料二 双方同意在最近将来之适当时机,向各党各派各界各军提议共同发起抗日救国代表大会,讨论抗日救国统一战线之总斗争纲领,并产生联合战斗之机构;在抗日作战时,双方军事力量各担任一定战线,取得互相联系与协同动作,以此去配合全国抗战力量在统一指挥下之一致的坚决的动作。

——摘编自1936年4月周恩来面呈张学良的红军与东北军的《抗日救国协定》

材料三 赵年同志从赵联处回,根据赵联同志的意见,根据二、四方面军北上、西南事变发展、日本对绥蒙进攻等情况,我们认为兄部须立即准备配合红军,选定九、十月间有利时机,决心发动抗日局面,占领甘凉肃,完成打通赵联的任务……八个月来的政治关系,证明了你我之间的完全一致。这封信的意见以及今后我们提出的一切意见,都是同志建议的性质,是在和衷商酌之下产生的。(注:赵年即潘汉年的代名,赵联即苏联的代名)

——摘编自1936年8月中共中央领导人给张学良的信

问题:

(1)根据上述材料,概括中国共产党和张学良"八个月来的政治关系"的主要表现。(6分)

(2)据上述材料并结合所学,说明双方"八个月来的政治关系"发展的主要原因。(6分)

(3)简述双方"八个月来的政治关系"所产生的历史影响。(4分)

30. 阅读下面材料,回答问题。

材料 下面是一道历史单项选择题和学生答题结果的统计数据。

题目:1845年,美国国会通过一项法案:禁止总统在未经国会同意拨款的前提下授权建造海上缉私船。总统约翰·泰勒否决了该法案,但国会推翻了总统的否决。根据美国宪法,随后( )

A. 这项法案将会自动生效　　B. 国会将自行建造缉私船

C. 最高法院可废除该法案　　D. 总统可再次否决该法案

答案:A

学生答题结果统计数据表

选项	A	B	C	D
百分比	31.16	1.80	44.19	22.85

问题:

(1)请说明这道题主要考查了什么内容?(3分)难易度如何?(3分)

(2)根据材料分析学生对此内容的学习主要存在哪些问题?(6分)教师在教学中应如何改进?(4分)

31. 阅读下面材料，回答问题。

材料 下面是某教师在《雅典的民主政治》一课中的课堂活动。

(1)活动主题：评选“三好改革家”。

(2)活动过程：在梭伦、克利斯提尼、伯利克里三位候选人中评选出一名“三好改革家”。教师发给学生有关梭伦改革、克利斯提尼改革、伯利克里改革的三组材料。学生分A、B、C、D四组，其中A组为评委组，另外B、C、D三组每组发一个改革家的材料。然后B、C、D三组根据教师所发材料和教科书的内容进行讨论和评选。B、C、D三组各由一名代表陈述推选的理由，并与其他两组进行辩论。最后，由评委组宣布评选结果及理由。

(3)活动评价：活动结束后，教师对各组的参与态度进行点评。

问题：

(1)上述历史课堂活动存在什么问题？(8分)

(2)教师应如何设计历史课堂活动的流程？(8分)

四、教学设计题(本大题22分)

32. 根据下列材料，按要求完成教学设计任务。

材料一 《普通高中历史课程标准》(实验)规定：了解太平天国运动的主要史实，认识农民起义在民主革命时期的作用与局限性。

材料二 课文摘录

《天朝田亩制度》的颁布

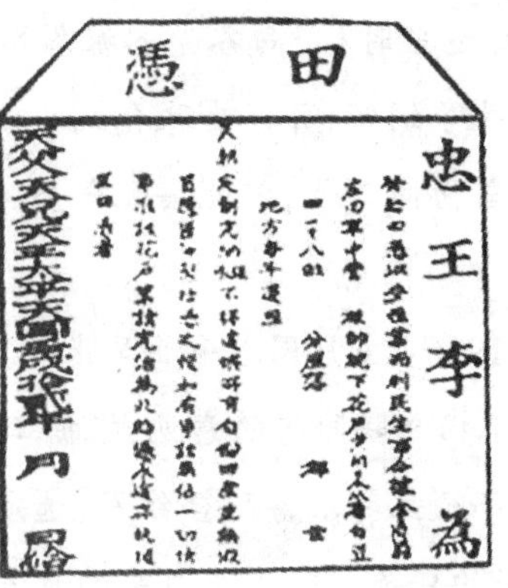

太平天国发给农民的田凭

为了满足农民得到土地的愿望，1853年冬，太平天国颁布《天朝田亩制度》。它根据“凡天下田，天下人同耕”和“无处不均匀”的原则，规定以户为单位，不论男女，按人口和年龄平分土地。根据“人人不受私，物物归上主”的原则，规定每户留足口粮，其余归国库。太平天国想通过这一方案，建立“有田同耕，有饭同食，有衣同穿，有钱同使，无处不均匀，无人不饱暖”的理想社会。

《天朝田亩制度》是太平天国的纲领性文件。它反映了农民要求获得土地的强烈愿望，是几千年来农民反封建斗争的思想结晶。但是，它体现的绝对平均主义思想，严重脱离实际，根本无法实现。

历史纵横

太平天国在一些占领区内，承认耕者有其田，保护农民劳动果实。在江苏吴县，太平天国“监军提各乡卒长给田凭，每亩钱360文，领凭后租田概作自产，农民窃喜，陆续完纳”。依靠太平天国政权的支持，广大农民纷纷起来反对封建地主剥削，进行抗租斗争。安徽桐城一个有文化的地主曾作诗哀叹：“东庄有佃化为虎，司租人至攫其乳。西庄有佃狠如羊，掉头不顾角相当。”

要求：根据《普通高中历史课程标准》(实验)要求和课文内容，设计出相关的教学过程，包括教学环节、教师活动和学生活动，并说明设计意图。

机密★启封前　　　　　　　　　　姓名＿＿＿＿＿＿　准考证号＿＿＿＿＿＿＿

2016年下半年中小学教师资格考试真题试卷

《历史学科知识与教学能力》(高级中学)

注意事项:

1. 考试时间为120分钟,满分为150分。
2. 请按规定在答题卡上填涂、作答,在试卷上作答无效,不予评分。

一、单项选择题(本大题共25小题,每小题2分,共50分)

在每小题列出的四个备选项中只有一个是符合题目要求的,请用2B铅笔把答题卡上对应题目的答案字母按要求涂黑。错选、多选或未选均无分。

1. 北京琉璃河燕国遗址中出土的青铜器克罍,铸有铭文,大意为:周王对召公说,你用盟誓和清酒来供你的君王。我非常满意你的供享,命你的儿子克做燕地的君侯。铭文所反映的是(　　)(常考)

A. 禅让制　　B. 分封制　　C. 礼乐制　　D. 郡县制

2. 孔子提出"仁"和"礼"的意图是(　　)

A. 回到小国寡民的状态　　B. 提倡"民贵君轻"的思想
C. 恢复和稳定社会秩序　　D. 打破贵族垄断教育的局面

3. 西汉初年,针对王国势力尾大不掉的局面,景帝采取的措施是(　　)

A. 接受晁错建议,实行"削藩"　　B. 实行"推恩令",缩小封地
C. 设刺史,监察全国地方政治　　D. 精简官吏,提高办事效率

4. 推行"今欲断诸北语,一从正音(指汉语)"这一措施的历史人物是(　　)

A. 秦始皇　　B. 汉武帝　　C. 北魏孝文帝　　D. 唐太宗

5. 下列各项中属于宋代削弱相权、加强皇权的措施是(　　)(易混)

A. 推行三公九卿制　　B. 设立内阁　　C. 确立三省六部制　　D. 增设三司

6. 据史书记载:明朝"各处商人所过关津,或勒令卸车泊舟,搜检囊匣者有之;或高估价值,多索钞贯者有之。所至关津即已税矣,而市易之处,又复税之"。此材料主要反映的是(　　)

A. 明朝商品经济发达　　B. 明朝实行抑商政策
C. 明朝广泛使用纸钞　　D. 明朝加强市场管理

7. 1898年,首揭"新派诗"大旗、倡导"诗界革命"的维新人士是(　　)

A. 黄遵宪　　B. 夏曾佑　　C. 梁启超　　D. 谭嗣同

8. 美国史学家史景迁曾这样描述:"蒸汽轮船在长江上穿梭,上海的外滩新式大银行一线排开,军事学堂用源源不断印刷的西方战术和科学教材训练年轻的军官,奏折通过电报闪电般地从各省传到军机处。"他描述的境况出现的时期是(　　)

A. 19世纪40年代　　B. 19世纪60年代
C. 19世纪70年代　　D. 19世纪90年代

9. 创建中国第一个近代化钢铁企业的洋务派代表人物是(　　)

A. 曾国藩　　B. 张之洞　　C. 李鸿章　　D. 左宗棠

10. 图1数据在1905年以后发生较大变化的主要原因是(　　)

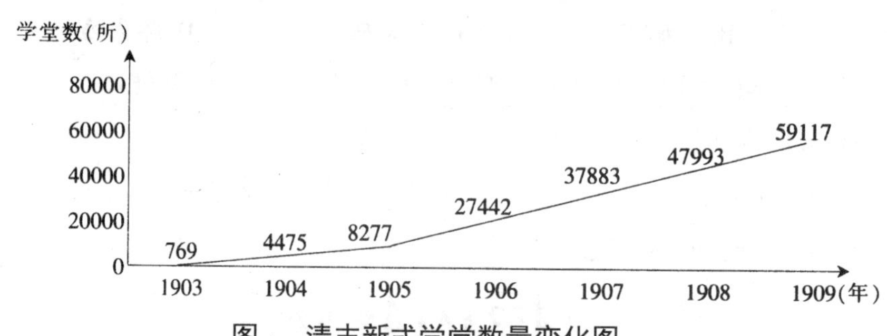

图1　清末新式学堂数量变化图

A. 洋务派的呼吁　　B. 清政府实行新政
C. 西方学说的影响　　D. 西方科技的引进

11. 有学者认为:20世纪中国经历了三次历史性巨变,后两次是中华人民共和国成立和改革开放,而第一次指的是(　　)(易错)

A. 禁烟运动　　B. 戊戌变法　　C. 辛亥革命　　D. 五四运动

12. 下表为北京政府农商部统计数据,表中数据变化的主要原因是(　　)

时间	注册的工业公司	资本额
1914年前	146个	41148205元
1914—1919年	232个	91867500元

①国内掀起商办铁路公司的热潮　②官办和官督商办企业大增
③中国民族实业家投资热情高涨　④列强忙于欧战而无暇顾及

A. ①②　　B. ①③　　C. ②④　　D. ③④

13. 1937年11月28日的英国《泰晤士报》写道:"此次两军作战,双方伤亡惨重,但十周之英勇抵抗,已造成中国堪称军事国家之荣誉。"这里报道的是(　　)

A. 徐州会战　　B. 淞沪会战

C. 武汉会战　　D. 长沙会战

14. 图2是1929—1932年间农村革命根据地示意图，其中甲处创建人是（　）

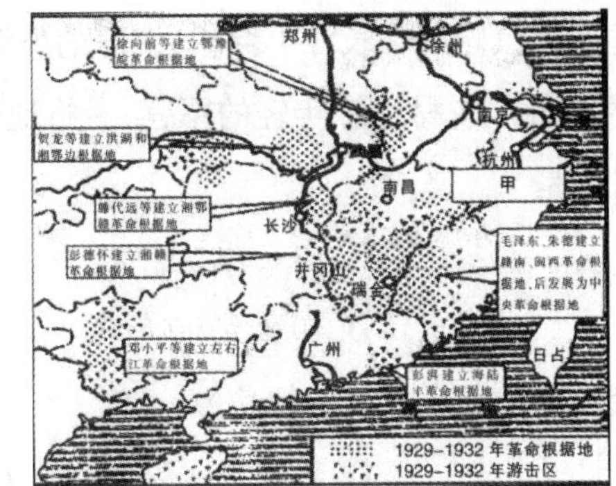

图2

A. 邓小平　　B. 彭德怀　　C. 方志敏　　D. 滕代远

15. 20世纪50年代，我国民主政治制度建设取得的重大成果是（　）（易错）

A. 民族区域自治法的颁布　　B. 扩大基层民主选举

C. 人民代表大会制度的创立　　D. 政治协商会议的召开

16. 图3是“文化大革命”时期一张诗歌传单，其中的“鬼”和“豺狼”指的是（　）

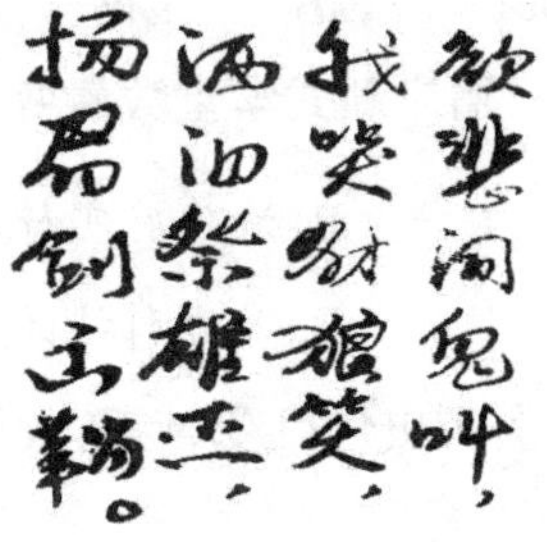

欲悲闻鬼叫，
我哭豺狼笑。
洒泪祭雄杰，
扬眉剑出鞘。

图3

A. “美帝”　　B. “苏修”

C. “走资派”　　D. “四人帮”

17. 20世纪90年代初，中国经济发展的重大战略步骤是（　）

A. 浦东的开发和开放　　B. 开辟沿海经济开放区

C. 创办苏州工业园区　　D. 设置海南岛经济特区

18. 苏格拉底提出“认识你自己”这一哲学命题的背景是（　）

A. 欧洲启蒙运动倡导理性　　B. 罗马教皇的“赎罪券”

C. 文艺复兴运动提倡人文主义　　D. 古代雅典社会出现道德危机

19. 公元前5世纪，罗马的《十二铜表法》规定：“期满，债务人不还债的，债权人得拘押之，押其到长官前，申请执行。”这一条款体现的是（　）

A. 维护私有财产　　B. 限制贵族权利

C. 维护平民利益　　D. 扩大统治基础

20. 关于新航路开辟后出现的“三角贸易”，下列说法正确的是（　）

①给非洲带来巨大人口损失　②给美洲带去了廉价劳动力

③推动了欧洲的资本原始积累　④美国是奴隶贸易的最大获利者

A. ①②③　　B. ①②④　　C. ①③④　　D. ②③④

21. 有关英国责任制内阁的表述正确的是（　）（易混）

①由多数党领袖组阁　②首相掌握司法权　③首相有权解散议会　④内阁对议会负责

A. ①②③　　B. ①②④　　C. ①③④　　D. ②③④

22. 在罗斯福新政期间政府推行“以工代赈，兴办公共工程”，这些措施的作用是（　）（常考）

①刺激消费和生产　②抑制通货膨胀　③稳定社会秩序　④调整企业关系

A. ①③　　B. ②③　　C. ②④　　D. ①④

23. 某文学家说，这一文学流派“排斥虚无缥缈的幻想，排斥神话故事，排斥寓言与象征，排斥高度的风格化，排斥纯粹的抽象与雕饰”，能体现该流派特征的作品是（　）

A.《巴黎圣母院》　　B.《人间喜剧》　　C.《等待戈多》　　D.《百年孤独》

24. 李大钊撰写的中国第一部以唯物史观为指导的史学理论著作是（　）

A.《史学要论》　　B.《研究历史的任务》

C.《庶民的胜利》　　D.《我的马克思主义观》

25. 某教师在讲到第二十六届联大通过提案恢复中华人民共和国在联合国合法席位时，运用图4反映当时的场景，对这一做法评价正确的是（　）

图4

A. 图片具有典型性和生动性　　B. 图片能反映会场整体情况

C. 图片与教师讲述内容不匹配　　D. 学生难以从图片中提取信息

二、简答题（本大题共3小题，每小题10分，共30分）

26. 简述明成祖加强君主专制中央集权的措施。（10分）

27. 简述在课堂教学中使用口述史资料应注意的主要问题。(10分)

28. 某教师要对学生的历史学习进行评价,其评价的基本方法有哪些?(10分)

三、材料分析题(本大题共3小题,每小题16分,共48分)

29. 阅读下面材料,回答问题。

材料 第二次世界大战使欧洲陷入一派残破,导致其经济体系的崩溃,欧洲已不再有能力为其所需的进口做出支付。战争期间,欧洲人特别是英国人,已经耗尽了他们的海外投资,而美国占领了以往在欧洲人手中的市场。西欧人不希望被任何一个超级大国所拯救,就两个超级大国来说,苏联会从西欧的大乱中获利,而美国则会在西欧的重建中获益。欧洲整合本身采取了一条不同的道路,开始是在经济领域,1951年根据莫内设计的一个计划,西欧六国建立了欧洲煤钢共同体,其总部设在卢森堡。1991年底,在荷兰的马斯特里赫特签署的《欧洲联盟条约》中确认实行统一的欧洲货币和统一的中央银行体系。

——摘编自(美)帕尔默《现代世界史》

问题:

(1)根据材料概述二战后欧洲面临的问题。(6分)

(2)根据材料并结合所学,简述欧洲一体化的进程。(6分)

(3)欧洲一体化的历史启示是什么。(4分)

30. 阅读下面材料,回答问题。

材料 下面是两位教师的教学反思:

教师甲:《开创外交新局面》这一课的教学调整了教材结构,精选史料,辅助教学,较为成功地达成了教学目标。但仍存在着一些问题,例如教师的讲述过多,学生的活动不太充分,对中国重返联合国及在联合国中发挥的重要作用强调得不够等。这些都是在以后的教学中需要进一步改进和提高的地方。另外,其他教师有提出一些想法,本课的小结可以从新中国地位变化的角度来进行,这也是一种全新的思路,有待于在今后的教学中摸索尝试。

教师乙:《中国近代社会生活的变迁》这一课的教学侧重于通过剖析多种素材来帮助学生梳理思考问题的思路和角度,加强思维训练,提升学生分析历史的能力。从内容上看,把政治史、经济史、思想史的相关内容加以整合,从社会生活变迁的视角看中国近代社会的发展,有助于学生的深度学习。从材料运用来看,部分图片材料是学生搜集的,起到了激励学生的作用。从学生作业上看,大部分学生在总结中国近代社会生活变迁的原因和影响时思路清晰,能够举一反三。

问题:

(1)概括指出材料中教学反思涉及哪些方面?(4分)

(2)请指出教师甲、乙教学反思中存在的问题。(4分)

(3)教学反思应包括哪些方面?(8分)

31. 阅读下面材料,回答问题。

材料 下面是某教师对同一问题先后设计的试题。

试题A

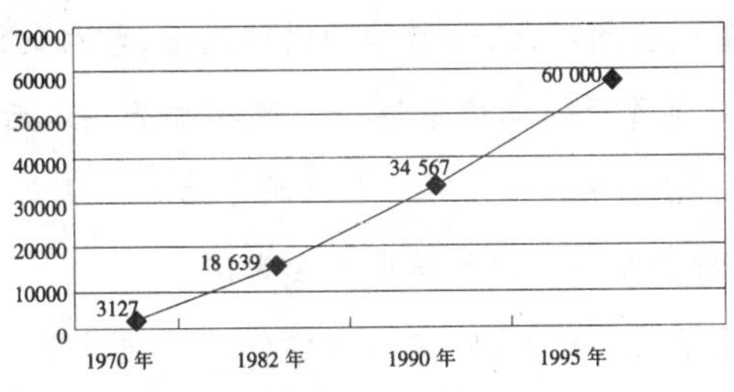

世界贸易额度变化设计图

问题:观察上图,世界贸易在20世纪90年代出现了怎样的发展态势?结合所学说明导致这种态势的原因。

【参考答案】态势:世界贸易额迅速增长。原因:新航路开辟后,世界各地经济联合逐步加强,工业革命后,资本主义获得了空前发展,经济全球化加速了世界经济的发展。

试题B

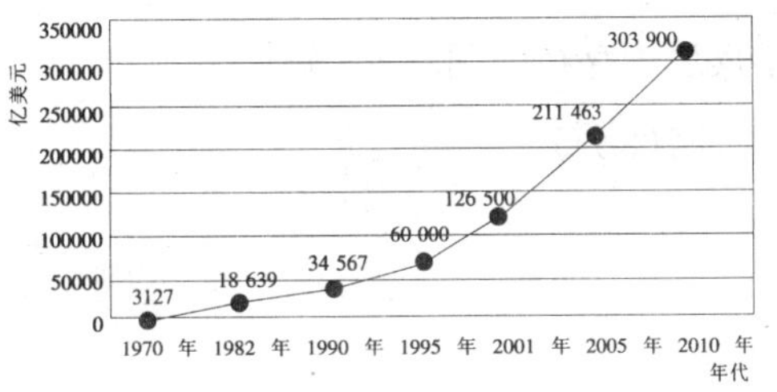

世界贸易额度变化设计图

问题:观察上图,世界贸易在20世纪90年代以后出现了怎样的发展态势?结合所学说明导致这种态势的主要原因。

【参考答案】态势:世界贸易额迅速增长。原因:绝大多数国家实行了市场经济体制,区域经济集团化发展;世界贸易组织成立,经济全球化进程加快。

问题:

(1)试题A、B图表的内容哪个更合理?请说明理由。(6分)

(2)请对试题A、B的参考答案进行评论。(2分)

(3)在编制图表类的材料解析题时应注意哪些问题?(8分)

四、教学设计题(本大题22分)

32. 根据下列材料设计教学片段。

材料一 《普通高中历史课程标准》(实验)规定:了解孙中山三民主义的基本内容;认识其在推动中国资产阶级民主革命中的作用。

材料二 课文摘录

新三民主义的提出

辛亥革命后,孙中山为捍卫民主共和制度,先后领导开展了"二次革命"、护国运动、护法运动等。在一次又一次的抗争和失败的艰辛历程中,孙中山逐渐认识到真正的革命力量在广大群众之中。他接受共产国际和中国共产党的建议,毅然改造国民党,实行联俄、联共、扶助农工三大政策。

1924年1月,中国国民党第一次全国代表大会在广州召开。会议审议并通过《中国国民党第一次全国代表大会宣言》,对三民主义做出适应时代潮流的新解释。

与辛亥革命时期的三民主义相比,新三民主义有了质的飞跃和进步。在民族主义方面,辛亥革命时期的三民主义突出的是"反满",矛头指向清王朝;新三民主义则提出了反对帝国主义的目标;在民权主义方面,过去只是抽象地提倡"自由、平等、博爱",现在主张普遍平等的民权;在民生主义方面,过去只有"平均地权"的政纲,现在则提出了平均地权和节制资本的办法,承认"耕者有其田",并谋求改善工人和农民的生活。因此,孙中山的新三民主义又被中国共产党人称为"革命的三民主义"和"新民主主义的三民主义"。

孙中山的新三民主义同中国共产党在民主革命阶段的纲领是基本一致的,因而它成为第一次国共合作的政治基础和大革命时期的旗帜,这是孙中山在开拓完全意义上的近代民族革命道路上迈出的崭新一步。

要求:根据《普通高中历史课程标准》(实验)的要求和课文内容设计相关的教学过程,包括教学环节、教师活动和学生活动并说明设计意图。

机密★启封前　　　　　　　　姓名__________　准考证号__________

2016年上半年中小学教师资格考试真题试卷

《历史学科知识与教学能力》(高级中学)

注意事项:

1. 考试时间为120分钟,满分为150分。
2. 请按规定在答题卡上填涂、作答,在试卷上作答无效,不予评分。

一、单项选择题(本大题共25小题,每小题2分,共50分)

在每小题列出的四个备选项中只有一个是符合题目要求的,请用2B铅笔把答题卡上对应题目的答案字母按要求涂黑。错选、多选或未选均无分。

1. 西周时天子要在太庙举行策命礼,向诸侯授"策"。这反映当时实行的制度是(　　)(常考)

A. 禅让制　　B. 分封制

C. 等级制　　D. 世袭制

2. 晁错说:"今法律贱商人,商人已富贵矣;尊农夫,农夫已贫贱矣。"对此,汉文帝采取的措施是(　　)

①推行口赋和算赋　②推行重农抑商政策

③宽松刑罚,裁减官吏　④变十五税一为三十税一

A. ①②　　B. ①③

C. ②③　　D. ②④

3. 李商隐有诗曰:"乘兴南游不戒严,九重谁省谏书函。春风举国裁宫锦,半作障泥半作帆。"此诗所讽刺的是(　　)

A. 秦始皇　　B. 汉武帝

C. 周武帝　　D. 隋炀帝

4. 下图是宋代砖雕拓片,它所描绘的是(　　)

A. 杂剧表演　　B. 征收赋税

C. 商品交易　　D. 官民冲突

5. 元朝末年流传的一首小令中写道:"堂堂大元,奸佞专权,开河变钞祸根源,惹红巾万千。"小令中的"开河"指的是(　　)

A. 淮河泛滥　　B. 海河决堤

C. 开凿运河　　D. 整治黄河

6. 明代思想家李贽说:"夫天生一人,自有一人之用,不待取给于孔子而后足也。若必待取足于孔子,则千古以前无孔子,终不得为人乎?"这段话的核心思想是(　　)

A. 反对思想盲从　　B. 主张学以致用

C. 鞭挞封建礼教　　D. 抨击腐朽统治

7. 康熙帝有诗云:"四月天山路,今朝瀚海行……敢云黄屋重,辛苦事亲征。"这里描述的事件是(　　)

A. 平定三藩之乱　　B. 三征噶尔丹

C. 平定回部叛乱　　D. 进军雅克萨

8. 导致下表统计数字变化最直接的原因是(　　)

年份	英国输华货物总值(英镑)
1840年	524198
1844年	2305617

A. 五口通商　　B. 割让香港岛

C. 派设领事　　D. 废除公行

9. 容闳在《西学东渐记》中写道:"战争之起……以此粗笨之农具,而能所向无敌,逐北追奔,如疾风之扫秋叶……恶根实种于满洲政府之政治。"他所说的"战争"指的是(　　)(易混)

A. 天理教起义　　B. 白莲教起义

C. 太平天国运动　　D. 义和团运动

10. 郑观应认为:"彼不患我之练兵讲武,特患我之夺其利权。"为此,他提出的主张是(　　)

A. 发展军事工业　　B. 发展工商业

C. 兴办新式学堂　　D. 操练新军

11. 抗战时期,美国陆军部长史汀生称:中国人已经做的和正在做的对侵略之卓越抵抗,以及他们对共同事业的贡献,值得我们给予最充分的支援。他所说的"贡献"是指(　　)

A. 粉碎了日军的"西进南下"的计划

B. 阻止了日军对东南亚地区的攻势

C. 提供了亚太战场所需的战略物资

D. 牵制了日军在亚太战场的相当力量

12. 如图所示飞机的生产日期是（　　）

A. 新中国成立之初　　B. 第一个五年计划期间

C. “大跃进”运动期间　　D. 社会主义现代化建设新时期

13. 20世纪90年代初，我国经济发展的重大战略步骤是（　　）（常考）

A. 设置特区　　B. 设置沿海开放城市

C. 开发浦东　　D. 开辟沿海经济开放区

14. 苏格拉底说：“没有人愿意用抽签的方式去雇佣一位舵手和建筑师、吹笛手或其他行业的人，而这类事若出错的话，危害比在管理国家事务上出错还轻得多。”此话所要表达的是（　　）

A. 批评雅典城邦的参政方式　　B. 反对雅典实行民主政治

C. 说明雅典民主范围的狭小　　D. 坚持民众权力至高无上

15. 英国《权利法案》规定：“未经议会同意，以国王权威停止法律或停止法律实施之僭越权力，为非法权力。”该法律条文保证了议会的什么权力（　　）

A. 立法权　　B. 司法权　　C. 监督权　　D. 选举权

16. 有学者认为：“长时期以来，军政和绝大部分公民把意大利战争和埃及战争的英雄人物，即第一执政当作偶像来崇拜。”这里说的“第一执政”指的是（　　）

A. 路易·菲利普　　B. 拿破仑·波拿巴

C. 路易·波拿巴　　D. 奥古斯都·凯撒

17. 对资本主义世界市场的形成起决定性作用的是（　　）（常考）

A. 新航路的开辟　　B. “三角贸易”的形成

C. 两次工业革命　　D. 西方列强瓜分世界

18. 下图所示的绘画作品属于哪一艺术流派（　　）

A. 新古典主义　　B. 浪漫主义

C. 现实主义　　D. 现代主义

19. 美国的经济发展经历了“古典自由主义”“国家干预的自由主义”和“新自由主义”三个阶段。对第二个阶段产生重大影响的理论是（　　）

A. 亚当·斯密学说　　B. 里根主义

C. 大卫·李嘉图学说　　D. 凯恩斯主义

20. 斯大林时期苏联经济体制的主要特征是（　　）

A. 扩大企业自主权　　B. 扩大国企经营自主权

C. 多种所有制并存　　D. 高度集中的计划经济

21. 二战后西欧国家百废待兴，美国决定推行马歇尔计划。该计划的目的是（　　）（易错）

①快速恢复西欧经济　②增强遏制苏联的力量

③缔结政治军事同盟　④推行欧洲经济一体化

A. ①②　　B. ①③

C. ②③　　D. ③④

22. 下图是一些国家在某时期经济年增长率的数据图，该时期是（　　）

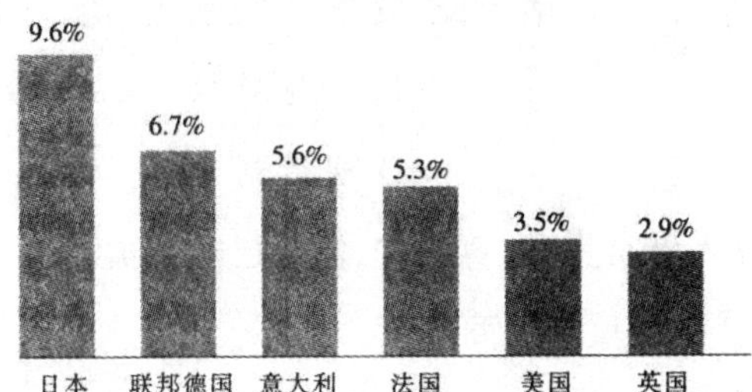

A. 19世纪末—20世纪初　　B. 20世纪20—30年代

C. 20世纪50—70年代　　D. 20世纪末—21世纪初

23. 与《史记》相比，班固所编《汉书》在体例上没有采用的是（　　）

A. 本纪　　B. 世家

C. 列传　　D. 表

24. 主张历史学家应具备史才、史学、史识、史德的学者是（　　）

A. 司马迁　　B. 司马光

C. 章学诚　　D. 康有为

25. 《普通高中历史课程标准》（实验）在“课程设计思路”中提到设置选修课的目的是（　　）

A. 弥补必修课的不足，健全知识体系

B. 拓展学生历史视野，促进学生个性化发展

C. 为学习文科的学生提供更多的历史知识

D. 与历史高考衔接，有助于学生高考复习

二、简答题(本大题共3小题,每小题10分,共30分)

26. 简述1954年《中华人民共和国宪法》颁布的背景和历史地位。(10分)

27. 简述历史课堂教学中使用文献材料应注意的问题。(10分)

28. 简要说明中学历史课堂教学小结的基本方式。(10分)

三、材料分析题(本大题共3小题,每小题16分,共48分)

29. 阅读下面材料,回答问题。

材料一　凡故意伤人肢体而又未能取得调解时,则伤人者也须受到同样的伤害;如有人打断自由人的骨头,他必须偿付300阿司罚金,如被打折骨头的是奴隶,罚金可以减半。

——《十二铜表法》

材料二　罗马法的典型时代从共和国后期一直延伸到公元3世纪早期。法律也许是罗马最重要的遗产。6世纪拜占庭的皇帝查士丁尼的汇编是我们了解罗马法最重要的资料来源,该书连同一部法学教科书《法学总论》一道,构成了罗马法统一体系的基础,并给世界各地的法律制度以重大影响。

——摘编自[英]格雷格·沃尔夫主编《剑桥插图罗马史》

问题:

(1)你从材料一中能够获取什么信息?对《十二铜表法》作何评价?(8分)

(2)结合所学,指出“从共和国后期一直延伸到公元3世纪早期”的罗马法经历了怎样的变化?(4分)

(3)材料二中说罗马法“给世界各地的法律制度以重大影响”,试举一例说明。(4分)

30. 阅读下面材料，回答问题。

材料 下面是某校历史考试中的一道试题和学生的答案：

试题：依据下面材料并结合所学，说明宋朝纸币能够流通的条件。

北宋纸币铜板拓片

然宋之所以得行者(纸币流通)，每造一界(一个批次)，备本钱三十六万缗，而又佐之以盐酒等项。盖民间欲得钞，则以钱入库；欲得钱，则以钞入库；欲得盐酒，则以钞入诸务。故钞之在手，与见(现)钱无异。

——黄宗羲《明夷待访录》

学生A答案：盖民间欲得钞，则以钱入库；欲得钱，则以钞入库。这种流通手段，之所以纸币流通，每一批，备本钱三十六万缗，而又佐之以盐酒等项。

学生B答案：北宋商业的发展，出现了“钱荒”；纸币发行者储备足够的金属货币和实物，以保证纸币的信用。

学生C答案：在宋朝之时，纸币出现，方便携带，方便交换，与过去的金子银子相比，纸币具有比较轻便不沉的特点。

问题：

(1)请对三位学生的答案进行评价，并选出最佳答案。(8分)

(2)请针对学生答案中存在的问题提出教学建议。(8分)

31. 阅读下面材料，回答问题。

材料 下面是两位教师关于《欧洲的启蒙运动》一课中历史背景的教学过程：

教师甲	教师乙
步骤一：教师通过漫画展示古希腊哲学家柏拉图的“洞喻”理论，引领学生感受启蒙一词的含义，解释理性的含义，引导学生得出专制王权、教权、特权是当时启蒙学者所指的外在权威。 步骤二：教师一步步展示下列图示，并结合史实简要讲述18世纪启蒙思想出现的背景。 一、追溯启蒙时代 人文主义传统(古希腊、文艺复兴) 科技革命(16世纪以来) 光荣革命 欧陆专制 启蒙时代(18世纪) 资产阶级发展壮大 教师以“让我们一起走进启蒙时代，感受启蒙思想家对自由和理性的追求”为过渡，进入下面的教学。	步骤一：教师让学生看PPT上的导学提纲：启蒙运动的背景是什么(依据“一定时期的思想文化是一定社会政治和经济的反映”分析启蒙运动的背景)？阅读教科书。 步骤二：教师让三个学生回答问题，学生均照着教科书把找到的结论读了一遍。之后教师又让一个学生归纳启蒙运动的背景，学生归纳如下： 欧洲资本主义经济发展； 启蒙运动启迪了思想； 自然科学的发展与进步； 封建专制和教权主义。 步骤三：教师出示下一部分的导学提纲，继续让学生阅读教科书中的相关内容。

问题：

(1)试对两位教师关于启蒙运动历史背景的教学进行评价。(8分)

(2)教师在进行历史背景的教学时应注意哪些问题？(8分)

四、教学设计题(本大题22分)

32. 根据下列材料,按要求完成教学设计任务。

材料一 《普通高中历史课程标准》(实验)规定:了解中美关系正常化和中日建交的主要史实,探讨其对国际关系产生的重要影响。

材料二 课文摘录

中美、中日关系正常化

朝鲜战争停战以后,中国希望美国从台湾海峡撤走它的武装力量,缓和中美关系。但美国继续敌视中国,利用台湾问题搞"两个中国"的阴谋。美国不仅继续在台湾海峡进行军事活动,还发动侵略越南的战争,从南面威胁中国。中美关系长期处于敌对的紧张状态。中国与绝大多数西方国家的外交基本隔绝。

20世纪70年代初,由于世界局势发生重大变化,改善中美关系成为两国的共同要求,中美关系开始缓和。中国外交有了重大突破和转机。

1971年7月,尼克松总统的国家安全事务助理基辛格秘密访问中国,同周恩来总理举行会谈,随后中美两国同时发表公告,宣布美国总统尼克松将访问中国,以谋求两国关系的正常化。公告的发表,震惊了整个世界。

历史纵横

1971年4月,在日本举行的第31届世乒赛结束后,中国邀请部分国家的乒乓球代表团来华访问。由于中美两国没有外交关系,主管部门将拒绝美国代表团访华的请示报告了毛泽东。毛泽东得知中国运动员庄则栋和美国运动员科恩在日本友好接触的情况后说,现在正是千载难逢的好时机。他请周恩来指示有关部门立即邀请美国乒乓球队访华。尼克松总统得知这个消息后,立即电示美国队:"运动员务必去北京。"就在周恩来接见美国运动员的当天,尼克松发表了声明,宣布对华新步骤。他把打通中美关系比作人类登月的"阿波罗计划"。这就是被称为"乒乓外交"的一着妙棋,通过"小球转动大球",打开了中美两国人民友好交往的大门。

1972年2月,尼克松总统访问中国。毛泽东抱病会见尼克松。周恩来同尼克松举行会谈。双方在上海签署《中美联合公报》,阐述了台湾是中国领土的一部分和只有一个中国的原则,并确认从台湾撤出全部美国武装力量和军事设施的最终目标。这样,中美两国结束了二十多年的对抗,两国关系开始走向正常化。随着两国关系的不断发展,1979年,中美两国正式建立外交关系。

中美关系的改善直接促进了中日建交。第二次世界大战后,日本长期追随美国,采取敌视中国的政策。美国谋求同中国缓和关系的活动,却避开了日本,这在日本引起强烈震动,1972年,刚刚出任日本首相的田中角荣,应周恩来的邀请访华,签署了建立外交关系的联合声明。接着,国际上出现了一个同中国建交的热潮,许多国家纷纷同中国建立外交关系。这样。20世纪50年代以来美国遏制中国所形成的外交僵局终于被打破,我国外交出现了新局面。

要求: 根据《普通高中历史课程标准》(实验)要求和课文内容,设计出相关的教学过程,包括教学环节、教师活动和学生活动,并说明设计意图。

机密★启封前 姓名________ 准考证号__________

2015年下半年中小学教师资格考试真题试卷

《历史学科知识与教学能力》(高级中学)

注意事项:

1. 考试时间为120分钟,满分为150分。
2. 请按规定在答题卡上填涂、作答,在试卷上作答无效,不予评分。

一、单项选择题(本大题共25小题,每小题2分,共50分)

在每小题列出的四个备选项中只有一个是符合题目要求的,请用2B铅笔把答题卡上对应题目的答案字母按要求涂黑。错选、多选或未选均无分。

1. 学者在研究人类早期历史时经常使用"青铜时代"这个概念,我国"青铜时代"的繁盛时期是( )

A. 夏商时期 B. 商周时期

C. 秦汉时期 D. 隋朝时期

2. 汉代耧车的功能是( )

A. 垦荒 B. 播种

C. 脱粒 D. 运输

3. 史载:"大小之官,咸由吏部""纤介之迹,皆属考功"与文中所述相关的是( )(易混)

A. 世卿世禄制 B. 察举制

C. 九品中正制 D. 科举制

4. 为接受先进文化、加强对中原的统治而迁都的历史事件是( )

A. 商王盘庚迁殷 B. 周平王东迁洛邑

C. 北魏孝文帝迁都洛阳 D. 明成祖迁都北京

5. 导致下表中人口变化的主要原因是( )

年份	户数	人口数
唐玄宗天宝十三年(754年)	9619254	52880488
唐肃宗乾元三年(760年)	1933134	16990386

A. 玄武门之变 B. 安史之乱

C. 藩镇割据 D. 黄巢起义

6. 宋太祖说:"五代方镇残虐,民受其祸,朕今选儒臣干事者百余,分治大藩,纵皆贪浊,亦未及武臣一人也。"其中"选儒臣干事者百余,分治大藩"指的是( )(常考)

A. 设置市舶司 B. 派文官任知州

C. 设置理藩院 D. 选文臣掌军权

7. 史载"松江能染青花布,宛如一轴院画……青久浣亦不脱。"文中所述情况出现的朝代是( )

A. 汉朝 B. 唐朝

C. 宋朝 D. 元朝

8. "将直隶各省现今征收钱粮册内有名人丁,永为定数,嗣后滋生人丁,免其加增钱粮。"颁布这一政策的清代皇帝是( )

A. 顺治 B. 康熙

C. 雍正 D. 乾隆

9. 宋元明清最有影响力的教育组织是( )

A. 私塾 B. 太学

C. 书院 D. 学堂

10. 蔡锷将军在1916年1月31日的家书中写道:"我军士气为倍,无不以一当十,逆军虽顽强,必能操胜算也。"这里的"逆军"指的是( )

A. 袁世凯的北洋军 B. 张作霖的奉军

C. 张勋的辫子军 D. 陈炯明的粤军

11. "真正国货""请国民每年挽回四千五百余万之权利"反映的是( )

A. 洋务运动兴起 B. 实业救国热潮

C. 工人阶级诞生 D. 近代企业兴起

12. 图表反映了我国"一五计划"期间国民经济的发展状况,对其内容理解正确的是( )

项目	农业	轻工业	重工业
1953年农、轻、重比例(%)	52.8	29.6	17.6
1957年农、轻、重比例(%)	43.5	29.2	27.3
1953年—1957年平均增长速度(%)	4.5	12.8	25.4

①农业生产增长相对缓慢 ②国民经济调整任务完成

③工业基本建设成就显著 ④重工业得到了优先发展

A. ①②③ B. ①②④

C. ①③④ D. ②③④

13. 下列我国近代历史上出现的标语和口号,按时间顺序排列正确的是( )

①"打倒列强,除军阀" ②"要种族不灭唯有抗战到底!"

③“外争国权,内惩国贼” ④“打过长江去,解放全中国”

A. ①②③④ B. ①③②④

C. ③①②④ D. ④③①②

14. 有西方学者评论说:“这是一个具有高度标志性的事件,它表明中国的航天技术在21世纪已经走到了欧洲和日本的前面。”他所评论的事件是(　)

A. 中近程运载火箭发射成功 B. “东方红一号”卫星发射成功

C. 返回式遥感卫星发射成功 D. “神舟”五号载人航天飞船发射成功

15. 经过长期斗争,最终以元首制代替罗马共和制的政治家是(　)

A. 屋大维 B. 凯撒

C. 安东尼 D. 庞培

16. 17世纪中叶,成为欧洲主要金银市场、国际金融中心的城市是(　)

A. 里斯本 B. 伦敦

C. 马德里 D. 阿姆斯特丹

17. 第二次工业革命比第一次工业革命更快地促进了生产力的发展,其主要原因是(　)(常考)

A. 科学与技术紧密结合 B. 各国政府重视工业生产

C. 科学发明的大量涌现 D. 国际经贸交流日益活跃

18. 1801—1851年,英国5000人以上的城镇由105座扩大到265座,城镇人口比例由26%扩大到45%,导致这种变化的最重要因素是(　)

A. 新航路开辟 B. 宗教改革影响

C. 手工作坊发展 D. 工业革命推动

19. 下图是苏联的国徽,图中环绕麦穗的15条彩带代表的是(　)

A. 邦联 B. 自治州

C. 省级行政区 D. 加盟共和国

20. 1949年4月签订的某条约规定:“各缔约国同意对于欧洲或北美之一或数个缔约国之武装攻击,应视为对缔约国全体之攻击。”与该条约直接相关的是(　)

A. 北大西洋公约组织 B. 关贸总协定

C. 华沙条约组织 D. 欧洲共同体

21. 1954年,某国际会议做出决议:“每个与会国家在对柬埔寨、老挝和越南三国关系上,保证尊重上述各国主权、独立和领土完整,并对其内政不予任何干涉。”这次会议是(　)(常考)

A. 日内瓦会议 B. 万隆会议

C. 戴维营会议 D. 不结盟会议

22. 20世纪80年代末,东欧发生剧变,第一个发生剧变的东欧国家是(　)

A. 波兰 B. 民主德国

C. 罗马尼亚 D. 南斯拉夫

23. 王国维说:“吾辈生于今日,幸于纸上材料外,更得地下之新材料。”他所说的“新材料”指的是(　)

A. 甲骨文 B. 石鼓文

C. 秦简 D. 魏碑

24. 下列属于史学理论著作的是(　)

A.《史记》 B.《资治通鉴》

C.《通典》 D.《文史通义》

25. 教师设计历史课外书面作业时要考虑的因素是(　)

①要符合教学目标 ②要有明确具体的要求

③以训练学生的形象思维为主 ④题量适中,难易适当

A. ①②③ B. ①②④

C. ①③④ D. ①②③④

二、简答题(本大题共3小题,每小题10分,共30分)

26. 简述布雷顿森林体系建立的背景及影响。(10分)

27. 简述中学历史学业评价要遵循的基本原则。(10分)

28. 简述在历史教学中运用史学研究成果的基本要求。(10分)

三、材料分析题(本大题共3小题,每小题16分,共48分)

29. 阅读下面材料,回答问题。

材料一 《海国图志》六十卷,何所据?一据前两广总督林尚书所译西夷之《四洲志》,再据历代史志,及明以来岛志,及近日夷图、夷语……是书何以作?曰:为以夷攻夷而作,为以夷款夷而作,为师夷而作,为师夷长技以制夷而作。

——魏源《海国图志·原叙》

材料二 百余年来,中国承平,水陆战备少弛。适泰西火轮车舟有成,英吉利遂蹈我之瑕,构兵思逞,并联与国,竞互市之利,海上遂以乡故。魏子数以其说干当事,不应,退而著是书。……书成,魏子殁。廿余载,事局如故。

——左宗棠《重刻海国图志·叙》

问题:

(1)根据材料一,魏源编著《海国图志》所依据的材料有哪几种?你认为其中可信度最高的是哪种?为什么?(8分)

(2)左宗棠与魏源对编著《海国图志》目的的看法有何相同点?“廿余载,事局如故”的主要原因有哪些?(8分)

30. 阅读下面材料,回答问题。

材料 《普通高中历史课程标准》(实验)对两极世界形成的内容所提出的要求是:“了解美苏两极对峙格局的形成,认识美苏‘冷战’对第二次世界大战后国际关系发展的影响。”

某教师对“两极世界的形成”一课的“过程与方法”目标表述如下:①通过对对峙局面形成原因的分析,培养学生综合分析历史现象的能力,进而不断加深对历史和现实之间的联系和理解。②通过对战后世界主要国家政治力量对比变化的分析,进一步认识“冷战”的实质。③掌握马歇尔计划、北大西洋公约组织、华沙条约组织等主要内容,理解美苏两国对峙中各自采取的措施。④通过情景再现、史料研习等方式,认识美苏两国在“冷战”状态下的对抗和矛盾的激化对世界和平及国际关系造成的深刻影响。

问题:

(1)指出上述陈述存在的问题。(8分)

(2)根据《普通高中历史课程标准》(实验)的要求,为本课设计两个“过程与方法”的目标。(8分)

31. 阅读下面材料，回答问题。

材料 下面是某教师教授高中必修I《雅典城邦的民主政治》一课的导入。

教师：大家还记得2008年北京奥运会的宣传口号是什么吗？

学生：同一个世界，同一个梦想。

教师：那么，你们是否知道2004年奥运会是由哪个城市举办的？

学生：希腊的雅典。

教师：雅典奥运会的口号是"欢迎回家"，英文是'Welcome Home'，为什么雅典能向世界说出"欢迎回家"这样的话？

学生：因为雅典是古代奥运会的发源地。

教师：说得对。古代奥运会之所以起源于雅典，是与这座城市的繁荣与文明有密切关系的，雅典被誉为"古希腊文化的中心，欧洲文明的摇篮"。那么，是什么造就了古代雅典的高度繁荣呢？其中一个重要的因素，也就是我们今天要探讨的课题——雅典城邦的民主政治。

问题：

(1)教师的这种导入方式有什么特点和作用？(8分)

(2)采用这种导入方式应注意什么问题？(8分)

四、教学设计题（本大题22分）

32. 根据下列材料，按要求完成教学设计任务。

材料一 《普通高中历史课程标准》（实验）规定：知道汉代儒学成为正统思想的史实。

材料二 课文摘录

从汉武帝时起，儒家经典成为国家规定的教科书。公元前136年，汉武帝正式规定《诗》《书》《礼》《易》《春秋》为"五经"，并设立专事研究和传播五经的教官，称为"博士"。自此，教育为儒家所垄断。

公元前124年，汉武帝根据董仲舒的建议，兴办太学，规定太学生员为博士弟子，一律由儒家五经博士负责教授，学完经考试合格后即可到政府任官。太学的兴办，打破了以往由贵族官僚世代为官的陈规，使非贵族官僚家庭的子弟也可凭太学资格做官；同时也大大提高了儒学的地位。西汉末年，太学生达到数千人，东汉时曾达三万余人。

除太学外，汉武帝还下令在全国各郡县设立学校，初步建立了地方教育系统。这样，儒学于各郡县得到推广，在民间开始处于独尊的地位。

此后，儒家思想成为历代统治者推崇的正统思想，逐渐成为两千多年来中国传统文化的主流。

要求：根据课程标准要求和课文内容，设计出相关的教学过程，包括教学环节、教师活动和学生活动，并说明设计意图。

机密★启封前　　　　姓名__________　准考证号__________

教师资格考试预测试卷（一）

《历史学科知识与教学能力》（高级中学）

注意事项：

1. 考试时间为120分钟，满分为150分。
2. 请按规定在答题卡上填涂、作答，在试卷上作答无效，不予评分。

一、单项选择题（本大题共25小题，每小题2分，共50分）

在每小题列出的四个备选项中只有一个是符合题目要求的，请用2B铅笔把答题卡上对应题目的答案字母按要求涂黑。错选、多选或未选均无分。

1. 下图是1976年出土的利簋铭文拓片。有学者释其铭文曰："武王征商，唯甲子，朝，岁鼎，克昏夙有商。辛未，王在阑师赐有事利金。用作檀公宝尊彝。"这有助于研究当时的（　　）

①军事战争　②天文历法　③土地制度　④商品经济　⑤文字书法

A.①②④　　B.①②⑤　　C.①③⑤　　D.②③④

2.《后汉书》载：东汉后期，"豪人货殖，馆舍布于州郡，田亩连于方国……不为编户一伍之长，而有千室名邑之役。荣乐过于封君，势力侔（相等）于守令。财赂自营，犯法不坐，刺客死士为之投命。"这说明当时的豪强地主（　　）

A.具有州郡行政治理权　　B.成为政府的主要依靠力量

C.不承担赋税徭役义务　　D.在地方拥有强大的影响力

3."獬豸"是我国古代神话传说中的神兽，它能辨是非曲直，能识善恶忠奸。下列古代官僚机构及官员中带有"獬豸"功能的有（　　）

①御史大夫　②刺史　③枢密使　④按察使司

A.①②③　　B.①③④　　C.①②④　　D.②③④

4. 中国古代发明的某种工具，利用河水的冲力转动机械轮轴，使鼓风皮囊张缩，不断给高炉加氧，"用力少，见功多"。这项发明（　　）

A.是古代冶铜技术的一大进步　　B.导致唐代筒车的出现

C.推动了当时冶铁技术的发展　　D.促进了灌钢法的发展

5. 曹魏时期，曹丕命陈群选拔"德充才盛""有识鉴"之人担任中正，按照"家世、道德和才能"三条标准，选拔"俊秀之士"，一时间"儒雅并进"。由此可知当时（　　）

A.古代选官制度的标准不断变化　　B.古代选官制度有利于中央集权

C.九品中正制被世家大族所操控　　D.九品中正制选拔官员德才并举

6. 唐朝规定每丁每年要向国家交纳绢二丈、绵三两或布二丈五尺、麻三斤，称调；为国家服徭役二十天，如不服徭役，每天输绢三尺或布三尺七寸五分，称庸。上述规定（　　）

A.极大地促进了商业的繁荣　　B.表明农民人身依附关系松弛

C.说明国家的赋役极其沉重　　D.客观上有利于手工业的发展

7."饮酒仰脸要翻手，喝茶平饮微低头，丑角总要多出相，其他人物要遮口。"与材料所述有关的是（　　）

A.汉赋　　B.宋词　　C.京剧　　D.传奇

8. 鸦片战争之前，按国际惯例，中国与其他国家签订的条约以缔约方或第三方的文本作为解决争议的准本。1858年的中英《天津条约》却以英文文本为准，中法《天津条约》以法文文本为准。此后，以外文文本为准本的现象越来越普遍。这反映出清政府（　　）

A.丧失与列强交往的主动权　　B.逐步接受国际惯例

C.主动学习西方的先进理念　　D.坚守天朝上国观念

9.1866年，左宗棠创办福州船政局时谈到，如果仅从当前需要来看，自造轮船还不如雇买，但要"求其精、求其备，而尽其所长归之中土，相衍于无穷，非许以重资不可"。左宗棠意在（　　）

A.重资购买外国轮船以归中国　　B.兴办民用企业弥补资金不足

C.提高本土技术谋求长远发展　　D.发展远洋运输打破外国垄断

10. 清末民初山西有一首歌谣："破戏台，烂秀才，小足板子洋烟袋；火车站，德律风（指电话），大足板子毕业生。"这反映出当地（　　）

①传统习俗受到冲击　②文化教育日渐衰落

③生活方式发生变化　④思想观念有了改变

A.①②③　　B.②③④　　C.①②④　　D.①③④

11. 19世纪中叶以后，中国逐渐被卷入资本主义世界体系。从人类文明发展的角度看，它对中国最主要的影响是(　　)

A. 清政府统治土崩瓦解　　B. 自然经济迅速崩溃

C. 近代化进程开始启动　　D. 农民起义风起云涌

12. 1912年，孙中山对袁世凯说："十年之内，大总统非公莫属。""希望您当十年总统，十年之内我筑成铁路二十五万里，您练精兵五百万。"这段话反映了孙中山的救国理念由革命救国转向(　　)

A. 实业救国　　B. 教育救国

C. 军事救国　　D. 法制救国

13. 1937年7月17日，蒋介石指出：和平掌握在日本人手里。"我们寻求和平，但我们不能不惜一切代价换取和平。我们不想进行战争，但我们可以被迫自卫。"这实际上是(　　)

A. 寻求与日本妥协的途径　　B. 不准备与日本军事对抗

C. 宣示了中方的自卫性质　　D. 确立了抗战的军事策略

14. 1948年10月底，中共中央要求各地通过党校、军校以及其他方式，对干部进行培训，在条件可能的情况下开办正规大学，尽快使干部熟悉政治、经济、文化各方面的管理和技术。这一做法的目的是(　　)

A. 推动土地改革进一步深入　　B. 为工作重心的转移做准备

C. 重视科学和文化以推进工业化建设　　D. 提高执政能力以发展社会主义生产

15. 抗美援朝战争是中国人民抗击帝国主义斗争的延续，具有重要的历史意义。下列有关抗美援朝战争意义的说法错误的是(　　)

A. 打击美国的侵略气焰，维护世界和平

B. 鼓舞世界广大人民投身反帝斗争

C. 为国内的恢复和建设营造和平环境

D. 直接促成中苏两国结盟

16. 在1949年至20世纪70年代末的中国中学历史教科书中，罗斯福新政一度消失。如：1956年的初中《世界历史》教科书侧重讲述经济危机，至于罗斯福政府如何想办法应对危机，并无任何文字表述。这主要是因为改革开放前(　　)

A. "一边倒"外交政策的影响　　B. 计划经济和意识形态的影响

C. 闭关锁国，社会发展缓慢　　D. 较封闭导致世界史研究落后

17. 德国文学家歌德说，罗马法"如同一只潜入水下的鸭子，虽然一次次将自己隐藏于波光水影之下，但却从来没有消失，而且总是一次次抖擞精神地重新出现"。对此的正确理解应是，罗马法(　　)

A. 是近代欧洲大陆国家法律的基础　　B. 为欧洲近代社会确立了行为规范

C. 所维护的民主制度历史影响深远　　D. 不断地改变了欧洲历史发展的方向

18. 彼得·李伯庚在《欧洲文化史》中说："莫扎特(1756—1791年)的乐曲听众往往只是挤满一个客厅，而贝多芬(1770—1827年)的交响乐则是为音乐厅的上千听众而创作的。"导致这一变化的原因是(　　)

A. 共和制度的确立　　B. 封建等级观念被削弱

C. 普通工人生活水平的提高　　D. 民主平等思想开始传播

19. 光荣革命后，英国政治体制发生了显著变化，表现在(　　)

A. 内阁首相由国王兼任　　B. 王室成为政治统治中心

C. 君主立宪制度确定　　D. 议会对内阁负责

20. 2000年美国总统大选时，共和党候选人布什和民主党候选人戈尔在决定命运的佛罗里达州选票上发生争议，最后把官司打到了联邦最高法院。最高法院一锤定音，解决了总统大选危机。这段材料(　　)

A. 体现了三权分立的原则　　B. 表明司法权实际上高于行政权

C. 显示最高法院掌握立法权　　D. 说明总统人选与选民意愿无关

21. 1969年，联邦德国总理勃兰特在就职演说中说："我们的国家需要同西方保持合作和协议的关系，需要同东方实现某种谅解。在这种背景下，我要着重强调……需要同苏联以及东欧各国人民和平共处。"勃兰特政府宣示这一政策意在(　　)

A. 缓和东西关系，谋求自主发展　　B. 承认民主德国，实现两德统一

C. 稳定欧洲局势，脱离美国阵营　　D. 主张和平共处，加入欧洲联盟

22. 雨果曾说："总会有这么一天，到那时，你们法国、你们俄国、你们英国，所有的欧洲国家，无须丢掉你们各自的特点和闪光的个性，都将紧紧地融合在一个高一级的整体里；到那时，你们将构筑欧洲的友爱关系。"今日欧盟实现了雨果的哪一理想(　　)

A. 西欧已构筑起"友爱关系"的坚实基础

B. 欧洲所有大国都已"紧紧地融合"

C. 超国家的联合体已消除了成员国的特点个性

D. 法、俄、英是"高一级的整体"的核心

23. 20世纪六七十年代，世界出现多极化趋势。下列因素对这一趋势有重要影响的是(　　)

①欧共体的成立　　②日本经济实力的壮大

③不结盟运动的兴起　　④苏联军事力量的增强

A. ①②③　　B. ②③④

C. ①③④　　D. ①②③④

24. 我国第一部编年体通史著作是(　　)

A.《史记》　　B.《汉书》

C.《资治通鉴》　　D.《四库全书》

25.新学期伊始，高一新生领到了历史课本。除了《中外历史纲要》外，他们还领到了历史地图册、填图册等。从历史教材的定义上来看，历史地图册、填图册属于(　　)

A.广义的历史教材　　B.狭义的历史教材

C.地方编订历史教材　　D.校本历史教材

二、简答题(本大题共3小题，每小题10分，共30分)

26.简述新经济政策的内容并评价。(10分)

27.新的高中历史教材在课程内容上有何特点?(10分)

28.学生通过历史课程的学习，要形成史料实证核心素养，需要达到哪些课程目标?(10分)

三、材料分析题(本大题共3小题，每小题16分，共48分)

29.阅读下面材料，回答问题。

材料　清末"新政"期间，清政府颁行了若干州县的行政改革措施，触及到了清代州县制度的诸多弊端，包括裁汰胥吏和差役；裁革陋规，核定公费；改革对州县官的考核制度和任用制度等。这些属于传统性整治吏治的分散措施。"预备立宪"开始后，清政府又开始对州县行政进行整体性改革，以克服唐宋以后县级行政建制中存在的、在清代达到极致的根本性缺陷：行政组织和机制不健全。改革的基本思路一是"官治"，即国家派官设治，包括扩充和健全州县国家行政；建立乡镇一级国家政权，以将地方社会各种经济、社会、文化事务的兴办和管理纳入国家行政的轨道；一是"自治"，即在国家行政之外，或在国家行政的基本框架内另建一个相对独立的"以本地人、本地财办本地事"的行政系统。这些蕴含着近代县制萌芽的措施因清政府的不久垮台而大多没来得及广泛实行，清政府试图将"官治"与"自治"融为一体的州县乡镇体制的设想也没有能够实现，但中国县制的近代化改革也由此拉开帷幕。

——摘编自武君婷《中国县制的历史演进及社会功能》

问题：

(1)根据材料并结合所学知识，概括晚清县制改革的措施及特点。(10分)

(2)根据材料并结合所学知识，分析晚清县制改革的原因。(6分)

30.阅读下面材料，回答问题。

某教师在讲授英国工业革命时运用了以下史料：

材料一　英国工业革命的触发有一个低能源价格、高工资、低资本价格的结合，但之后又有技术发明不断更新的路径依赖。

——马德斌《为什么工业革命发生在18世纪的英国?》

材料二　工业革命不能仅仅归因于一小群发明者的天才。天才无疑起了一定的作用，然而，更重要的是18世纪后期起作用的种种有利力量的结合。

——斯塔夫里阿诺斯《全球通史》

教师在进行史料教学时向学生提出了以下两个问题：

问题1:英国工业革命开始的标志是________的发明和使用。

问题2:通过史料可以看出18世纪的英国在很多方面具备发生经济革新的条件。请同学们进行小组讨论,为什么第一次工业革命首先发生在18世纪的英国?

问题:

(1)该教师设计的两个问题分别运用了什么提问方式?(4分)

(2)教师应如何进行史料教学?(12分)

31. 阅读下面材料,回答问题。

材料 某位教师在讲授"辛亥革命"时,以孙中山为主线展开,首先出示了时尚的中山装,接着讲解中山装的设计含义。衣服外的四个口袋代表"国之四维";前襟的五粒纽扣分别表示孙中山的五权宪法学说(行政权、立法权、司法权、考试权、监察权);左右袖口的三个纽扣则分别表示三民主义(民族、民权、民生)和共和的理念(平等、自由、博爱);衣领为翻领封闭式,表示严谨的治国理念;衣袋上面弧形中间突出的袋盖,代表重视知识分子;背部不缝缝,表示国家和平统一。

问题:

(1)结合材料分析这位教师的做法是否得当。(8分)

(2)根据材料,谈谈如何使历史与生活联系起来。(8分)

四、教学设计题(本大题22分)

32. 根据下列材料,按要求完成教学设计任务。

材料一 《普通高中历史课程标准》(2017年版)规定:认识列强侵华对中国社会的影响,概述晚清时期中国人民反抗外来侵略的斗争事迹,理解其性质和意义。

材料二 课文摘录

1840年6月,英国远征军总司令懿律率军舰40余艘,士兵4000多名,开进广州海口,发动侵略战争。清政府组织了抵抗。这场反击英国侵略的战争,以1842年8月29日清政府被迫签订中英《南京条约》而结束。《南京条约》是中国近代史上第一个丧权辱国的不平等条约,中国被迫割让香港岛、赔款2100万银元、接受协定关税以及开放五口通商等。1843年,清政府又与英国签订《虎门条约》。1844年,美国、法国分别迫使清政府签订《望厦条约》《黄埔条约》。通过这些条约,英、美、法三国从中国获得了协定关税、领事裁判权、片面最惠国待遇以及通商口岸传教权等。《南京条约》等一批不平等条约的签订,长期影响了近代中国历史的进程,鸦片战争由此成为中国近代史的开端。英国等侵略者从鸦片战争中获得了种种特权,但是未能达到鸦片贸易合法化的目的。为进一步打开中国市场,它们要求修约,被清政府拒绝。1856年,英、法两国对中国发动了第二次鸦片战争,美、俄两国以调停人面目出现。1858年,清政府被迫分别与英、法两国签订《天津条约》。次年,英、法拒绝按照清政府制定路线进京换约,进攻大沽炮台,遭到清军反击,英法兵舰损失很大。

要求:根据课程标准要求和课文内容,设计出相关的教学过程,包括教学环节、教师活动和学生活动,并说明设计意图。

机密★启封前　　　　姓名＿＿＿＿＿＿　准考证号＿＿＿＿＿＿

教师资格考试预测试卷(二)

《历史学科知识与教学能力》(高级中学)

注意事项：

1. 考试时间为120分钟,满分为150分。
2. 请按规定在答题卡上填涂、作答,在试卷上作答无效,不予评分。

一、单项选择题(本大题共25小题,每小题2分,共50分)

在每小题列出的四个备选项中只有一个是符合题目要求的,请用2B铅笔把答题卡上对应题目的答案字母按要求涂黑。错选、多选或未选均无分。

1. 有学者指出,战国时期,各国的政治变革围绕"国君通过对官员的任免和监督以加强权力的统一和集中""以郡县制代替分封制来加强中央集权""国君掌握兵权和军权以保障国君的权力和地位"等方面进行。这说明战国时期的政治变革(　　)

A. 使君主专制集权制度在全国建立起来　　B. 以官僚政治取代了贵族政治体制

C. 为建立专制集权体制进行了多方准备　　D. 导致贵族分封体制开始走向崩溃

2. 先秦某思想家认为,家庭是一个特殊的利益集团,血缘亲情不能成为社会秩序的道德源泉,其指斥"盗(盗贼)爱其室,不爱异室,故窃异室以利其室""大夫各爱其家,不爱异家,故乱异家以利其家;诸侯各爱其国,不爱异国,故攻异国以得其国"。据此可知其主张(　　)

A. 反对财产私有制度　　B. 维护"各爱其家"的宗法原则

C. 建立博爱互利社会　　D. 建立家庭为核心的秩序模式

3. 汉武帝设置十三州刺史以监察地方,并将豪强大族"田宅逾制"作为重要的监察内容,各地财产达300万钱的豪族被迁到长安附近集中居住。这表明(　　)

A.政权的政治与经济支柱是豪强大族　　B.政治权力与经济势力出现严重分离

C.抑制豪强是缓解土地兼并的重要措施　　D.经济手段是巩固专制集权的主要方式

4. 魏晋时期,有人斥责佛教"使父子之亲隔,君臣之义乖,夫妇之和旷,友朋之信绝"。这反映出当时(　　)

A.佛教传入颠覆了传统观念　　B.儒家伦理不为社会所重视

C.佛教急于融入本土文化　　D.佛教与儒家伦理抵触

5. 隋炀帝为收罗人才,颁布"若有名行显著,操履修洁,及学业才能,一艺可取,咸宜访采,将身入朝。所在州县,以礼发遣"的诏书,于大业年间置进士科。这标志着(　　)

A.隋朝设科考试的开始　　B.九品中正制的建立

C.科举考试制度的建立　　D.官学考试制度的建立

6. 元代是中国戏曲的黄金时代,杂剧、散曲、南戏等都取得巨大成就,后世将其与唐诗、宋词并称。后人则充分肯定元曲的艺术风格,称其"文而不晦,俗而不俚""明白如话",这种风格反映了元代(　　)

A.城镇经济繁荣　　B.统治者政治清明

C.戏曲创作者文化水平不高　　D.中外文化交流频繁

7. 明朝中后期,在江南地区出现了众多农民有目的的"迁业(改变原先从事的职业)"现象。据记载,在江、浙等地,大批劳动力由种田流入植棉、栽桑,纺纱织布,"尽逐绫绸之利"。农民"迁业"现象产生的主要影响是(　　)

A.自然经济日益解体　　B.国家"重商"政策确立

C.农村经济结构发生改变　　D.手工业逐步成为主导产业

8. 据中国海关统计,从19世纪70年代到80年代末的20年间,进口纱布的单位售价下降了25%左右,棉布的进口量增加了27%。到20世纪90年代出现了"通商大埠及内地市镇城乡,衣土布者十之二三,衣洋布者十之七八"的局面。该现象产生的最主要影响是(　　)

A.导致自然经济完全解体　　B.促进中国民族资本主义发展

C.迈出中国近代化第一步　　D.促进了落后地区的经济繁荣

9. 自1904年以后,地方督抚便以积极的姿态活跃在立宪舞台上,到1910年的国会请愿运动期间,更是大规模地加入,决定性地使清政府决定提前召开国会,将宪政改革的时间提前了三年。地方督抚的这些活动(　　)

A. 造成了中央政府权力的旁落　　B. 消弭了革命势力的社会影响

C. 拓宽了汉族地主的参政途径　　D. 维护了清王朝的根本利益

10. 1911年武昌起义后,各省纷纷独立,并提出召开会议组建中央政府。而在政体实践中,各省的政体模式不尽相同。根据下表概括当时中国的政治特点是(　　)

省份	政体模式
湖北	民主共和制
江苏	单一的中央集权制
浙江	议会为权力核心的代议制

A. 先有独立的地方民选政府,再有统一的中央政府

B. 中央和地方的关系日渐明确,效仿美国的联邦制

C. 地方权力是由中央权力赋予,中央拥有绝对权力

D. 存在着革命派、立宪派与旧官僚的政治力量博弈

11. 1904—1907年,中国兴起了一个兴办实业的新浪潮,有人描述当时的情景说:"相信能认购一股就等于收回一份利权,于是争相认购股份,引起了全国到处创办股份、合伙或独资经营的新企业的浪潮。"以上材料说明这次兴办实业的浪潮( )

A. 与中国人民挽救民族危机相联系,具有爱国的性质

B. 直接推动力是清政府放宽对民间设厂的限制

C. 欧洲列强加紧了对中国经济侵略是主要原因

D. 是民国政府发展实业政策的结果

12. 促成国共两党两次合作的共同因素主要是( )

A. 阶级利益的共同性　　B. 主要斗争对象的一致性

C. 革命目的的共同性　　D. 合作方式的灵活性

13. 资产阶级革命派提出的民权主义比之维新派兴民权思想的进步主要体现在( )

A. 反对民族压迫　　B. 国家政权的组织形式

C. 国家的阶级实质　　D. 反对封建土地所有制

14. 毛泽东说:"如果我们能够普遍地解决土地问题,我们就获得了足以战胜一切敌人的最基本的条件。"对此话理解最准确的是( )

A. 农民是中国革命的主力军

B. 农民迫切要求得到土地

C. 只有土地革命才能调动农民革命积极性

D. 中国革命必须走"农村包围城市"道路

15. 中国政治现代化的第一个巨大飞跃是从铲除君主专制政治到奠定现代民主政治。第二个巨大飞跃是社会主义民主政治框架的基本建立,到进入社会主义法制政治的基本轨道。其中,"铲除君主专制政治""社会主义民主政治框架的基本建立""进入社会主义法制政治的基本轨道"分别是指( )

A. 新民主主义革命胜利　1954年宪法　十一届三中全会

B. 辛亥革命　共同纲领　中共十五大提出"依法治国"

C. 辛亥革命　新中国成立　十一届三中全会

D. 辛亥革命　1954年宪法　"依法治国"被写入宪法

16. 亚里士多德指出:"享有政治权利的公民的多数决议,无论在寡头、贵族或平民政体中总是最后的裁判,具有最高的权威。"他意在表明古希腊( )

A. 公民政治的重要性　　B. 民主政体的普遍性

C. 民主决策的便捷性　　D. 城邦政体的多样性

17. 伏尔泰说:"如果在英国仅允许有一种宗教,政府很可能会变得专横;如果只有两种宗教,人民就会互相割断对方的喉咙。"伏尔泰所要表达的观点主要是( )

A. 教随国定　　B. 信仰自由

C. 反对宗教信仰　　D. 因信称义

18. "大约到1550年,意大利的文艺复兴开始衰落。衰落的一个原因是1494年法国的入侵,引发了数十年后欧洲各列强卷入的战争……从长远看,更基本的因素是瓦斯科·达·伽马在印度加尔各答港的登陆使意大利遭受打击。"对此解读最全面准确的是( )

A. 战争是文艺复兴衰落的原因之一　　B. 16世纪中期文艺复兴开始衰落

C. 文化的兴衰伴随着经济的强弱　　D. 新航路的开辟导致文艺复兴衰落

19. 英国革命和法国大革命"不仅反映了它们本身发生的地区即英法两国的要求,而且在更大的程度上反映了当时整个世界的要求"。这表明,英法资产阶级革命的成功标志着( )

A. 工业生产方式确立　　B. 工业资产阶级胜利

C. 新社会制度的胜利　　D. 君主制度的衰亡

20. 促使工业生产组织形式由手工工场到工厂制度再到大企业演变的根本动力是( )

A. 工业革命　　B. 资产阶级革命

C. 世界市场扩大　　D. 殖民扩张

21. 近年来,国际上悄然吹起了一股温和之风,"伙伴关系"屡见报端。冷战时期那种两极对立,剑拔弩张的关系,正在向一种"碰撞中磨合""竞争中协调"的新型国际关系演变。这种变化( )

A. 推动了世界多极化趋势的出现

B. 表明新的国际政治经济新秩序已经形成

C. 中国的"和平崛起"理念得到了西方的支持

D. 反映出主权国家或集团围绕自身利益适时调整对外政策

22. 1982年,美国《时代》杂志把"个人电脑"选为当年的"年度风云人物",并预言,"家庭电脑有朝一日会像电视和洗碗机一样普及。在20年后,将会有60%的美国人上网"。2006年《时代》杂志又把"YOU(你,指所有网民)"选为"年度风云人物",其封面注释说:"是的,就是你。你控制着这个信息时代,欢迎来到你的世界。"这反映了( )

A.《时代》的预言非常准确

B. 信息技术发展迅速,影响深远

C. 计算机技术由个人电脑时代进入网络时代

D. 网络技术已十分普及

23. “使那些生怕美国出口不景气的人为之陶醉”的事件是（　　）

A. 实施马歇尔计划　B. 发动朝鲜战争　C. 单独占领日本　D. 推行“冷战”政策

24. 1936年，历史学家范文澜以通俗的语言写成《大丈夫》一书，以“道德与事业并重，而着重点更在道德”的标准，选取了从西汉到明代的25位具有崇高民族气节，勇于为国捐躯的大英雄，并“希望每个读者也都学做大丈夫”。这表明（　　）

A. 道德标准有助于理清历史人物的功与过

B. 史家应根据时代需要不断调整历史解释

C. 呼应世俗趣味的历史写作才能体现其价值

D. 史家对叙事对象的选择彰显了其价值取向

25. 凡是对实现课程目标有利的因素都是课程资源，它包括（　　）

①历史老师　②历史教材　③历史影像　④历史遗迹

A.①②③　B.①②④　C.①③④　D.①②③④

二、简答题（本大题共3小题，每小题10分，共30分）

26. 简述美国独立战争的历史背景。（10分）

27. 中学历史教师如何有效运用教科书?（10分）

28. 举例说明多媒体技术在历史课堂教学中的应用有什么优点?（10分）

三、材料分析题（本大题共3小题，每小题16分，共48分）

29. 阅读下面材料，回答问题。

材料一　清政府的政治改革使地方政治人物的参政热情日益高涨，同时经济新政极大地刺激了人们的物欲，促进了兴办实业的浪潮。但清政府在铸币、路权上的新政举措却使地方相关群体十分不满……辛亥革命要在全国取得成功，单靠孙中山深刻的革命思想和他领导的中国同盟会起义是远远不够的，它需要社会大背景的配合，而清末新政在教育与舆论等方面的改革为辛亥革命提供了有利的文化环境。

——叶明华《清末新政对辛亥革命的间接推动》

材料二　起而革命者，代不乏人，然不过一朝一姓之更变而已，不足为异。孙中山之革命，则为国体之改革，与一朝一姓之更变迥然不同。

——张謇

材料三　清帝不是逊位给一家一姓的王朝，而是逊位给了一个未来的立宪共和政体，这是它与中国传统禅让的不同之处。

——摘编自高全喜《立宪时刻：论〈清帝逊位诏书〉》

问题：

（1）根据材料一，指出清末新政与辛亥革命的关系，并结合所学知识予以说明。（6分）

（2）根据材料二、材料三和所学知识，说明“孙中山之革命”与中国古代封建王朝更替的根本区别。（4分）

（3）有人将清帝退位看作中国版的“光荣革命”，你如何看待这一论断?请说明你的理由。（6分）

30. 阅读下面材料，回答问题。

材料　下面是两位老师关于评价问题的讨论：

甲：老师您好！可以问您一个问题吗?

乙：可以呀！

甲：请问您平时如何评价学生的学习呢?

乙：不就是考试吗?考试最能说明问题。

甲：除了考试，不是还可以布置研究性学习的作业吗?

乙:研究性学习学生不够重视,而且应该如何评价呢?怎样计入总分呢?

甲:这确实是个问题,还有其他评价方法吗?比如课堂提问或讨论?

乙:课堂提问是有的,但是一般是为了让学生在课前复习一下,是以记忆为主的。课堂讨论一般不评价,讨论完了就结束了,而且讨论本来就不多。所以,期中考试与期末考试是最主要的评价。学生成绩单上也是只记这两项。

问题:

(1)结合所学知识,你如何评价以上两位老师的讨论?(8分)

(2)你认为在教学评价中应注意什么问题?(8分)

31. 阅读下面材料,回答问题。

材料　某教师在对《从三国至隋唐五代的文化》这一课时进行教材分析时,根据课程标准,对本课的教学定位如下:

1. 凸显思想文化领域的新成就。可以从纵横两个角度来看。纵向上,相对于之前,儒学、文学、科技等方面得到了进一步的发展,因此需注意成果之间的延续与变迁。横向上,出现了很多之前没有涉及的新领域,如佛教、道教、书法、绘画、雕塑、舞蹈、中外文化交流等,因此要注意对各个思想文化领域的区分与梳理。

2. 体现文化成就与社会发展之间的关系。三国两晋南北朝时期,儒学式微,道教与佛教逐渐兴起,玄学、田园诗等的出现与这一时期战乱频繁、社会动荡不安的时代背景有着直接的联系。隋唐时期,政治稳定、社会繁荣,文学艺术、科学技术、文化交流出现了一个新的高峰,因此讲文化成就不能忽略时代背景。

问题:

(1)该教师对本课的教学定位有什么不足?如何改进?(8分)

(2)在高中历史教学中,进行教学定位的依据是什么?(8分)

四、教学设计题(本大题22分)

32. 根据下列材料,按要求完成教学设计任务。

材料一　《普通高中历史课程标准》(2017年版)规定:通过了解文艺复兴、宗教改革、启蒙运动与资产阶级革命的历史渊源,认识资产阶级革命的发生和资本主义制度的确立,是近代西方政治思想理念的初步实现。

材料二　课文摘录

19世纪,法国经历了共和制和君主制的多次反复,最后确立了共和制度。

普鲁士和奥地利是德意志的两个最大邦国。普鲁士国王威廉一世起用主张“铁血政策”的俾斯麦为宰相。俾斯麦决心通过武力统一德意志。1864—1871年,普鲁士先后击败丹麦、奥地利和法国,统一了除奥地利以外的德意志。1871年,德意志帝国成立,实行君主立宪制。

要求:根据课程标准要求和课文内容,设计出相关的教学过程,包括教学环节、教师活动和学生活动,并说明设计意图。

机密★启封前　　　　　　　　　　姓名____________　准考证号____________

教师资格考试预测试卷(三)

《历史学科知识与教学能力》(高级中学)

注意事项：

1. 考试时间为120分钟，满分为150分。
2. 请按规定在答题卡上填涂、作答，在试卷上作答无效，不予评分。

一、单项选择题(本大题共25小题，每小题2分，共50分)

在每小题列出的四个备选项中只有一个是符合题目要求的，请用2B铅笔把答题卡上对应题目的答案字母按要求涂黑。错选、多选或未选均无分。

1.《荀子·富国》:"今是土之生五谷也，人善治之，则亩益数盆，一岁而再获之。"这表明我国古代农业生产(　　)

A. 通过精耕细作提高单位面积产量　　B. 是典型的男耕女织的生产方式

C. 每年都有土地兼并现象出现　　D. 铁犁牛耕技术得到广泛推广

2.《史记·平准书》:"(汉兴)为秦钱重难用，更令民铸钱，一黄金一斤，约法省禁。而不轨逐利之民，蓄积余业以稽市物，物踊腾粜，米至石万钱，马一匹则百金。天下已平，高祖乃令贾人不得衣丝乘车，重租税以困辱之。"材料反映了(　　)

A. 汉高祖开始实行盐铁官营　　B. 汉代因势调整商业政策

C. 汉高祖废除秦朝经济政策　　D. 抑商导致汉代物价飞涨

3. 苏轼曾经指出:"民庶之家，置庄田，招佃农，本望租课，非行仁义，然犹至水旱之岁，必须放免欠负、贷借种粮者，其心诚恐客散而田荒，后日之失必倍于今故也。"这说明宋朝时期(　　)

A. 土地兼并现象严重　　B. 地主具有开展民间赈济的社会责任感

C. 开始出现租佃经营　　D. 佃户租种土地有一定的自主选择权

4. 汉武帝时，任用品级低下的少府尚书处理奏章，参与内朝事务。魏晋时期尚书职权不断扩大，尚书令日益尊贵，又新设立中书省、门下省。隋唐时期，尚书省成为重要的行政机关。这一变化体现出(　　)

A. 中央对地方的控制加强　　B. 尚书省长官拥有部分决策权

C. 相权被君权侵夺与复位　　D. 尚书从位卑权重到位高权轻

5. 明初中央"设五府、六部、都察院……等衙门，分理天下庶务。彼此颉颃，不敢相压，事皆朝廷总之，所以稳当"。这一做法的实质是(　　)

A. 罢设丞相，缓和君臣矛盾

B. 各机构平等，避免权力集中

C. 各机构相互制约，强化君主专制

D. 各部门权力分明，提高效率

6. 清代军机处"名不师古……军国大计，罔不总揽"，它的设立是皇权加强的重要标志。这是因为(　　)

A. 与议政王大臣会议相互配合，提高了行政效率

B. 实现了皇帝"票拟"和"批红"的设想

C. 取代了丞相，避免了权臣独揽大权

D. 军机大臣完全听命于皇帝，军国大事由皇帝一人裁决

7. 明清时期，为解决外地经商的困难，提高商业竞争力，以地缘为纽带的"商帮"兴起，尤其以徽商、晋商、粤商、宁波帮等十大商帮最为著名，他们在各都市、市镇建立"会馆"，并进而构筑严密的商业网。导致这一现象出现的主要历史背景是(　　)

A. 跨区域贸易日益繁荣　　B. 商业竞争日益激烈

C. 地缘意识更加突出　　D. 重农抑商政策威胁商人利益

8. 下面是鸦片战争前后中国土特产品出口统计表。对下表的理解正确的是(　　)

时间	茶(万磅)	生丝(包)
鸦片战争前	5000(年平均值)	5000(年平均值)
1845年	8019	13220
1851年	9919	23040
1853年	10122	62896

①农副产品日趋商品化　②中国被卷入世界市场

③近代民族工业兴起　④对外贸易出现顺差

A.①②　　B.③④

C.①③④　　D.①②④

9. 关于中国近代某企业，有人这样评价:"由国库支付其开销，以调拨分配产品，内无利润积累，外无市场联系。"下列企业中，最符合这一评价的是(　　)

A. 上海轮船招商局　　B. 江南制造总局

C. 开平煤矿　　D. 上海发昌机器厂

10. 下图为1927年创作的一幅漫画，漫画中的文字为“锄列强，倒军阀，灭尽世上压迫人”。该漫画反映出(　　)

A. 北伐完成反帝反封建任务　　B. 农民积极参与国民大革命

C. 北洋军阀混战统治黑暗　　D. 中共武装反抗新军阀

11. 1937年9月3日，国民党高级将领陈诚在日记中写道：“此次抗战是持久战，在得最后胜利，非争一时一地之得失，小胜不足喜，小败不足忧，须有百折不挠之精神，做屡败屡战之准备。”材料从侧面反映出(　　)

A. 陈诚受毛泽东《论持久战》的影响　　B. 因淞沪会战的失败认识到持久战必要性

C. 全面抗战爆发国民党军队处于劣势　　D. 国民政府早已做好了进行持久战的准备

12. 1949年渡江战役即将发起时，英国军舰擅自闯入长江人民解放军防线。人民解放军奋起反击，毙伤英军百余人，并要求英、法、美等国的武装力量“迅速撤离中国的领水、领海、领土，领空”。人民解放军的这一行动(　　)

A. 有利于巩固社会主义阵营　　B. 是对列强在华特权的否定

C. 切断了西方国家对国民党的军事援助　　D. 反映出“另起炉灶”外交政策的确立

13. 以下经济建设成就是在改革开放以后取得的有(　　)

①大亚湾核电站　②鹰厦铁路　③沈阳第一机床厂

④上海宝山钢铁公司　⑤京九铁路

A. ①②③⑤　　B. ③④⑤

C. ①④⑤　　D. ②③⑤

14. 伯利克里当政时期，扩大公民参政范围，除十将军外，各级官职向所有等级的公民开放，并都以抽签方式产生；“公民大会”、“五百人会议”、“陪审法庭”拥有最充分的权力；为保障公民参政，国家为担任公职和参加政治活动的公民发放“公职津贴”。由此可知(　　)

A. 雅典较早形成了完整的官僚体系　　B. 雅典公民享有社会上其他人所没有的特权

C. 雅典政治几乎是完美的政治形式　　D. 雅典是君主制、贵族制、民主制的混合体

15. 《西方文化常识千讲》一书对“启蒙运动”的解释是“18世纪流行于法国和欧美其他国家的资产阶级思想文化运动……伴随着资产阶级经济上的兴旺发达和政治上反封建斗争的蓬勃发展，启蒙运动在意识形态领域冲击着封建制度”。根据材料，下列解释错误的是(　　)

A. 启蒙运动发端于18世纪的法国

B. 启蒙运动是一场资产阶级领导的思想解放运动

C. 资本主义经济的发展促进了这场思想文化运动的开展

D. 启蒙运动在思想领域上反对封建制度

16. “打个比方，商品经济发展是一个能量巨大的蓄水池，东西方贸易逆差是一块巨石，巨石砸向水池，激起欧洲货币短缺的阵阵波浪，这种波浪通过地区间各种贸易关系传播，最终在伊比利亚半岛找到泄洪口。”由此不可以得出(　　)

A. 新航路开辟的经济根源　　B. 新航路开辟的社会根源

C. 葡萄牙西班牙走在新航路开辟的前列　　D. 新航路开辟打破世界孤立隔绝的状态

17. 工业革命带来的巨大变革不只是技术上的，用诺贝尔经济学奖得主、芝加哥大学卢卡斯教授的话说，历史上第一次人们开始无所畏惧，“人定胜天”“人是自然界的主宰”的思想日益增强。作者主要想说明工业革命(　　)

A. 促进人们思想解放　　B. 带来技术突飞猛进

C. 增强改造自然能力　　D. 促使科学奖项设立

18. 易中天在《艰难的一跃：美国宪法的诞生和我们的反思》中评价美国1787年宪法时说：“美国宪法制定二百多年，没改一个字，只有一个一个的修正案。”易中天的评价意在(　　)

A. 说明美利坚民族缺乏创新精神　　B. 批判美国两党制制约宪法的完善

C. 强调美国宪法存在明显的不足　　D. 肯定美国宪法保证了美国的稳定

19. 与第一次工业革命相比，第二次工业革命的特点是(　　)

①主要发生在基础工业和重工业领域

②科技含量大为提高

③推动垄断资本主义的形成

④确立了资本主义在世界的统治

A. ①②③　　B. ①②④

C. ①③④　　D. ②③④

20. 美国对苏联的态度从战时盟友变为“遏制”，主要原因是(　　)

A. 美国与苏联之间意识形态的分歧　　B. 雅尔塔体系损害了美国利益

C. 美苏争霸世界必然导致双方对立　　D. 苏联和人民民主力量的壮大妨碍了美国

21. 20世纪60年代，英国制定了《旅游发展法》，规定对开办旅馆者给予20%的补助，以下有关这一做法的表述，错误的是(　　)

A. 为农村剩余劳动力开辟就业渠道

B. 促进了第三产业的发展

C. 有力地推动了第三次科技革命的发展

D. 是国家垄断资本主义进一步发展的具体表现

22. 罗斯福新政期间，通过《工业复兴法》，要求各地工业企业遵守公平经营章程，这实质上是（　　）

A. 限制工业企业进行自由竞争　　B. 国家直接干预经济生活

C. 工业企业按国家计划进行生产　　D. 从根本上解决经济危机产生的根源

23. 有人说："德国在19世纪六七十年代的一次胜利为它在20世纪上半期的两次失败埋下了伏笔。"能为这个论断提供依据的是（　　）

A. 德国完成对封建割据的改造　　B. 德国继承了普鲁士的旧制度

C. 德国的殖民地范围小于英法　　D. 统一后德国实行君主立宪制

24. 下表是不同时期的学者对唐太宗形象的历史叙述和评价：

唐太宗形象	出处
"较汉文、汉武之恢弘，彼多惭德。迹其听断不惑，从善如流，千载可称，一人而已！"	《旧唐书》
"太宗亲执弓以射杀其兄，疾呼以加刃其弟，斯时也，穷凶极惨。而人心无毫发之存者也。"	王夫之

这反映出（　　）

A. 历史叙述应当尊重历史事实　　B. 对历史人物的评价没有确切定论

C. 学者立场不同影响历史评价　　D. 历史叙述的差异性揭示历史本质

25. 学生的学习评价是历史教学评价的重要组成部分，具有反馈、调控教学并促进学生全面发展的重要功能，下列有利于对学生进行长期、稳定的综合考查和较为全面评价的方法是（　　）

A. 开展历史调查　　B. 撰写历史论文

C. 进行历史制作　　D. 建立历史学习档案

二、简答题（本大题共3小题，每小题10分，共30分）

26. 分析新航路开辟的原因和影响。（10分）

27. 在选择教学模式时，教师要重点考虑哪些问题？（10分）

28. 简述导学案的设计内容。（10分）

三、材料分析题（本大题共3小题，每小题16分，共48分）

29. 阅读下面材料，回答问题。

材料一　榷场，与敌国互市之所也。皆设场官，严厉禁（设卫警戒，限制出入），广屋宇，以通二国之货，岁之所获亦大有助于经用焉。（金）熙宗皇统二年五月，许宋人之请，遂各置于两界。泗州场，大定间（1161—1189），岁获五万三千四百六十七贯，承安元年，增为十万七千八百九十三贯六百五十三文。宋亦岁得课四万三千贯。

——摘编自（元）脱脱《金史》

材料二　1115年冬，"阿骨打用杨朴策，始称皇帝，建元天辅，以王为姓，以旻为名，国号大金。"金朝建国后，完颜希尹仿效汉字楷字，结合女真语创制女真字，阿骨打"命颁行之"。自大定十一年起，在科举考试中专设女真进士科。女真人在创制、推广本民族文字的同时，积极学习以儒家思想为中心内容的汉文化。金世宗为了让不懂汉文的人学习汉文化，命译经所翻译了《易》《书》《论语》《孟子》等，"朕所以令译《五经》者，正欲女真人知仁义道德所在耳"。

——摘编自陈佳华等《宋辽金时期民族史》

问题：

（1）根据材料一并结合所学知识，分析榷场设立的作用。（4分）

（2）根据材料二并结合所学知识，概括女真人学习汉文化的措施并分析其效果。（8分）

（3）综上，谈谈你对周边少数民族融入中华民族共同体这一过程的认识。（4分）

30. 阅读下面材料，回答问题。

材料 下面是某教师设计的《文艺复兴》一课的教学流程：

第一步：教师回顾资本主义在欧洲的兴起等已学内容，着重从经济、阶级关系等方面介绍十四五世纪意大利的社会状况。(5分钟)

第二步：学生列表填出但丁、达·芬奇和莎士比亚的代表作。(8分钟)

第三步：各小组推选代表上讲台展示所列表格的具体内容。(8分钟)

第四步：师生共同点评小组代表的学习成果。(6分钟)

第五步：教师引导学生浏览教材的相关内容，围绕“思考”栏目的话题，分小组探究对文艺复兴的看法，并穿插教师的讲解和点评。(8分钟)

第六步：巩固与小结新课。(5分钟)

问题：

(1)你认为这位教师的教学设计有哪些优点?(8分)

(2)新课教学中应如何处理教师讲授与学生探究之间的关系?(8分)

31. 阅读下面材料，回答问题。

材料 明治维新是指19世纪末日本所进行的由上而下、具有资本主义性质的全面西化与现代化改革运动。它的主要内容有以下几个方面，政治上：“废藩置县”，加强中央集权，颁布宪法；经济上：“殖产兴业”，发展近代工业，兴办工业企业，承认土地私有制，允许土地买卖，引进西方先进科学技术；社会上：采取“改历”“易服”“剪发”等措施；军事上：改革封建军制，建立近代化军队，日本军人进行武士道教育，实行征兵制，建立一支崇尚“武士道”精神、效忠天皇的军队；文化上：派遣留学生到欧美国家学习，效仿西方，建立从小学到大学完整的学校教育体系，向学生灌输忠君爱国；思想上：大力吸收西方的思想文化和社会风俗习惯，努力改造落后愚昧的社会风气，确立了国民皆学的方针。打破了传统的身份等级制度，在政府“求知识于世界”的开放政策下，掀起了传播启蒙思想的热潮。

问题：

(1)日本明治维新的背景是什么?(6分)

(2)根据以上材料，请你设计至少两个课堂提问。(6分)

(3)请列举课堂提问的类型。(4分)

四、教学设计题(本大题22分)

32. 根据下列材料，按要求完成教学设计任务。

材料一 《普通高中历史课程标准》(2017年版)规定：通过了解文艺复兴、宗教改革、启蒙运动与资产阶级革命的历史渊源，认识资产阶级革命的发生和资本主义制度的确立，是近代西方政治思想理念的初步实现。

材料二 课文摘录

16—17世纪，英国资产阶级和新贵族在经济上日益强大，他们以议会为基地，向专制王权发起挑战。1640年，英国爆发革命。经过两次内战，议会获胜，处死国王。随后，英国经历了共和国、军事独裁和王朝复辟时期的反复斗争，1688年，发生“光荣革命”，革命成果获得巩固。1689年，英国议会通过《权利法案》，扩大议会权力，限制王权；1701年又通过《王位继承法》，规定此后国王不得为天主教徒，也不能与天主教徒结婚。“光荣革命”后，英国君主立宪制逐步形成。

要求：根据课程标准要求和课文内容，设计出相关的教学过程，包括教学环节、教师活动和学生活动，并说明设计意图。

机密★启封前　　　　　　　　　　　　姓名＿＿＿＿＿＿　准考证号＿＿＿＿＿＿

教师资格考试预测试卷(四)

《历史学科知识与教学能力》(高级中学)

注意事项:

1. 考试时间为120分钟,满分为150分。
2. 请按规定在答题卡上填涂、作答,在试卷上作答无效,不予评分。

一、单项选择题(本大题共25小题,每小题2分,共50分)

在每小题列出的四个备选项中只有一个是符合题目要求的,请用2B铅笔把答题卡上对应题目的答案字母按要求涂黑。错选、多选或未选均无分。

1.陶寺遗址是中国黄河中游地区以龙山文化陶寺类型为主的遗址,时间约为公元前2500年至公元前1900年。遗址中有宫殿建筑、天文建筑以及各种礼器。根据发掘的成果来看,陶寺社会贫富分化悬殊,形成了特权阶层。据此可知,当时(　　)

A.已具备国家的初始形态　　B.社会开始产生贫富差别

C.进入奴隶社会鼎盛时期　　D.传统农耕经济相对发达

2.下图是西周分封示意图。钱穆先生这样解释:“鲁、齐诸国皆伸展东移……周人(都城在镐京)从东北、东南张其两长臂,怀抱殷宋(宋国为殷族遗民之国)。”其主要含义是(　　)

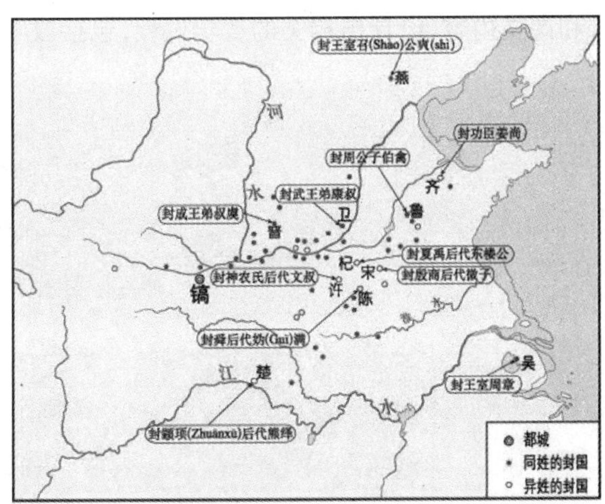

西周分封示意图

A.突出鲁、齐在诸侯国中的政治地位　　B.镐京与宋成为两大政治中心

C.西周疆域向南北方向扩大　　D.西周重视对殷商遗民的防范

3.东汉初期,光武帝在洛阳建立太庙以祭祀从未当过皇帝的祖先而遭到大臣们的激烈反对,光武帝只好祭祀汉宣帝和汉元帝,视他们为自己的祖父和生父。材料表明(　　)

A.光武帝企图强化皇权　　B.儒家思想影响政治行为

C.君权受到相权的制约　　D.皇帝重视统治的合法性

4.钱穆认为:“中国政治之长进,即在政府渐渐脱离王室而独立化,王室代表贵族特权之世袭,政府代表平民合理之进退,而宰相为政府领袖,君权、相权,互为节制。”若此观点成立,则与之相背离的朝代是(　　)

A.秦、汉　　B.隋、唐　　C.宋、元　　D.明、清

5.唐朝的科举制有明法科试律令,明算科试《九章算经》《夏侯阳算经》《周髀算经》等数学著作,明书科试《说文》《字林》等字书,录取后只在和专业相关的机构任职。这说明唐朝的科举制(　　)

A.命题范围摆脱四书五经束缚　　B.庶族地主参政扩大社会基础

C.注重专业人才的选拔与任用　　D.重视培养官员的文化素质

6.有学者认为宋代的中国是一个平民兴起的社会。能佐证这一观点的文化现象包括(　　)

①印刷术的改进推进了文化的普及工作

②词成为文学的主流形式

③京剧、昆曲等剧种成为民众喜闻乐见的艺术形式

④《清明上河图》等市井风俗画的出现

A.①②③④　　B.②③

C.①③④　　D.①②④

7.雍正年间制定了“冲繁疲难”制度,根据各州县所处地理位置的冲或僻、政务的繁或简、赋税的完或欠、命盗案件的多或寡等四方面情况,分定全国州县为冲、繁、疲、难四类来选用官吏。四要素俱全,或一项突出者,由该省督抚于属员中拣选补授。而四项俱无者,官员由吏部补授。此制度(　　)

A.促进各区域经济的平衡发展　　B.将地方行政机构划分为四个等级

C.不利于德才兼备人才的选拔　　D.打破州县官吏都由吏部选用格局

8.顾炎武认为明王朝“昔之清谈谈老庄,今之清谈谈孔、孟……以明心见性之空言,代修己治人之实学。股肱惰而万事荒,爪牙亡而四国乱,神州荡覆,宗社丘墟。”为此,他特别强调(　　)

A.天下兴亡,匹夫有责　　B.反对君主专制

C.以天下之权,寄天下之人　　D.经世致用之学

9.1840年12月11日,迫于形势,负责在广东交涉的琦善在致英国代表义律的照会中同意,此后英国和中方的往来信函不再使用“谕”“禀”文体。这表明(　　)

A.中国主权的丧失　　B.天朝体制逐步崩溃

C.中西方地位平等　　D.西方凌驾于清政府之上

10. 英美烟草公司以"鸿雁"烟标与其"玫瑰"烟标颜色相近为借口,诬告南洋烟草公司侵权,香港殖民当局于是没收并焚毁"鸿雁"牌香烟,令南洋烟草公司遭受重创。这说明了( )

A. 官僚资本对民族工业进行排挤和打击

B. 封建势力严重阻碍民族资本主义发展

C. 外国资本主义的压迫是民族企业发展的巨大障碍

D. 民族资本主义遭受沉重打击走向萎缩

11. 某历史学习兴趣小组为研究洋务运动确立了一个"守旧与创新"的主题,下列对该主题的理解正确的有( )

①守旧是指洋务运动不愿引进西方先进科技

②创新是指洋务运动促进了中国的近代化

③守旧是对洋务运动维护封建统治的目的而言的

④创新是指洋务运动对政治、经济、文化的全面变革

A. ①② B. ②③

C. ③④ D. ①④

12. 中国共产党提出的"坚持抗战,反对投降;坚持团结,反对分裂;坚持进步,反对倒退"与"和平、民主、团结"两个口号的相似之处是( )

A. 以巩固国共合作为基础的统一战线

B. 争取同蒋介石集团继续合作

C. 争取建立民主联合政府

D. 揭露蒋介石发动内战的阴谋

13. 与欧美国家相比,中国的近代化( )

①从轻工业开始,而后向重工业发展 ②受到国内封建保守势力的顽强抵抗

③缺乏必要的资本原始积累 ④领导权掌握在资产阶级手中

A. ②③ B. ①②③

C. ②③④ D. ①②③④

14. 大革命失败后,中国共产党对民主革命道路进行了新的探索,其主要内容是( )

A. 领导工人阶级进行武装斗争 B. 建立根据地,形成工农武装割据

C. 联合各革命阶级建立统一战线 D. 纠正"左"倾错误,促进革命形势发展

15. 中共八大和中共十一届三中全会( )

①都体现了实事求是的精神 ②都明确了经济建设这个中心任务

③都提出了实行改革开放 ④这两个会议有一定的继承性

A. ①②④ B. ①②③ C. ②③④ D. ①②③④

16. 1957年9月14日《中共中央关于做好农业合作社生产管理工作的指示》中明确提出,在农村实行"包工、包产、包费用和超产奖励"的"三包一奖"制,要求生产队在生产管理中建立集体和个人相结合的生产责任制机制,以期建立严格的田间管理制度。这一做法的主要目的是( )

A. 对农业中的生产关系进行局部调整 B. 为推行家庭联产承包责任制作铺垫

C. 纠正经济建设中出现的"左"倾错误 D. 充分调动合作社社员的生产积极性

17. 某个发源于沙漠的国家"在短短的一个世纪内,已发展成为横跨亚欧大陆的强大帝国,到750年,它统治了从比利牛斯山到信德,从摩洛哥到中国边境的广大地区"。这一帝国是( )

A. 罗马帝国 B. 阿拉伯帝国

C. 拜占庭帝国 D. 奥斯曼帝国

18. 公元1世纪之前,在罗马对外扩张过程中,统治者赋予了不同地区的居民以不同的权利,根据是否享有市民权或享有市民权的多少,可以将罗马境内的人分为罗马市民、拉丁人、外来人和奴隶。据此可知( )

A. 罗马奴隶社会等级森严 B. 罗马法形式主义的特征

C. 此时罗马法仅有公民法 D. 公民权利得到有效保障

19. "当它用思想来拷问世界时,它是伟大的;当它用战争来拷打世界时,便有了上个世纪的两次世界大战。"德国"拷问世界"的事实有( )

①马丁·路德提出"因信称义" ②马克思、恩格斯创立了科学社会主义

③爱因斯坦提出相对论 ④俾斯麦统一德意志

A. ①②④ B. ①②③ C. ①③④ D. ②③④

20. 19世纪中期,英国以"自由贸易"为旗号疯狂进行商品输出,其原因在于( )

A. 英国是当时世界上最大的殖民国家

B. 世界资本主义市场形成

C. 资本主义世界体系形成

D. 英国率先完成工业革命,生产技术最先进

21. 二战后,欧美地区专业技术人员、经理阶层、学校教师、办公室工作人员等"中产阶级"日益增多,逐渐取代小企业主、小农场主等"老式中产阶级"而居主导地位。造成这一现象的主要原因是( )

A. 国家垄断资本主义的新发展 B. "福利国家"的普遍建立

C. 科技进步与第三产业的发展 D. "新经济"在美国的出现

22. 马克思关于社会主义的设想是:"在生产力高度发达的资本主义基础上建立社会主义,实行公有制、计划经济和按劳分配,取消商品和货币。"苏俄实施的"战时共产主义"政策与马克思的设想最大的不同是( )

A. 实施的条件 B. 所有制结构

C. 经济管理模式　　D. 产品分配方案

23. 格瑞德在描述未来世界时说："我们正生活在重新安排下一世纪的政治和经济的转变之中。未来将不会再有我们通常所理解的那种意义上的国家经济了。一国之内所剩下的只不过是组成那个国家的人罢了。"下列符合格瑞德观点的是(　　)

A. 全球化即现代化　　B. 全球化侵蚀甚至会淡化"国家"概念

C. 全球化推动世界经济中心的转移　　D. 全球化使世界格局向多极化方向发展

24. 我国古代保留至今的第一部典章制度通史是(　　)

A.《汉书·刑法志》　B.《史通》　C.《通典》　D.《通志》

25. 对于历史上的政治制度、经济结构、法令条约和科技文化等内容，一般采用(　　)

A. 概述法　B. 讲解法　C. 谈话法　D. 图示法

二、简答题(本大题共3小题，每小题10分，共30分)

26. 请简述中国与三次工业革命之间的关系。(10分)

27. 从组织方式上看，课堂讨论有哪些主要形式?(10分)

28. 简述试题命制的一般原则。(10分)

三、材料分析题(本大题共3小题，每小题16分，共48分)

29. 阅读下面材料，回答问题。

材料　1945年7月17日—8月2日，苏、美、英三国首脑的波茨坦会议实际上是对雅尔塔会议的决议和规定作了进一步的补充和修缮。会议主要讨论了德国问题、波兰问题、对意大利等战败国的基本政策和黑海海峡问题等。规定：必须使德国非军国主义化、民主化和肃清纳粹主义；苏、美、英、法四国总司令分别在各自的占领区内行使管理权；英美承认波兰临时政府并与流亡政府断交；波兰西部边界问题由和会最后决定；设立外长会议讨论对德国和意大利等战败国的和约问题；认为关于海峡的《蒙特勒公约》应予修订；哥尼斯堡及其附近地区划归苏联。会议还讨论了对日作战问题，苏联重申在欧战结束三个月后参加对日作战。

——摘编自吴于廑、齐世荣主编《世界史·现代史编》(上卷)

问题：

(1)依据材料和所学知识，概括波茨坦会议的背景。(8分)

(2)依据材料和所学知识，简评波茨坦会议的影响。(8分)

30. 阅读下面材料，回答问题。

材料　某教师在讲述"鸦片战争"时，提出以下问题：

(1)英国对华输出鸦片的本质意图是什么？

(2)英国发动鸦片战争的根本目的是什么？

(3)《南京条约》给中国带来了怎样的灾难？……教师在提出上述问题后，没给学生留下思考的时间，有的问题甚至是在先请学生起立后才提出的。结果回答问题的学生，只是紧张茫然而尴尬地站着，而问题的提问与回答随之"形同虚设"……

问题：为什么在这节历史课上会出现老师提问形同虚设的情况？如果是你的课堂，你该如何避免这种情况的发生?(16分)

31. 阅读下面材料，回答问题。

材料一 高中历史课程标准研制组曾对江苏南京市的高中三个年级424名学生进行过抽样调查，结果显示，有72. 8%的同学表示自己目前学习历史的主要方式是“以背诵记忆史实为主”，有57.5%的同学表示对历史教科书上的内容或者历史教师讲授的内容“从来没有过疑问”，只有27.2%的同学表示自己的学习方式是“以理解历史事件的因果联系为主”，仅有14.3%的同学表示“有过疑问，曾经向老师(或其他人)提出过”。

——选自刘军《高中生对历史课程的认知状况调查问卷分析》

(载《历史教学新视野》，北京：高等教育出版社，2003年版，第313页)

材料二 上海某区曾对120名高中学生进行调查，有90人(75%)认为历史是由“英雄和人民共同创造的”，有12人(10%)认为是“英雄创造历史”，回答“人民群众创造历史”的仅18人(15%)。在被问到历史发展是否有规律时，虽有79人(66%)回答“历史发展有规律”，但也有34人(28%)回答“有时有，有时无”，有7人(6%)回答“历史发展没有规律”。在对战争问题的调查中，这120名高中生有30人(25%)认为正义战争的标准是“符合本地区人民利益”，战争胜负的决定因素是“军事实力”(58人，占48.3%)。

问题：

(1)上述两则材料反映了什么问题？为什么会出现这种问题呢？(8分)

(2)对解决以上问题，你有什么好的建议？(8分)

四、教学设计题(本大题22分)

32. 根据下列材料，按要求完成教学设计任务。

材料一 《普通高中历史课程标准》(2017年版)规定：了解孙中山三民主义的基本内容，理解辛亥革命与中华民国建立对中国结束帝制、建立民国的意义及局限性。

材料二 课文摘录

1911年10月10日晚，革命力量雄厚的新军工程第八营打响了武昌起义第一枪。随后，新军其他各部的士兵纷纷响应，起义军很快控制了武汉三镇，并成立湖北军政府，推黎元洪为都督。武昌起义胜利后的两个月内，湖南、广东等14个省和上海纷纷宣布脱离清政府独立。1912年1月1日，中华民国临时政府在南京成立，孙中山宣誓就任第一任临时大总统。新的共和政体就此产生。

辛亥革命开始了比较完全意义上的反帝反封建的民族民主革命。这次革命推翻了清王朝统治，结束了中国两千多年的君主专制制度，建立起中国历史上从来不曾有过的共和政体，传播了民主共和理念，推动了中华民族思想解放，促使社会经济、思想文化和社会风俗等方面发生新的变化，冲破了封建主义的藩篱，打击了帝国主义在华势力，为民族资本主义的发展创造了有利条件。

但是，辛亥革命并没有解决近代中国社会的根本矛盾，没有完成民族独立、人民解放的历史任务。它缺乏一个能够提出科学的革命纲领、能够发动广大民众，以及组织严密的革命政党的领导，这些是辛亥革命的历史局限。

要求：根据课程标准要求和课文内容，设计出相关的教学过程，包括教学环节、教师活动和学生活动，并说明设计意图。

机密★启封前　　　　　　　　　　　　　　姓名＿＿＿＿＿＿　准考证号＿＿＿＿＿＿

教师资格考试预测试卷(五)

《历史学科知识与教学能力》(高级中学)

注意事项:

1. 考试时间为120分钟,满分为150分。
2. 请按规定在答题卡上填涂、作答,在试卷上作答无效,不予评分。

一、单项选择题(本大题共25小题,每小题2分,共50分)

在每小题列出的四个备选项中只有一个是符合题目要求的,请用2B铅笔把答题卡上对应题目的答案字母按要求涂黑。错选、多选或未选均无分。

1. 西周以前,图书属于国家秘藏,由史官掌管。春秋开始,各诸侯国拥有自己的藏书所,士阶层也已经能够读到官方藏书。进入战国时期,图书流通的速度大大加快,士阶层中私人藏书逐步增加。这一变化(　　)

A. 表明私人讲学日益普遍

B. 具体反映了百家争鸣的状况

C. 实现诸侯富国强兵要求

D. 有利于文化传播与学术繁荣

2. 汉高祖令诸侯王"皆立太上皇庙于国都",此后逐渐形成数量庞大、祭祀隆重的郡国庙。武帝时董仲舒提出宗庙居郡国非礼的主张,至元帝时,通过礼制改革正式废除郡国的宗庙。郡国庙制的兴衰,主要反映了西汉(　　)

A. 儒家独尊地位确立　　B. 加强中央集权的历程

C. 宗法制度趋于瓦解　　D. 神化刘氏家族的统治

3. 唐中期以来,城隍神成为官府所规定祭祀的神祇。各座城市的行政首脑每年按时举行祭祀城隍的仪式。城隍已被民众奉为专门守护城池的神祇,而且其神格及影响超过土地神。当时,大众的城隍信仰浓烈是源于(　　)

A. 官府推崇神灵崇拜　　B. 儒学正统面临挑战

C. 土地财富作用削弱　　D. 城市经济功能凸显

4. "自大街及诸坊巷,大小铺席,连门俱是,即无虚空之屋";"大抵杭城是行都之处,万物所聚,诸行百事,自和宁门杈子外至观桥下,无一家不买卖者。"材料反映的是(　　)

A. 唐都长安商业繁盛的景象

B. 北宋都城东京的商品交流的情形

C. 南宋都城杭州突破坊、市的限制

D. 杭州是宋代商品交易的主要场所

5. 元代中央"诸大小机务,必由中书,惟枢密院、御史台、徽政、宣政诸院许自言所职,其余不由中书而辄上闻,既上闻而又不由中书径下所司行之者,以违制论",这说明元代时(　　)

A. 中书省的权力比较集中

B. 中书省兼掌军事、民族、监察等事务

C. 皇权与相权矛盾突出

D. 行省制维持了元朝的稳定

6. 明后期松江人何良俊记述:"(正德)以前,百姓十一在官,十九在田……今去农而改业为工商者三倍于前矣。昔日原无游手之人,今去农而游手趁食(谋生)者又十之二三矣。大抵以十分百姓言之,已六七分去农。"据此可知(　　)

A. 工商业的发展造成了农业的衰退

B. 工商业的发展导致了社会结构的变动

C. 财富分配不均引起贫富分化加剧

D. 无业游民增加促成了工商业的发展

7. 清代内阁处理公务的案例"积成样本四巨册",官员"惟揣摹此样本为急",时人称之为:"依样葫芦画不难,葫芦变化有千端。画成依旧葫芦样,要把葫芦仔细看。"这反映出当时(　　)

A. 内阁职权下降导致官员无所事事

B. 政治体制僵化,官员拘泥规制

C. 内阁机要事务繁忙官员穷于应付

D. 皇帝个人独裁官员唯命是从

8. 牛郎织女的传说是对我国古代传统家庭经济生活的典型写照。牛郎织女这一家赖以生存的传统经济开始解体于(　　)

A. 明朝中后期　　B. 鸦片战争后

C. 洋务运动期间　　D. 中国民族资本主义产生后

9. 下列对我国古代商业发展的表述正确的是(　　)

①周朝实行"工商食官"政策　　②唐朝长安实行整齐划一的坊市制

③宋代出现了夜市、晓市、草市　　④元代广泛流通纸币

A. ①②③　　B. ①②④

C. ②③④　　D. ①②③④

10. 19世纪中叶，新名词在中国被不断创生出来，诸如："商务""商战""商业""招商""商办""商局""商会""商部""商学""商政""商校""商法""商报"等。这一时期"商+"思维反映出(　　)

A. 中国的现代化问题受到关注　　B. 实业救国思想已经蔚然成风

C. 重农抑商经济政策遭到否定　　D. 民族资产阶级的政治经济诉求

11. 对于被迫签订的条约，咸丰皇帝认为"自古要盟不信，本属权宜"，表示不必严格守约。第二次鸦片战争后，恭亲王奕䜣提出办理中外交涉，要"以守约为主，以践言为先"。这种变化说明清政府(　　)

A. 外交政策失去了自主权　　B. 放弃了保卫国家主权的立场

C. 逐步接受近代国际规则　　D. 灵活利用国际规则维护权益

12. 在南京国民政府成立以后，胡适仍然抨击国民党思想体系的传统主义成分，号召把科学才智用于国家管理，提倡立宪制度和公民权利。这反映出(　　)

A. 民主进程在当时中国仍步履维艰

B. 胡适对国民政府思想改革表示不满

C. 胡适坚决捍卫民主、科学的思想

D. 国民党仍然以儒家思想为治国理念

13. 据相关资料显示：1937年底，中国政府邀请苏联派遣军官援华。次年5月，聘请苏联人担任中国军队的军事总顾问。几年间，在华的苏联军事顾问总计超过300人，包括6位元帅、15位将军。这说明了(　　)

A. 世界反法西斯统一战线正式形成

B. 中苏已经由敌对关系转变为盟友

C. 中国对苏采取"一边倒"外交方针

D. 意识形态分歧让位于国家安全战略

14. 1948年8月，随着革命形势的发展，中共中央华北局决定在石家庄召开华北临时人民代表大会，出席大会的代表共542人。其中共产党员376人，非中共人士166人。在大会选举产生的27名华北人民政府委员会委员中，民主人士有8名。这次会议(　　)

A. 表明解放战争已取得基本胜利

B. 实践了新民主主义政治路线

C. 标志着人民政治协商制度确立

D. 体现了鲜明的社会主义原则

15. 上海作为新中国最大的经济城市，占据工业总产量的20%，在一五计划中得到全国投资的2.5%；到1957年，25万工人迁出上海到全国各地。上述现象集中反映了(　　)

A. 上海经济地位的下降

B. 上海对国家经济建设的贡献大

C. 计划经济体制的优势

D. 经济发展不平衡的局面得以改变

16. 2003年，根据《2003—2010年全国农民工培训规划》，国家启动了"农村实用技术人才培训工程"和"农村劳动力转移培训阳光工程"等举措。这些举措的主要目的是(　　)

A. 推动乡镇企业的稳步发展　　B. 推动市场经济体制的建立

C. 适应产业结构调整的需要　　D. 加快农村劳动力的转移

17. 古代雅典城邦平民能在反对贵族的斗争中取得胜利，最重要的社会因素是(　　)

A. 平民开展暴力斗争　　B. 代表平民利益的领袖不断改革

C. 平民中不再有债奴　　D. 平民中新兴工商业者力量壮大

18. 16世纪中后期，西班牙开创了在菲律宾马尼拉和墨西哥阿卡普尔科之间的大帆船贸易。如图为贸易路线示意图。该图可说明(　　)

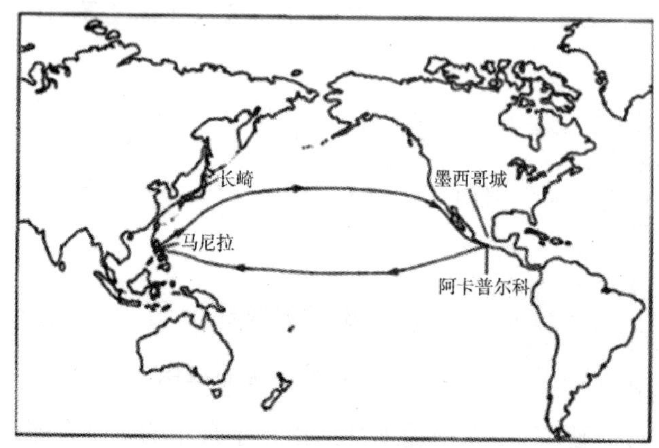

A. 世界贸易中心转移至亚洲　　B. 帆船贸易使美洲大为受益

C. 世界经济联系进一步加强　　D. 西班牙主宰亚洲经济贸易

19. 垄断资本主义取代自由资本主义是一种社会进步，主要是指(　　)

A. 缓和了资本主义社会的基本矛盾

B. 提高了国家干预经济的能力

C. 克服了生产的无计划性

D. 适应了生产力的发展要求

20. 培根指出:“印刷术、火药、指南针曾改变了整个世界,变化如此之大,以致没有一个帝国,没有一个教派,没有一个赫赫有名的人物,能比这三种发明在人类事业中产生更大的力量和影响。”这里所说的“影响”主要是指( )

A. 促进了欧洲社会制度的转型

B. 奠定了中国古代文明古国的地位

C. 推动了欧洲工业革命的发展

D. 打破了世界各地彼此隔绝的状态

21. 卢梭说:“设计一种人类的集合体,以用集体的力量来保障每一个加盟的个体和他的财产。在这一集体中,个体虽然和整体联系在一起,但依然自由如初,只听从自己的意志。”这表明他主张( )

A. 法律面前人人平等　　B. 以契约保证个人自由

C. 天赋人权　　D. 主权属于人民全体

22. 1932年,罗斯福竞选基金的25%来自银行家和经纪人的捐助。1936年,罗斯福第二次竞选,从25%下降到4%。罗斯福曾说:“有组织的大财团。在美国历史上……紧紧抱成一团,反对一个总统候选人,这还是第一次!”下列哪项措施最易导致上述现象( )

A. 放弃金本位制使美元贬值　　B. 政府成立农业调整署

C. 签署《全国劳工关系法》　　D. 大力推行“以工代赈”

23. 由于成员国之间经济实力存在较大差距,它们之间既存在“水平形态的经济合作和竞争”,又存在“垂直形态的经济合作与竞争”,开创了一种有别于其他区域经济集团的“另类”合作新模式,该组织是( )

A. 北美自由贸易区　　B. 欧洲联盟

C. 东南亚国家联盟　　D. 世界贸易组织

24. 王亚南在《中国官僚政治研究》一书中提出:“中国二千余年的专制官僚政治局面其所以是由秦国开其端绪,乃因中国二千余年的地主经济制度,是由秦国立下基础。这种政治经济形态的配合,不但改变了中国的封建性质,改变了中国官僚政治形态,且也改变了中国专制君主与官僚间,乃至官僚相互间的社会阶级利害关系。”该结论( )

A. 夸大了阶级斗争对历史的推动作用

B. 开创了用现代化史观研究历史的新视角

C. 体现了历史唯物主义的研究态度

D. 肯定了政治对经济的决定性作用

25. 根据《普通高中历史课程标准》(2017年版),历史学科核心素养不包括( )

A. 家国情怀　　B. 史料实证

C. 以德树人　　D. 历史解释

二、简答题(本大题共3小题,每小题10分,共30分)

26. 简述罗马法的特点。(10分)

27. 说一说如何进行历史教学内容设计的创新。(10分)

28. 简述中学历史教学评价的作用。(10分)

三、材料分析题(本大题共3小题,每小题16分,共48分)

29. 经济政策要适应国家社会发展的需要,每个时期国家都有不同的经济政策,阅读材料:

材料一 "僇力本业,耕织致粟帛多者复其身;事末利及怠而贫者,举以为收孥。"

——《史记·商君列传》

"世儒不察,以工商为末,妄议抑之。夫工固圣王之所欲来,商又使其愿出于途者,盖皆本也。"

——《明夷待访录·财计三》

材料二 航海乃是谋求本共和国福利与安全最重要的手段……自公元1651年起及从此以后,无论为英国人或别国人的殖民地所生长、出产或制造的任何货物或商品,如非由属于本共和国人民所有的任何种类船舶载运,皆不得输入或带进英吉利共和国或殖民地或领土,如违反本条例,其全部进口货物,应予没收,运载该项货物或商品入口的船舶亦应一并没收。

——英国《航海条例》(1651年10月)

材料三 1838年在曼彻斯特成立了"反谷物法同盟",并吸引了不少工人群众参加其活动。1846年,国会在社会压力下终于废除《谷物法》,1846—1849年英国取消了大约200种商品的进口税。这些政策大大帮助了英国工业品的出口并使原料和粮食进口增加,价格下降,促进了英国工业的更大发展。

——刘宗绪《世界近代史》

问题:

(1)概括指出材料一中两段引文所体现的不同经济思想,并分析其产生的社会根源。(8分)

(2)根据材料二、三,概括近代英国的经济政策发生了怎样的变化,结合所学知识分析发生这一变化的原因。(8分)

30. 下面是某教师执教《秦朝中央集权制度的建立》一课的教学片段,结合材料回答相关问题。

材料 教师谈及秦始皇发明了"朕"这个皇帝的自称。一个学生发问:"老师,秦朝之前的国王自称什么呢?"教师并没有马上回答,而是面向全班说:"这是一个突如其来而且很具挑战性的问题,请问有哪位同学可以解答呢?"老师的话刚说完,一位男生站了起来回答道:"我之前在网上看过,据说在秦始皇发明'朕'这个称呼之前,国王有称'寡人''孤''不穀'等。"教师趁势表扬和引导:"这位同学教会了我们一种学习方法,那就是通过网络搜索问题的答案。"

问题:

(1)以上教学片段说明了学生在课堂中的什么表现?(6分)

(2)试分析教师这样应对的原因及起到的作用。(10分)

31. 阅读下面材料,回答问题。

材料 某教师准备对《第二次世界大战》一课进行网络交互式教学。专题网站的栏目设计如下:

【基础知识区域】学生自主学习的桥梁。主要内容为本课的教学目标、课本内容、知识结构、重难点解析、学习方法指导、高考考核的内容和要求、历年高考题分析等。其中课本内容设计成问题导读形式,用网络构建起一个完整的历史知识结构,揭示各历史知识板块的联系,组成历史知识的长链。

【扩展知识区域】学生扩展思维的平台。主要内容有第二次世界大战中著名的战役、联合国成立六十年、历史不容忘却、世界反法西斯战争胜利六十周年纪念、战争与和平等理论文章介绍。

【网络资源区域】学生探索知识的导航。直接链接了华夏经纬军事网站、联合国网站、环球军事、中国二战同盟等,学生可以直接点击网站名进入以上网站进行扩展学习和资料搜集。

【交流讨论区域】学生发表见解的窗口。设计了两项课堂活动内容,学生根据教师设计的主要问题或自己发现的问题参与讨论和交流。

【网上习题区域】学生巩固知识的园地。设计了两套专题练习,配合测评反馈系统提供给学生进行自我检测和自我评价,同时设计了课后研究性学习的任务。

【作品展示区域】学生展示才华的天地。学生研究的成果,研究报告、体会或演示文稿,可以上传到此,也可以点击下载。

问题:

(1)请你根据材料谈谈怎样进行本课的教学实施。(8分)

(2)网络交互式教学对教师提出了哪些要求?(8分)

四、教学设计题(本大题22分)

32. 根据下列材料,按要求完成教学设计任务。

材料一 《普通高中历史课程标准》(2017年版)规定:了解列宁领导的十月革命爆发的原因、过程,理解十月革命的世界历史意义。

材料二 课文摘录

1917年4月,列宁从瑞士回到彼得格勒,提出了将俄国革命从资产阶级民主革命向社会主义革命推进的战略和策略,并亲自领导了组织革命武装夺取政权的斗争。11月7日,即俄历10月25日,革命武装占领临时政府所在地冬宫。次日,全俄工兵代表苏维埃第二次代表大会宣布推翻临时政府,成立布尔什维克党领导的苏维埃政权,列宁当选为人民委员会主席。这次大会标志着苏维埃政权在俄国正式建立,宣告了世界上第一个社会主义国家的诞生。

十月革命的胜利是俄国与世界历史进程中的划时代事件。十月革命建立了人类历史上第一个无产阶级领导的国家,打破了资本主义一统天下的世界格局,实现了社会主义从理想到现实的伟大飞跃,开辟了人类探索社会主义道路的新纪元。十月革命沉重打击了帝国主义对世界的统治,极大地鼓舞了殖民地半殖民地人民的解放斗争,改变了20世纪的世界格局。从此,资本主义和社会主义两种社会制度的并存与竞争,成为世界历史的重要内容。

要求:根据课程标准和课文内容,设计出相关的教学过程,包括教学环节、教师活动和学生活动,并说明设计意图。

机密★启封前 姓名____________ 准考证号____________

教师资格考试预测试卷(六)

《历史学科知识与教学能力》(高级中学)

注意事项:

1. 考试时间为120分钟,满分为150分。
2. 请按规定在答题卡上填涂、作答,在试卷上作答无效,不予评分。

一、单项选择题(本大题共25小题,每小题2分,共50分)

在每小题列出的四个备选项中只有一个是符合题目要求的,请用2B铅笔把答题卡上对应题目的答案字母按要求涂黑。错选、多选或未选均无分。

1. 西周时,周天子作为封国主权持有者以"册封"的形式"委任"诸侯作为地方封国统治的代理人,并非拥有独立主权的诸侯接受周王授权而进行代理统治。对此解释正确的是( )

A. 西周是主权统一的国家　　B. 西周没有出现最高统治权威

C. 诸侯在封国内独立实行统治　　D. 分封体制以宗法血缘为基础

2. 东汉张仲景在《伤寒杂病论》中说,"进则救世退则救民";北宋名臣范仲淹说,"不为良相,便为良医";明代医学家叶文龄说,"医,仁术也,爱之道也"。材料表明,我国古代医学的发展( )

A. 深受儒家思想的影响　　B. 得益于大一统的政治体制

C. 得到国家政权的支持　　D. 取决于小农经济高度发达

3. 唐玄宗天宝年间,租庸调为国家财政收入的主要来源,其收入占财政总收入的2/3以上。代宗大历年间,国家财政收入的重点则开始转向田亩税。赋税征收重点的转移是由于当时( )

A. 小农经济的发展壮大

B. 唐末农民战争的沉重打击

C. 人丁征税标准不合时宜

D. 国家失去对土地和人口的控制

4. 丝绸之路促进了东西方之间的经济文化交流。其主要史实有( )

①中国的凿井、冶铁等技术传到西方

②中亚的葡萄、黄瓜、胡萝卜、大蒜等农作物传入中国

③罗马的毛织品、玻璃等手工业品和杂技传入中国

④印度的佛教传入中国

⑤越南的占城稻传入中国

A. ①②③④⑤　　B. ①③④⑤

C. ①②③⑤　　D. ①②③④

5. 元朝历代皇帝经常征召社会上大批有名的汉儒学者进入政治上层,其中还包括最被歧视的南人儒士,但他们大多进入中央的翰林院、集贤院等无实权的机构。这表明元朝( )

A. 政治管理实现封建化　　B. 表面上积极缓和民族矛盾

C. 用高官厚禄笼络汉人　　D. 以汉儒学者牵制蒙古官员

6. 文献记载钢铁是"杂炼生(生铁)鍒(熟铁)为刀镰者"。此文献提到的金属冶炼技术发明于( )

A. 春秋战国时期　　B. 两汉时期

C. 魏晋南北朝时期　　D. 隋唐时期

7. 明代《闽部疏》载:"凡福之紬(绸)丝……福漳之桔,福兴之荔枝,泉漳之糖,顺昌之纸,无日不走分水岭及浦城之小关,下吴越如流水。其航大海而去者尤不可计,皆衣被天下。"材料反映明代福建( )

A. 海陆交通十分发达　　B. 商品经济活跃

C. 成为全国经贸中心　　D. 出现资本主义萌芽

8. 严复认为:"吾国今处之形,则小己自由,尚非所急,而所以祛异族之侵横……故所急者,乃国群自由,非小己自由也。"在此,他强调首先应( )

A. 实行君主立宪　　B. 学习西方民主

C. 争取国家独立　　D. 实现个人自由

9. 光绪二十七年(1901年)的一份吏部档案,残缺不全,原文有:"上年(缺)月间,(缺)入都,本署即被占据,迨洋兵撤退,检察署内所存档案则例等件,全行遗失。"与这份档案相关的历史事件应该是( )

A. 第一次鸦片战争　　B. 第二次鸦片战争

C. 甲午中日战争　　D. 八国联军侵华战争

10. 近代著名思想家钱玄同写道:"若从中华民国自身说,它是公历一九一一年十月十日产生的,那一日才是中华民国的真纪元……就中国而论,这日是国民做'人'的第一日……""这真是我们应该欢喜、应该庆贺的日子。"文中的国民独立做"人"是指( )

A. 形式上摆脱列强奴役

B. 摆脱两千多年的封建束缚

C. 摆脱清朝的统治

D. 普遍接受民主共和的观念

11. 如图是革命艺术家彦涵创作的新门神年画,生动地反映了八路军和民兵的英雄气概,受到抗日根据地老百姓的广泛欢迎。该作品重在(　　)

A. 宣传民众拥护国共合作抗日　　B. 倡导军民广泛开展敌后游击战争

C. 激励军民效法古人保家卫国　　D. 动员根据地民兵参加八路军抗战

12. 1974年,毛泽东提出了著名的"三个世界"理论:苏、美两个超级大国属于第一世界,美国以外的西方国家属于第二世界,亚非拉广大发展中国家属于第三世界。这表明当时的中国(　　)

A. 开始重视亚非拉国家的作用

B. 无意与第一、第二世界国家改善关系

C. 已经放弃和平共处五项原则

D. 强调国际政治的主题是反对霸权主义

13. 1971年,周恩来在接见来访的美国乒乓球代表团时说:"你们这次来,打开了两国人民友谊的大门。"这反映出当时中美关系解冻的特点是(　　)

A. 以民促官　　B. 国际推动

C. 官方交流　　D. 以官带民

14. 欧洲部分哲学家特别强调学习"修辞学"。所谓"修辞学"就是"不知道对与错、高尚与卑劣、正义与非正义,却发明了一种就这些事情说服听众的技艺,因此,尽管他对这些事情无知,却能在无知者中间显得比专家们更有知识"。他们的代表人物是(　　)

A. 苏格拉底　　B. 普罗泰格拉

C. 孟德斯鸠　　D. 康德

15. 18世纪后半期,法国思想家狄德罗召集了一批知识分子编撰了一部涉及科技、政治、经济、文学、艺术等领域的《百科全书》。当局曾在最高法院对百科全书派提出公诉,其罪名是"他们形成一个集团,为拥护唯物主义,摧毁宗教,鼓吹独立自由和败坏风俗"。这说明(　　)

A. 科技推动了启蒙运动的开展　　B. 百科全书派都是唯物主义者

C. 理性思想冲击了法国旧社会　　D. 百科全书集启蒙运动之大成

16. "政府中的大小官员甚至首相都是女王意志的执行者,国内外所有烦琐的事务都要按照女王的指示去做。可事实上与之完全相反,政府官员和首相都是在选举中产生的,到女王那里也就是走个形式"。上述材料说明(　　)

A. 英王在国家政治生活中没有实权

B. 英王在国家政治生活中没有作用

C. 英国的法律制度已经非常完善

D. 英国没有实行资产阶级民主制度

17. "它认为社会的改良和人的生命价值的实现,完全是人类自己的事情,并不是神的恩典。人需要通过自我能力的展现来完成历史"。这段话适用于解说(　　)

A. 文艺复兴　　B. 新航路开辟

C. 资产阶级革命　　D. 工业革命

18. 自16世纪30年代至16世纪末,西班牙的物价上涨了4倍多,英法等国上涨2倍至2倍半。这种现象导致的结果是(　　)

A. 黄金、白银大量流入欧洲

B. 工商业者的经济实力增强

C. 封建领主的财富急剧增加

D. 大西洋沿岸成为商路中心

19. 有人认为西方国家的三权分立并不是什么神圣的东西,它和中国的儿童游戏中的"石头、剪刀、布"同一原理,即一物降一物。对这种说法,你认为(　　)

A. 正确,讲出了三权分立的实质

B. 贴切,道出了三种权力之间的关系

C. 不妥,三种权力的关系不是简单的单向制约

D. 不妥,三种权力的关系中应是你中有我,我中有你

20. 罗斯福新政一开始就引起中国政论界的关注,有人指出:"此项试验如能成功,则非但美国之经济组织将有极重要之转变,即世界各国之经济政策亦必受其影响。"这一评论(　　)

A. 认为新政不能取得成功　　B. 预见到新政的世界意义

C. 未看到新政的久远效果　　D. 担心经济危机蔓延中国

21. 1928年,苏联发生粮食收购危机后,斯大林认定危机是农民资本主义自发势力造成的,他认为农民群众在新经济政策时期基本一直在走"旧的资本主义发展道路","个体农民是最后一个资本主义阶级"。斯大林的上述认识(　　)

A. 说明苏联政权面临严峻的困难　　B. 体现出苏联阶级斗争形势严峻

C. 预示着苏联经济政策即将转变　　D. 加快了苏联的工业化建设步伐

22. 20世纪末，反全球化反精英主义的“民粹主义”再次掀起高潮，并在许多西方发达国家成为影响政治活动的重要力量。这反映了(　　)

A. 精英主义严重阻碍民主政治的发展

B. 西方社会普遍反对全球化的心理

C. 全球化加剧了西方社会阶层的分化

D. 西方发达国家公民意识开始觉醒

23. 法国国民阵线在2012年的总统选举中要求脱离欧元区，恢复边境控制。2016年6月，英国通过公民投票选择脱离欧盟。2017年1月，美国特朗普在总统就职演说中明确指出，“从现在开始，将只能是美国第一”“我们将遵循两条简单的基本法则:买美国货、雇美国人”。上述现象反映出(　　)

A. 区域经济集团化的发展受挫

B. 区域性经济集团内部矛盾重重

C. 经济全球化的发展受到挑战

D. 发达国家主导了经济全球化

24. 我国历史上第一部史志目录是(　　)

A.《资治通鉴》　　B.《汉书·艺文志》

C.《玉海》　　D.《隋书·经籍志》

25. 历史教学最主要、最根本的教学原则是(　　)

A. 史论结合原则　　B. 重点突出原则

C. 系统性原则　　D. 直观性原则

二、简答题(本大题共3小题，每小题10分，共30分)

26. 简述五代十国时期的政权更迭与历史概况。(10分)

27. 简述问题探究教学模式的教学策略。(10分)

28. 简述历史学科教学设计的基本流程。(10分)

三、材料分析题(本大题共3小题，每小题16分，共48分)

29. 阅读下面材料，回答问题。

材料一　在《千金要方·道林养性》中，孙思邈指出:医生应恪守医德、坚定专业思想，不要以贫富易志改性。北宋期间，947年，宋太祖亲为《开宝重定本草》作序，宋仁宗嘉祐六年编写《嘉祐补注神农本草》、《本草图经》，中央设立了翰林医官院，掌疗官吏军民疾病，后成为培养医学生的场所;同时地方上增设药局，以帮助百姓治疗疾病。专门设立了“收卖药材所”，并设立药官鉴验药材的优劣真假，严禁将不良的药物制成熟药。实行药物销售的国家专营政策。百姓不能及时买到药物，耽误病情，则杖责一百。南宋宋孝宗隆兴二年，两淮瘟疫流行，朝廷急令和剂局制赈灾药四万帖，派使臣遍诣两淮州县乡村散给。

——整理自白寿彝《中国通史》等

材料二 文艺复兴以后，西方医学开始由经验医学向实验医学转变，先后建立了人体解剖学、病理解剖学、细胞病理学等。鸦片战争后，西医大量传入中国，教会医院逐渐成为和教堂一样引人注目的教会标志，它们为外国驻军、商人、侨民服务，同时救治中国病人，教会医生和本国教会组织联系密切，能即时输入新技术，使教会医院在中国保持技术优势，治疗范围涉及眼科、内外科、骨科、牙科等。1850年，英国医生合信出版了《全体新论》，成为向中国人讲授西医的重要著作。1915年，在华教会医学校有23所，护士学校、药学校等有36所。1921年，北京高校开展卫生教育运动，由北京教会医学会指导，北京大学负责，北京协和医学院学生利用暑假做关于公共卫生的演讲。西医传入，中医一统的局面被打破，近代中国人医药观逐渐多元化。

——摘编自傅维康《中国医学通史·近代卷·西医篇》

问题：

(1)根据材料一并结合所学知识，概括唐宋医学发展的特点。(6分)

(2)根据材料二并结合所学知识，分析近代以来西医大量传入中国的背景。(6分)

(3)根据材料并结合所学知识，你认为我国中医药学的当代价值有哪些？(4分)

30. 一位老师在讲到“殖民主义罪恶”——“奴隶贸易”时，向学生展示了一幅图示(如下)，请问，这位老师采用了什么样的教学方法？这种教学方法有何特点？使用这种教学方法需要注意什么问题？(16分)

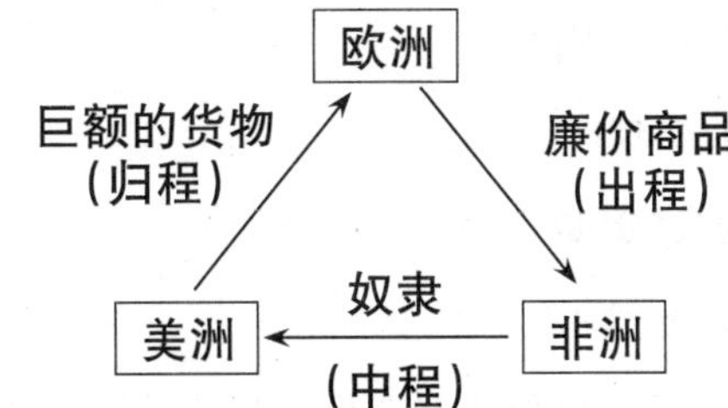

31. 阅读下面材料，回答问题。

材料 师：作为君主立宪制下的英国有三个重要机构——议会、内阁和国王，他们的首领分别是议长、首相、英王。请同学们推荐三位同学分别担当此任，给2分钟的准备时间，等会儿到讲台上阐述。别的学生分别是议长、首相、英王的谋士。担当议长、首相、英王的同学必须每人回答一个问题。(展示英国现在议长、首相、英王的图片)

议长——介绍议会的人员构成，议会的权限是什么？

首相——介绍你是如何当选的？你有哪些权力？

国王——你是怎样当上国王的？你有哪些权力？

2分钟后请三位同学分别阐述。

师：通过三位同学的回答，我们不难看出英国君主立宪制的特点，即国王作为国家的象征，“统而不治”；议会掌权，但真正掌握国家实权的是内阁和首相。说到英国，我不禁想到中国，18世纪的英国内阁与同时期中国的内阁有什么区别？

生：(翻书，回答)……

师：(板书总结)英国内阁——内阁掌握实权，不对君主负责。君主统而不治，虚有其位，是政治民主化的产物；中国内阁——内阁权力很小，只负责日常事务。君主专制、大权独揽，是皇权专制的产物。

问题：

(1)老师在上这一课时运用了哪些历史教学方法？你更喜欢哪种教学方法？为什么？(8分)

(2)课堂上运用你喜欢的教学方法时应该注意什么？(8分)

四、教学设计题(本大题22分)

32. 根据下列材料，按要求完成教学设计任务。

材料一 《普通高中历史课程标准》(2017年版)规定：理解政治、经济、外交、国防等领域所取得的成就在新中国历史上所具有的开创性、奠基性意义。

材料二 课文摘录

新中国成立后，按照“一边倒”方针，先后与苏联以及保加利亚、朝鲜、越南等十个人民民主国家建交。按照“另起炉灶”和“打扫干净屋子再请客”的方针，新中国先谈判再建交，同印度、印度尼西亚、缅甸、巴基斯坦以及瑞典、丹麦、瑞士、芬兰建交。中华人民共和国迎来一次建交高潮。同时，新中国取消帝国主义在中国的特权。

1955年4月，亚非会议在印度尼西亚万隆举行。这是战后第一次没有西方殖民国家参加的国际会议。会议上，中国提出并坚持“求同存异”的方针，推动会议朝着达成协议的方向前进，避免了可能走上歧路的危险。中国代表团还进行了卓有成效的工作，为进一步开展同亚非各国的友好合作关系创造了条件。亚非会议后，中国独立自主的和平外交取得了新进展。

要求：根据课程标准要求和课文内容，设计出相关的教学过程，包括教学环节、教师活动和学生活动，并说明设计意图。

机密★启封前　　　　　　　　　　姓名＿＿＿＿＿＿　准考证号＿＿＿＿＿＿＿

教师资格考试预测试卷(七)

《历史学科知识与教学能力》(高级中学)

注意事项:

1. 考试时间为120分钟,满分为150分。
2. 请按规定在答题卡上填涂、作答,在试卷上作答无效,不予评分。

一、单项选择题(本大题共25小题,每小题2分,共50分)

在每小题列出的四个备选项中只有一个是符合题目要求的,请用2B铅笔把答题卡上对应题目的答案字母按要求涂黑。错选、多选或未选均无分。

1. 夏商的史官在职责上是史巫合一,既掌管天文术数,为统治者提供宗教式预言,又保管典籍、记录时事;周代史巫开始分离,史官被定位在"掌官书以赞治"的官僚位置上。以上史官角色意识的变化(　　)

A. 反映出周代王权与神权开始分离　　B. 影响了后世对历史记录的认知

C. 取决于中央官僚机构职能的调整　　D. 体现了周代政治理性化的趋势

2. 柳宗元认为,秦末农民起义"咎在人怨,非郡邑之制失也";西汉七国之乱"有叛国而无叛郡""秦制之得亦明矣"。下列哪种说法最符合材料原意(　　)

A. 郡县制与秦末农民战争没有关系　　B. 七国之乱因汉初分封而爆发

C. 郡县制有利于中央集权统治　　D. 郡县制取代分封制是历史的必然

3. 诗人左思在其《咏史》中浓郁悲歌:"世胄蹑高位,英俊沉下僚。地势使之然,由来非一朝。"造成这一社会状况的制度原因是(　　)

A. 征辟制　　B. 察举制

C. 九品中正制　　D. 科举制

4. 南宋学者袁毂感叹:"昔之农者,今转而为工;昔之商者,今流而为隶。贫者富而贵者贱,皆交相为盛衰矣。"这说明当时(　　)

A. 抑商政策的取消推动了经济发展　　B. 农业与工商业处于平等的地位

C. 社会流动冲击了原有的等级秩序　　D. 商品经济发展导致农业的衰败

5. 有学者认为:"元朝行省实际上是封建中央集权分寄于地方……它负责处理境内政治、军事、经济等各类事务。此外行省还有一个重要职能是聚集境内财富,以供中央需要。行省治所往往就是完成这种职能的'中转站'。"该学者的观点强调了(　　)

A. 行省制容易导致地方势力膨胀　　B. 行省制下地方权力相当大

C. 行省制体现了分权与制衡原则　　D. 行省是元朝最高行政机构

6. 明朝末年,一些学者开始摒弃传统的纯学术研究的路子,转而把注意力倾注到当代军事斗争史、边疆史、外国史、"可施于用"的科学技术等研究方向。这种做法(　　)

A. 是思想专制政策的必然结果　　B. 继承了理学格物致知的方法

C. 体现了经世致用思潮的兴起　　D. 是反对君主专制制度的产物

7. 北京大学张传玺教授认为中国古代中央集权制度具有明显"公天下"的因素,还有不少学者认为古代中国政治体制体现了"现代行政"的特点。若以此为研究主题,下列最合适的话题是(　　)

A. 中国古代中央集权制度是民主制度

B. 中国古代中央集权制度与现代行政制度相似

C. 中国古代中央集权制度的合理性与生命力

D. 中国古代中央集权制度是封建君主专制的产物

8. 清政府曾严禁商人参与朝廷饷银的汇兑业务,1862年却准许户部请求,利用民间票号的资金和汇兑网络解决朝廷饷银的调度问题。这一变化反映出(　　)

A. 票号成为清政府财政的支柱

B. 太平天国运动影响清政府财政运作

C. 洋务派开始控制国家金融体系

D. 清政府利用商人应对外国资本冲击

9. 费正清在《传统与现代》中说:"中国的政治生活一旦失去了天子的存在就不可避免地走向了崩溃,因为此时的国家首脑已经得不到传统礼教对至高权威持有者的支持了。"费正清这句话旨在说明(　　)

A. 维新变法失败后光绪皇帝被幽禁的历史命运

B. 辛亥革命后中国社会秩序重构的艰难曲折性

C. 新文化运动兴起后所起的思想解放作用

D. 历史传统决定了中国无法实现真正的民主共和

10. 1918年,胡适在文章中指出:"我们所提倡的文学革命,只是要替中国创造一种国语的文学。……国语没有文学,便没有生命,便没有价值,便不能成立。"由此可见,新文化运动中的文学革命(　　)

A. 根本目的在于彰显文学的价值　　B. 被赋予了民族主义的使命

C. 把斗争矛头直指外国文化侵略　　D. 利于中国传统文化的复兴

11. 1942年，宋美龄在《纽约时报》发文称“西洋人必须改变他们对于东方的观念，我们中国当然也应该尊重西方国家，在我们所要兴建的未来世界里，不应当再有谁是优秀谁是低劣的思想存在，应当人人平等”。这表明当时的中国（　　）

A. 推动世界反法西斯联盟的建立　　B. 谋求摆脱不平等条约制度束缚

C. 抗拒西方国家主导的世界体系　　D. 确立争取美援为主的外交方针

12. 下图所示的重大军事行动，标志着（　　）

A. 解放战争开始转入战略反攻　　B. 解放战争战略决战的开始

C. 淮海战役结束　　D. 南京国民政府被推翻

13. 1988年7月，中国物价上升幅度为19.3%……有的人一下子买200公斤食盐，买500盒火柴，商店被抢购一空。银行发生挤兑，有的地方银行因不能及时支付，群众在愤怒之下把柜台推倒，社会出现不稳定因素。这一现象实际上说明了（　　）

A. 政府应该掌握商品的定价权　　B. 经济体制改革的阵痛与艰难

C. 人们不适应市场经济的波动　　D. 物质缺乏导致了市场的恐慌

14. 公元前1000年至公元前500年左右，中国、印度、希腊及犹太四大文明在哲学上有重大的发展，其影响直至今日。这些影响可分为：①参悟生死问题；②确认神人关系；③探索人的理性；④安排人伦秩序。导致上述影响的四大文明依次为（　　）

A. 中国、印度、希腊、犹太　　B. 犹太、中国、印度、希腊

C. 希腊、犹太、中国、印度　　D. 印度、犹太、希腊、中国

15. 罗马法学家乌尔比安认为，“皇帝所决定的都有法律效力，因为人民已把他们的全部权力通过王权法移转给他”。这说明（　　）

A. 罗马法蕴含一定的契约精神　　B. 罗马法体现了“君权神授”原则

C. 罗马皇帝享有国家最高权力　　D. 罗马贵族意志等同于法律条文

16. 随着第二次工业革命的进行，主要资本主义国家的工业发生的最大变化是（　　）

A. 重工业开始占据主导地位　　B. 轻工业的地位在逐步下降

C. 交通运输业获得巨大发展　　D. 电力工业的发展最为突出

17. “要有勇气运用你自己的理智！这是启蒙运动的口号。”这是康德对启蒙运动含义的理解，你对这句话的正确理解是（　　）

A. 启迪和开导人们的反封建意识，给黑暗中的人们带来光明和希望

B. 要以人为中心考察一切，认识一切

C. 人生活在世界上，为人处世要有理智

D. 人要运用自己的理智，对世间万物做出自己的判断

18. 20世纪以来，两次世界大战给人们的心灵造成了巨大的创伤，工业化的快节奏生活也加剧了人们的紧张感，他们开始用新的表现方式和艺术精神进行创造，这种文学流派被称为（　　）

A. 浪漫主义　　B. 现实主义　　C. 新古典主义　　D. 现代主义

19. 1959年，美国国家展览会在莫斯科举办。对于榨汁机和洗碗机等展品，赫鲁晓夫表示工人阶级决不会购买这些无用的小器具，当场引起了美国副总统尼克松的反对。这反映了当时（　　）

A. 美苏冷战的重点从军事领域转向经济领域

B. 美国霸主地位动摇，急需打开苏联市场

C. 经济文化交流没有改变两国意识形态的对立

D. 苏联轻工业发达，不需要进口这些器具

20. 1960年，法国总统戴高乐听到法国首先成功试验原子弹的消息后高呼：“法国万岁！从今天早上起，她更加强大了，更加骄傲了……”能够和这一情景联系起来的是（　　）

A. 世界政治的多极化格局最终形成　　B. 西欧国家的复兴和两极格局的削弱

C. 欧共体形成和经济全球化加强　　D. 西欧国家的衰落和美国霸权的稳固

21. 日本外务省次官栗山尚一在《动荡的90年代与日本外交的新展开》中写道：“当今世界20万亿美元的国民生产总值中，美欧各占5万亿美元，日本为3万亿美元……这也是共同分担国际责任的结构比例，要建立国际新秩序，就离不开5∶5∶3的合作。”这表明日本的企图是（　　）

A. 不愿承担相应的国际责任　　B. 谋求成为政治大国

C. 与美欧进行军事抗衡　　D. 确立美欧日三足鼎立的格局

22. 第二次世界大战后，丘吉尔曾经说：“和平是恐怖（指核武器）生出来的健壮的孩子。”对此理解正确的是（　　）

A. 核武器的产生有利于实现和平　　B. 脆弱的和平会被核武器所打败

C. 核恐怖平衡维持了和平局面　　D. 美苏核竞争给世界带来了和平

23. 中国史学中有“三通”之说。下列有关“三通”的内容完全正确的是（　　）

A.《史通》《通志》《文献通考》　　B.《通典》《通志》《文献通考》

C.《通典》《唐六典》《东观汉记》　　D.《史通》《文苑英华》《玉海》

24. 美国历史学家斯塔夫里阿诺斯曾说，研究世界历史“就如一位栖身月球的观察者从整体上对我们所在的星球进行考察时形成的观点，因而与居住在伦敦或巴黎、北京和新德里的观察者的观点迥然不同”。这体现了（　　）

A. 革命史观　　B. 全球史观　　C. 文明史观　　D. 现代化史观

25. 根据《普通高中历史课程标准》(2017年版),学生学业水平考试命题的主要原则不包括( )

A. 以新情境下的问题解决为重心　　B. 以考查历史学科核心素养的具备程度为目的

C. 以历史课程标准为依据　　D. 以历史课程标准为命题框架

二、简答题(本大题共3小题,每小题10分,共30分)

26. 简要谈谈你对雅典民主政治的评价。(10分)

27. 简述史料实证的基本原则。(10分)

28. 简述中学历史教师如何正确使用中学历史教科书。(10分)

三、材料分析题(本大题共3小题,每小题16分,共48分)

29. 阅读下面材料,回答问题。

材料　1922年11月,英法意希日作为一方,土耳其作为另一方,在瑞士洛桑正式举行和会。苏、保、罗、南等国也参加了会议,美国派观察员出席了会议。和当年协约国抛出《色佛尔条约》时相比,局面已全然不同,土耳其已从阶下囚变成了胜利者。凯末尔只要求得到主权独立和本土领土完整。列强虽不得不承认土战胜的事实,但又想尽量对土施加限制,为自己保留更多的特权。斗争的焦点是:盛产石油的摩苏尔的归属、外国在土的特权、海峡问题和外债问题。1923年7月,签订了《洛桑和约》和《黑海海峡公约》。《洛桑和约》承认土耳其在小亚细亚本土范围内的独立和领土完整;确定了土耳其的边界,把伊斯密尔和东色雷斯归还土;亚美尼亚和库尔德斯坦等少数民族地区仍归土所有。条约规定废除外国的治外法权和一切特权,但土仍须偿还部分外债。《黑海海峡公约》规定:海峡地区非武装化,由国际委员会管理;各国军舰可以通过海峡,但非黑海国家进入黑海的舰队吨位,不得超过最强的黑海国家,还赋予土在某种情况下一定的决定权。

——摘编自拾之《国际关系史讲座:第九讲西亚新局》

问题:

(1)根据材料并结合所学知识,指出洛桑和会的历史背景。(8分)

(2)根据材料并结合所学知识,分析洛桑和会的历史影响。(8分)

30. 阅读下面材料,回答问题。

材料一　1919年爆发的五四运动是中国新民主主义革命的开端。

材料二　《普通高中历史课程标准》(2017年版)规定:认识五四爱国运动的历史意义,认识马克思主义在中国的传播与中国共产党成立对中国革命的深远影响。

问题:

(1)依据材料一、二和教学目标设计的基本要求,拟订本教材片段的教学目标。(8分)

(2)请简述本教材片段的教学重难点及突破方法。(4分)

(3)请设计本教材片段的提纲式板书。(4分)

31. 阅读下面材料，回答问题。

案例：帮助学生确定中国近代资本主义经济的历史地位

对此，如果教师直接设问“中国近代资本主义经济的历史地位如何”，学生是难以回答的。而教师若分层设问：“近代中国资本主义经济的经济地位怎样？政治地位怎么样呢？思想地位怎么样呢？在当时的国情下预测一下它未来的发展趋势会怎么样呢？”等，学生就会比较容易理解。最后，师生在共同学习理论的基础上一起探讨，就能较好地归纳出近代中国资本主义经济的历史地位：(1)经济上，近代中国资本主义经济是一种新的进步的经济因素，它的产生和发展有利于中国社会的进步。(2)政治上，它的产生导致了民族资产阶级的产生，为维新变法运动和辛亥革命提供了社会基础，也为中国新民主主义革命的到来和中国共产党的建立准备了阶级基础。(3)思想上，伴随着中国资本主义的产生和发展，近代中国产生了维新变法思想、民主共和思想、民主科学思想，不断地冲击和动摇封建正统思想的统治地位，为西方资本主义思想文化的传播提供了社会条件，促进了近代中国的思想解放。(4)发展趋势上，近代资本主义工业由于资金少、规模小、技术力量薄弱，地区分布不合理，工业结构不完善，在一定程度上依赖外国资本主义、本国封建主义、官僚资本主义，难以独立发展。

问题：请分析此案例，并对之进行评价。(16分)

四、教学设计题(本大题22分)

32. 根据下列材料，按要求完成教学设计任务。

材料一　《普通高中历史课程标准》(2017年版)规定：通过了解三国两晋南北朝政权更迭的历史脉络，隋唐时期封建社会的高度繁荣，认识三国两晋南北朝至隋唐时期的制度变化与创新、民族交融、区域开发和思想文化领域的新成就。

材料二　课文摘录

魏晋时期，开始实行租调制，按户征收粮和绢帛。北魏孝文帝改革，颁布均田令，规定一夫一妇每年纳粟为租，纳帛或布为调，受田农民承担定额租调。成年男子负担一定的徭役。唐初，将赋税征收对象定为21至59岁的成年男子。除租、调外，男子不去服徭役的可以纳绢或布代役，称为庸。以庸代役保证农民有较充分的生产时间，政府的赋税收入也有了保障。

天宝年间，土地买卖和兼并之风盛行，政府直接支配的土地日益减少，均田制无法推行，租庸调制也无法维持，政府财政收入锐降。为了解决财政困难，780年，唐德宗接受宰相杨炎的建议，实行两税法，规定：每户按人丁和资产缴纳户税，按田亩缴纳地税，取消租庸调和一切杂税、杂役；一年分夏季和秋季两次纳税。

两税法简化税收名目，扩大收税对象，保证国家的财政收入。它“惟以资产为宗，不以丁身为本”，改变了自战国以来以人丁为主的赋税制度，减轻了政府对农民的人身控制。

要求：根据课程标准要求和课文内容，设计出相关的教学过程，包括教学环节、教师活动和学生活动，并说明设计意图。

机密★启封前　　　　姓名＿＿＿＿＿　准考证号＿＿＿＿＿

教师资格考试预测试卷(八)

《历史学科知识与教学能力》(高级中学)

注意事项：

1. 考试时间为120分钟,满分为150分。
2. 请按规定在答题卡上填涂、作答,在试卷上作答无效,不予评分。

一、单项选择题(本大题共25小题,每小题2分,共50分)

在每小题列出的四个备选项中只有一个是符合题目要求的,请用2B铅笔把答题卡上对应题目的答案字母按要求涂黑。错选、多选或未选均无分。

1. 关于我国农业,《孟子·梁惠王上》中有“深耕易耨”之说;在《荀子·富国篇》中也有“多粪肥田”等说法。这些记载反映出战国时期(　　)

A. 农业生产技术的进步　　B. 统治者对农业的重视

C. 农业主体地位的形成　　D. 土地私有制已经确立

2. “波斯老贾度流沙,夜听驼铃识路赊。采玉河边青石子,收来东国易桑麻。”这首诗反映了(　　)

A. 丝绸之路的发展兴盛　　B. 陶瓷之路的发展兴盛

C. 古代玉石业的发达　　D. 古代丝织业的发达

3. 秦始皇在统一中国后的十余年内,前后进行了八次大规模的移民,共迁徙居民约106万户,达500多万人口。当时的移民主要分两种情况,一种是迁豪富、强族于关中;一种是徙平民、罪吏于边境。此举(　　)

A. 强化了关中的经济优势　　B. 有利于均衡全国人口的分布

C. 旨在抑制土地兼并　　D. 促进了封建国家的统一

4. 汉代统治者提出“以孝治天下”的治国方针,自汉文帝设置《孝经》博士后,儒家著作《孝经》成为读书人的必修经典。这反映了汉代(　　)

A. 提倡愚孝思想　　B. 强化宗法伦理

C. 确立儒学正统　　D. 重视文化教育

5. 杜甫的诗中写道:“大邑烧瓷轻且坚,叩如哀玉锦城传。君家白碗胜霜雪,急送茅斋也可怜。”诗中杜甫赞美的是(　　)

A. 白瓷　　B. 青花瓷

C. 彩瓷　　D. 粉彩瓷

6. 自吴(三国时期)到陈(南北朝)三百多年中,江南户口几乎没有增长;而东晋十六国时期北方编户就有了引人注目的增长迹象,到北魏末年仅河北括户就曾使当地丁口增加了一倍之多。这一反差(　　)

A. 反映出北方较南方统一安定　　B. 显示出北朝国家能力的强大

C. 是因为江南经济开发的滞后　　D. 表明北方率先终结门阀政治

7. 清末传教士明恩溥说:“促使中国学子年复一年地坚持科举考试,有的直到九十高龄终于拿到文凭方肯罢休,有的则死于这一过程中。功名利禄一类的解释是无法说清楚的。”这说明科举考试是(　　)

A. 文人入仕的唯一途径　　B. 朝廷笼络文人的有效方式

C. 以追求真才实学为宗旨　　D. 学子实现自身价值的体现

8. 在第二次鸦片战争期间的签约谈判中,清政府对增开商埠、割地、修改税则、赔款各项均比较容易予以接受。但对外国公使进驻北京,则以有违礼制为由多次拒绝,甚至打算以全免关税来换取列强放弃公使驻京。这说明清政府(　　)

A. 坚决捍卫国家领土主权　　B. 仍然抱有天朝上国观念

C. 采取了灵活的外交策略　　D. 开始建立近代外交体制

9. 1925年,《纽约时报》特派记者警告说:“激进党(指国民党)决心废除所有外国特殊地位、特权和治外法权。”据此可知当时国民党“激进”的表现是(　　)

A. 重新解释民族主义　　B. 推翻北洋军阀统治

C. 彻底实现民生主义　　D. 极力破坏国共合作

10. 一幅名为《上海南站日军空袭下的儿童》的照片于1937年出现在美国《生活》杂志封面上,并迅速传遍世界各地。这一照片的流传(　　)

A. 宣传了中国国共合作抗战的事实　　B. 赢得了国际社会对中国抗战的同情

C. 丑化了中华民族在国际上的形象　　D. 激化了美日两国在上海附近的矛盾

11. 1898年,梁启超等联合百余名举人上书,请求废除八股取士。参加会试的近万名举人,“闻启超等此举,嫉之如不共戴天之仇,遍播谣言,几被殴击”。这一事件的发生表明(　　)

A. 废八股断送读书人政治前途　　B. 改制缺乏广泛的社会基础

C. 知识分子在政治上极为保守　　D. 新旧学之间矛盾不可调和

12. 下表为20世纪30年代末40年代初中国各行业内迁工厂数及其分布表(单位:个)。

行业地区	机器	冶炼	电器	化学	纺织	其他	合计
重庆区	159	17	23	120	62	48	429
川中区	16	23	3	100	31	14	187
桂林区	17	4	8	8	23	7	67
昆明区	11	6	7	25	18	13	80
贵阳区	6	1	0	7	1	3	18

这说明西南地区(　　)

A. 社会经济结构有所改变　　B. 出现部门协调发展的格局

C. 躲过了日军的武装侵扰　　D. 找到了工业近代化的捷径

13. 20世纪80年代，我国城市经济体制改革的中心环节是（　）

A. 实行联产承包责任制　　B. 建立社会主义市场经济体制

C. 建立经济技术开发区　　D. 增强企业活力提高经济效益

14. 苏格拉底曾说："我认为，想要得到正确的判断，要根据知识，而不应根据多数。"对此理解正确的是（　）

A. 苏格拉底批判雅典民主制的弊端

B. 苏格拉底认为知识掌握在少数人手里

C. 苏格拉底反对民主制度

D. 苏格拉底认为知识等同于法律

15. 罗马《民法大全》记载：裁判官说，"如果船员、客店店员、骡马店伙计未将旅客交给他们看管的物品完整无损地返还给旅客，那么，我将赋予这些旅客以诉权对抗船员、客店店员和骡马店伙计。"这反映了罗马法（　）

A. 倡导公开公正　　B. 重视物权保护

C. 关注人身安全　　D. 强调诉讼程序

16. "工业革命不能仅仅归因于一小群发明者的天才。天才无疑起了一定的作用，然而，更重要的是18世纪后期起作用的种种有利的力量的结合。"这里的"种种有利的力量"应该包括（　）

①代议制立宪政体的确立　②资本主义经济发展

③机器工厂的出现　④海外市场的扩大

A. ①②④　　B. ②③④

C. ①③④　　D. ①②③

17. "当英国人从陶醉中惊醒，猛然看见帝国上空的夕阳时，新的太阳已经在大西洋另一端的美洲大陆上升起。"（摘自纪录片《大国崛起》）。在世界近代史上，这一转折发生在（　）

A. 17世纪早期　　B. 18世纪末期

C. 19世纪早期　　D. 19世纪末期

18. 有学者提出："那些为17世纪的大部分欧洲人难于理解和当时的大不列颠尚未获得全胜的原则（自由与平等），已在新英格兰（英国在北美的殖民地）的法律上得到了全部承认，并被订于法律的条款之内。"对这句话的正确理解是（　）

A. 17世纪的新英格兰已是一个法治国家

B. 17世纪的英国还处于封建势力的统治之下

C. 美国的民主政治早在17世纪就开始孕育

D. 欧洲在17世纪时并未受到文艺复兴的影响

19. 马克思通过大量文献和资料，深入分析了当时的经济结构和生产方式，初步阐述了剩余价值的思想，揭示了未来社会的发展方向。这些成果和结论都写进了《共产党宣言》。马克思的这些研究成果（　）

A. 揭示了资本主义上升时期的社会问题　　B. 第一次提出了社会主义理论学说

C. 提出了社会主义国家的基本经济制度　　D. 论述了垄断阶段的资本主义特征

20. 下图是发表于1941年12月29日的漫画《活力少年》，面对即将到来的新年，画家将罗斯福和丘吉尔同框，用漫画的形式提前祝福反法西斯战争中新的世界组织和安全机制的诞生。对该漫画内容解读正确的是（　）

A.《大西洋宪章》翌日发表　　B.《联合国家宣言》即将签署

C.《关于普遍安全的宣言》草签　　D. 美英以武器供应苏联的第一个议定书拟定完成

21. 1971年7月，尼克松总统在堪萨斯城发表演讲，指出："当我发表就职演说的时候，我提到一个需要谈判的时代……我们在世界上许多地区正在进行谈判而不是正在对抗……。"美国政府将这一外交思想付诸实施的行动包括（　）

①组建上海合作组织　②结束越南战争

③签订《北大西洋公约》　④发表中美上海联合公报

A. ①③　　B. ②④

C. ①②④　　D. ②③④

22. 标志着第三世界国家作为独立的政治力量登上国际舞台的事件是（　）

A. 亚非独立国家的万隆会议　　B. 不结盟运动兴起

C. 美苏对峙的两极格局结束　　D. 亚太经合组织建立

23. 中国作家莫言获得诺贝尔文学奖后，美国《纽约时报》评价道：莫言在长篇和短篇小说中描绘了中国纷乱而复杂的农村生活，常常采用丰富的想象——动物叙事者、地下世界、神话故事元素，让人联想起南美魔幻现实主义的写作手法。研究莫言作品可以参考（　）

A. 海明威的《老人与海》　　B. 马尔克斯的《百年孤独》

C. 塞缪尔·贝克特的《等待戈多》　　D. 帕斯捷尔纳克的《日瓦戈医生》

24. 编年体史书《伯罗奔尼撒战争史》的作者是(　　)

A. 希罗多德　　B. 波里比阿

C. 狄奥尼修斯　　D. 修昔底德

25. 下列不属于口述史学优点的是(　　)

A. 生动性　　B. 广泛性

C. 民主性　　D. 主观性

二、简答题(本大题共3小题,每小题10分,共30分)

26. 简述英国1832年议会改革概况。(10分)

27. 简述现代教育技术在高中历史教学中的作用。(10分)

28. 在设计教学目标时,教师应注意哪些问题?(10分)

三、材料分析题(本大题共3小题,每小题16分,共48分)

29. 阅读下面材料,回答问题。

材料　从19世纪60年代开始,日本学者福泽谕吉就举起探索"西洋文明"的旗帜。他先后发表了《西洋事情》《劝学篇》《文明论概述》三部论著,介绍西方历史、地理、经济、文化等方面的知识,具体勾画了文明社会的几大主题:独立自由、信仰自由、奖励技术、普及教育、健全法制和社会设施。他认为要使日本民族文明开化,就必须掌握"有形的自然科学"和"无形的独立精神"。1885年福泽谕吉又发表《脱亚入欧论》,鼓吹日本虽位于亚洲之东,但其国民精神已经脱离了亚洲的陋习,转入西洋文明之中。他还贬低中朝两国,认为两国眷恋古风旧俗,不知个人或国家的改进之道,得出脱离亚洲,跻身欧美列强的结论。

——摘编自赵德宇等《日本近现代文化史》

问题:

(1)根据材料概括福泽谕吉对西方文明的认识。(8分)

(2)根据材料并结合所学知识,评价福泽谕吉对西方文明的认识。(8分)

30. 阅读下面材料,回答问题。

材料　西晋末年到十六国时期,中原地区的世家大族多修筑坞壁,拥有家兵、役使众多的佃客、部曲,这些佃客、部曲没有户籍,是地主的"包荫户",地主则被称作"包荫户"的宗主,地主既是宗族的宗主,也是土地的主人。北魏初期,就承认了宗主对于包荫户的统治权,于是就形成"宗主督护制"。当时实行的赋税制度又叫作九品混通法。即根据贫富,将民户分成9等征收,正税为每户平均纳调帛2匹,絮2斤、丝1斤、粟20斤。此外另有附加税,每户平均纳帛1匹2丈,作为调外之费。可是,事实上在征收中,官吏与大族豪门相勾结,向广大农民转嫁负担。同时,徭役频繁,凶年国民无法生活。

北魏前期,吏治混乱,地方守宰不论政绩优劣,一律任期六年,而且没有俸禄。官吏到任后,任意搜刮。改革后规定:地方守宰的任期按政绩好坏为准,不拘年限,制定俸禄制度,严惩贪赃枉法者。

为了稳定社会制度,制止大量人口流动,保证赋税征收。规定丁男(15岁以上的男子)授露田40亩,桑田20亩;妇女20亩;露田加倍或加2倍以备休耕,年满70岁还田于官府。桑田为世业,不需还官。按照规定,桑田需种植一定数量的桑、榆、枣树等,不宜桑田的地区,改授麻田,男子10亩,妇人5亩。

废除宗主督护制度,规定五家立一邻长,五邻立一里长,五里立一党长。其职责是检查户口、田亩,以便征收租调和征发徭役。

废除九品混通制,规定一夫一妇,纳户调帛一匹,田租粟二石;未婚男女4人,从事耕织劳动的奴婢8人,耕牛20头,每租调分别相当于一夫一妇之家的数量。

494年,迁都洛阳,凡迁都洛阳的鲜卑人即以洛阳为籍贯,不得归葬平城。下令改革鲜卑族的习俗。定姓族,确认汉人士族的合法地位,同时改变鲜卑族原来的姓氏为汉姓,鼓励鲜卑皇族和贵族与汉人士族通婚,禁止鲜卑人穿胡服,改穿汉服,禁止在朝廷中讲鲜卑语,改为汉语,如有违反,加以降黜。

改革曾遭到鲜卑族保守势力的反对,但力量甚微,很快被平息下去。

问题:

(1)概述上述教学内容的主题。(2分)

(2)请为该材料撰写一份教学提纲。(9分)

(3)如果讲授上述教学内容,你打算采取哪些方式呈现?(5分)

31. 阅读下面材料,回答问题。

材料　下面是某教师"伐无道,诛暴秦"一课的教学片段。

上课开始不久,教师展示《史记》里关于刘邦的一段话:"军事谋划,我不如张良;治理国家,我不如萧何;统军作战,我不如韩信。"随后总结道:"楚汉相争刘邦胜利的最主要的原因是刘邦善用人,而项羽则不善用人。"

这时,一位学生说:"老师,我认为性格决定命运,项羽优柔寡断是他失败的主要原因。"另一个学生也说:"我觉得刘邦太奸诈了,项羽太善良了。"接下来教室就炸开了锅,"我认为……"之声不绝于耳。教师感到学生的不同意见,完全起源于不赞成自己总结的结论。于是,他就请两位同学将大家的观点记录下来,最后总结多数人的倾向意见。这堂课没有得出一个统一的结论,原有教学计划被打乱了。

问题:

(1)为何学生敢于在课堂上提出自己的看法?这一教学片段主要说明了什么问题?(10分)

(2)教师在后续的教学中是否需要采取补救措施,你认为应该怎么做?(6分)

四、教学设计题(本大题22分)

32. 根据下列材料,按要求完成教学设计任务。

材料一　《普通高中历史课程标准》(2017年版)规定:了解中华优秀传统文化的内涵;从人类文明发展和世界文化交流的角度,认识中华优秀传统文化的特点和价值,认识中华文化的世界意义。

材料二　课文摘录

105年,东汉蔡伦改进造纸术。后来,纸成为主要书写材料,大大促进了中国和世界文化的传播和发展。

印刷术、火药和指南针三大发明在宋朝基本成熟。雕版印刷已经相当普及,北宋工匠毕昇发明了活字印刷术。火药被大量制造并用于军事,由燃烧型火器逐步发展为爆炸型火器和管形射击火器。用人工磁化的方法造出的指南针,广泛应用于航海。三大发明为人类文明的进步作出了重要贡献。

要求: 根据课程标准要求和课文内容,设计出相关的教学过程,包括教学环节、教师活动和学生活动,并说明设计意图。

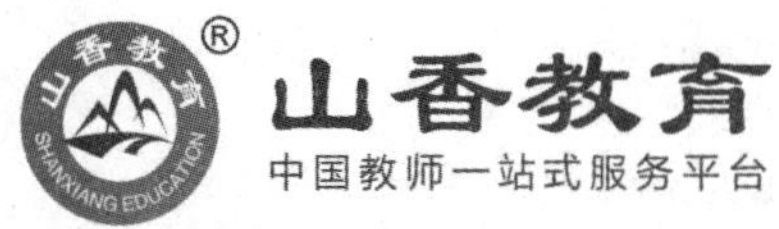

国家教师资格考试

历年真题解析及预测试卷

参考答案及解析

历史学科知识与教学能力

高级中学

山香教师资格考试命题研究中心　主编

目　录

真题试卷

预测试卷

2020年下半年中小学教师资格考试真题试卷(精编)

答案速查:

1	2	3	4	5	6	7	8	9	10	11	12	13	14	15
B	D	D	D	B	B	C	A	A	B	C	A	C	D	C
16	17	18	19	20	21	22	23	24	25					
A	C	D	D	B	B	A	B	C	B					

一、单项选择题

1. B 【解析】本题考查我国新石器时期。根据史实可知,我国新石器时期的人们制作并使用磨制石器,B项符合题目要求。我国旧石器时期的人们制作并使用打制石器,A项不符合题目要求。我国原始社会后期出现铜器,商周时期人们开始将青铜器作为工具,C项不符合题目要求。春秋战国时期,铁器作为生产、生活工具开始得以推广,D项不符合题目要求。

2. D 【解析】本题考查郡县制。题干材料中秦始皇所说的意思是:"天下战斗不止,大家受苦,是因为有诸侯存在。依赖祖宗积德,现在天下刚刚稳定了,如果又去分封诸侯国,这不是要引起战乱吗?要想达到安宁,那就难了。"由此可知,秦始皇认为春秋战国时期战争不断的根源是分封制。结合史实可知,秦始皇为了"求其宁息"而采取的措施是废除西周以来实行的分封制,建立由中央直接管辖的郡县制。A、B、C三项都是秦始皇为巩固统一而采取的措施,不符合题目要求,排除。

3. D 【解析】本题考查我国古代的耕作方法。汉武帝时期的搜粟都尉赵过总结了西北地区抗旱斗争的经验,推行代田法。代田法是指先把土地开成深、广各一尺的沟,叫作甽,甽旁堆成高、广各一尺的垄。下种时把种子种在甽里,幼苗长出后用垄上的土培植苗根,这样农作物入土深,抗风耐旱。甽垄的位置每年调换,以休养地力。结合题干中图片内容可知,D项符合题目要求。

4. D 【解析】本题考查我国古代的水利工程。根据史实可知,隋朝大运河以洛阳为中心,北通涿郡(今北京),南达余杭(今杭州),由永济渠、通济渠、邗沟和江南河连接而成,其中邗沟指的是山阳(今淮安)到江都(今扬州)的河道,D项符合题意。灵渠是秦始皇派兵征伐岭南时命人开凿的人工运河,引湘水进漓江,解决军队粮饷运输困难,A项不符合题意。郑国渠是战国时期秦在关中开凿的水利工程,秦国采纳韩国人郑国的建议,并由郑国主持在关中渭水以北兴建大型灌溉渠,它西引泾水东注洛水,使关中成为沃野,B项不符合题意。都江堰是战国时期秦国蜀郡太守李冰父子主持修建的大型水利工程,使成都平原成为"天府之国",C项不符合题目要求。

5. B 【解析】本题考查唐代的长安城。根据史实可知,我国唐代长安城的中轴线为朱雀门街,进行商业活动的市场为东市和西市。唐代,来自日本的遣唐使在中国学习各种知识,将政治制度、城市规划设计理念等传回日本。8世纪初,元明天皇选址于奈良,建造都城平城京。结合上述内容可知,日本奈良城仿照的是中国唐代的长安城,B项符合题意。

6. B 【解析】本题考查努尔哈赤。根据史实可知,16、17世纪之交,女真建州部首领努尔哈赤逐渐统一女真各部并在牛录制的基础上创建八旗制度。努尔哈赤将三百人组成一牛录,将五牛录组成一个甲喇,再由五个甲喇组成一个固山,即旗,并以八种不同形式的旗帜作为标志,成为战斗、生产、行政的一个固定单位;1615年,努尔哈赤正式整编八旗,建立八旗制度,B项符合题意。成吉思汗统一了蒙古各部,建立蒙古汗国,A项不符合题意。忽必烈建立元朝,实现国家统一,C项不符合题意。皇太极建立清朝,促进满族的封建化进程,D项不符合题意。

7. C 【解析】本题考查昆曲。根据史实可知,昆曲原是流行于苏州昆山一带的昆山腔,明朝万历末期,经过改良,昆曲有了很大的发展,表演艺术日趋成熟,成为一个全国性的剧种,故北京的戏曲形成了"四方歌者皆宗吴门"的现象,C项符合题意。乐府本指掌管音乐的官署,汉代开始建立,掌管制定乐谱、训练乐工和采集歌词等;后来也把它所采集来配乐的歌词以及后人袭用乐府旧题或模仿乐府体裁写的作品称作乐府,A项不符

合题意。京剧是清朝时期形成的戏曲剧种,清朝道光年间,以徽班为基础,融合徽、汉二调,吸取昆曲和其他地方戏的艺术成分,形成了京剧,并且逐渐成为全国最流行的剧种,B项不符合题意。评弹一般指苏州评弹。苏州评弹是苏州评话和苏州弹词的总称,是采用吴语徒口讲说表演的传统曲艺形式,D项不符合题目要求。

8. A 【解析】本题考查洋务运动中创办的纺织企业。结合题意,根据史实,分析选项可知,湖北织布局为张之洞创办的近代纺织企业,A项符合题意。上海机器织布局是李鸿章在1878年主持筹建的近代纺织企业,华盛纺织总厂是李鸿章在1893年委派盛宣怀在上海机器织布局原址设立的官督商办企业,B、D两项不符合题意。机器织呢局由左宗棠于1880年在兰州创办,是我国近代创办时间最早的机器毛纺织厂,C项不符合题目要求。

9. A 【解析】本题考查中国近代和香港有关的不平等条约。结合史实可知,《南京条约》中规定清政府将香港岛割让给英国,《北京条约》中规定清政府将九龙司地方一区割让给英国,香港岛和九龙司地方一区都属于香港,①②正确。《天津条约》和《马关条约》的内容均与香港无关,③④不符合题意。故答案选A。

10. B 【解析】本题考查我国近代资产阶级民主革命家。根据史实和题干内容可知,"长梦千年何日醒,睡乡谁遣警钟鸣"出自《警世钟》,作者是我国近代资产阶级民主革命家陈天华,B项符合题意。章太炎是清末民初的民主革命家,其《驳康有为论革命书》是一篇批驳康有为的保皇理论,宣传革命主张的作品,A项不符合题意。邹容是我国近代著名资产阶级革命宣传家,著有代表作《革命军》,宣传资产阶级民族民主革命,C项不符合题意。黄兴是我国近代资产阶级民主革命家,是中华民国的创建者之一,著有《黄兴集》等作品,D项不符合题意。

11. C 【解析】本题考查护国战争。根据史实可知,题干引文出自孙中山的《讨袁檄文》,孙中山反对袁世凯称帝,号召爱国豪杰共同奋起,维护共和制度。1915年底,蔡锷、李烈钧、唐继尧在云南宣告独立,组织护国军北上讨袁,护国战争爆发,此举迫使袁世凯放弃帝制,C项符合题意。武昌起义是1911年发生在武昌的武装起义,标志着辛亥革命的爆发,A项不符合题意。1913年4月,袁世凯同五国银行团签订"善后大借款"合同,招致国民党成员反对,北洋军开赴江西发起内战,国民党决定武力反袁,"二次革命"由此爆发,B项不符合题意。1917年8月,孙中山针对北洋军阀政府拒绝恢复《中华民国临时约法》和国会,联合桂系、滇系军阀召开非常国会,发起第一次护法战争。1920年11月,孙中山发动第二次护法战争。两次护法战争因为没有掌握革命武装、遭到军阀出卖而失败,D项不符合题意。

12. A 【解析】本题考查马克思主义在中国的传播。根据史实可知,李大钊的《我的马克思主义观》于1919年连载于《新青年》第六卷第五号、六号,为中国首先较系统地介绍马克思主义的长篇论文,A项符合题目要求。《晨报》由以梁启超、汤化龙为首的资产阶级改良派于1916年在北京创办,最初称《晨钟报》,1918年更名《晨报》,是北洋政府统治时期北方最有影响的报纸之一,在五四运动时期传播新思潮,倡导新文化,维持至1928年停刊。《每周评论》是五四时期最有影响力的报纸之一,由陈独秀、李大钊于1918年在北京创办,1919年被查禁,是为进行及时的政治宣传而创办的政治报纸。《时务报》由汪康年、黄遵宪于1896年在上海创办,邀请梁启超担任主笔,以变法图存为宗旨,是戊戌变法运动期间维新派的重要刊物之一,1898年停刊。梁启超在《时务报》上发表了《变法通议》等一系列政论文章,较为系统地宣传维新变法思想。

13. C 【解析】本题考查我国电影。结合图片和史实可知,A项是我国第一部有声影片《歌女红牡丹》的片段,B项是样板戏《红灯记》的片段,C项是我国第一部无声影片《定军山》的片段,D项是我国第一部故事影片《难夫难妻》的片段。

14. D 【解析】本题考查第一个五年计划。根据史实可知,1957年底,第一个五年计划提前完成,工业(尤其是重工业)获得发展,钢铁、煤炭等主要工业产品的产量有大幅度提升,题干中的数据就是这种发展的体现,D项符合题意。全国土地改革基本完成是在1952年底,A项不符合题意。"大跃进"运动的开展是在1958年至1960年,B项不符合题意。1953年7月,中国人民取得抗美援朝战争的胜利,C项不符合题意。

15. C 【解析】本题考查"文化大革命"。题干图片所示结婚证引用了《毛主席语录》的内容,强调

"阶级斗争"。结合史实,分析选项可知,"文化大革命"时期强调阶级斗争,C项符合题意。解放战争时期的主要任务是取得新民主主义革命的胜利,A项排除。新中国建立初期的主要任务是巩固政权,B项排除。实行改革开放以后,我国政府以经济建设为中心开展社会主义现代化建设,D项排除。

16. A 【解析】本题考查阿拉伯帝国。根据史实可知,唐朝存在的时间是618—907年。至8世纪中期,阿拉伯帝国的版图横跨亚、欧、非三大洲,A项符合题意。在2世纪,罗马帝国的版图横跨欧、亚、非三洲,B项不符合题意。亚历山大帝国(公元前336—前323年),是对亚历山大大帝时期的马其顿王国的称呼,历经十年征战,亚历山大建立起一个地跨欧、亚、非三洲的帝国,C项不符合题意。奥斯曼土耳其在苏丹谢里姆一世(1512—1520年在位)时期成为地跨亚、欧、非三洲的大帝国,D项不符合题意。

17. C 【解析】本题考查古希腊文化。根据史实可知,《理想国》是古希腊哲学家柏拉图的代表作,C项符合题意。普罗泰格拉是智者学派的代表人物,提出"人是万物的尺度"的观点。苏格拉底认为有思想力的人是万物的尺度,提出"美德即知识",使哲学真正成为一门研究"人"的学问。亚里士多德是古希腊文化的集大成者,创立了逻辑学、物理学、动物学、植物学、政治学和伦理学。

18. D 【解析】本题考查中世纪晚期的欧洲城市。根据史实可知,中世纪晚期的欧洲城市以工商业活动为主。当时的巴黎是法国的政治、经济和文化中心。当时的热那亚控制意大利半岛西部的第勒尼安海,是著名的商业城市。当时的威尼斯控制意大利半岛东部的亚得里亚海,商业和海上运输业发达。当时的佛罗伦萨以手工业和银行业为主要产业,其毛纺织业十分发达。D项符合题意。

19. D 【解析】本题考查新航路的开辟。结合图片和史实可知,①对应的是哥伦布发现美洲大陆(1492年),②对应的是达·伽马开辟西欧前往印度的航线(1497—1498年),③对应的是迪亚士抵达非洲好望角(1487—1488年),④对应的是麦哲伦船队完成人类历史上首次全球航行(1519—1522年)。故答案选D。

20. B 【解析】本题考查英国的启蒙思想家。法国思想家卢梭重视公共意志,提出社会契约论和人民主权说。英国思想家洛克主张按社会契约成立国家,保护私有财产,赞成君主立宪制,提出三权分立学说。英国思想家霍布斯提出通过社会契约创立国家,否定君权神授,提倡君主政体。荷兰思想家斯宾诺莎提出"政治的目的是自由""民主政体最优论"。故答案选B。

21. B 【解析】本题考查杰斐逊。根据史实可知,1776年7月4日,大陆会议通过了由杰斐逊起草的《独立宣言》,宣告了美利坚合众国的成立,B项符合题意。华盛顿领导了美国独立战争,任大陆军总司令并成为美国第一任总统。林肯领导北方取得美国南北战争的胜利,颁布了《宅地法》和《解放黑人奴隶宣言》,废除奴隶制,维护了国家统一。富兰克林是北美启蒙思想的代表人物之一,是资产阶级民主派的代表人物。A、C、D三项不符合题意。

22. A 【解析】本题考查《开罗宣言》。1943年11月,中、美、英三国首脑在开罗举行会议,并于会议结束后发表《开罗宣言》,声明盟军将坚持对日作战,直至日本无条件投降;日本侵占的中国领土必须归还。故答案选A。

23. B 【解析】本题考查《布雷顿森林协定》。根据史实可知,1944年7月,美、英、中等44国在美国的布雷顿森林召开联合国货币金融会议,会议通过了以美国怀特计划为基础的《联合国货币金融会议最后决议书》及附件,决定成立国际货币基金组织和国际复兴开发银行,总称《布雷顿森林协定》。世界贸易组织成立于1995年1月1日,它是一个独立于联合国的永久性国际组织,是规范国际贸易、维护公平贸易的经济组织。1989年,在澳大利亚堪培拉,12国外长会议宣告亚太经济合作组织建立。故答案选B。

24. C 【解析】本题考查《史记》的体例。根据史实可知,《史记》分本纪、世家、列传、表、书五部分。本纪是以王朝的更替为体,按时间顺序记述上古时期的五帝至汉武帝的相关史事。世家主要记述诸侯国和汉代诸侯、勋贵的兴亡情况,重在写中央与地方的关系及其变化。列传主要是帝王、诸侯外其他社会各方面代表人物的生平事迹和少数民族的传记。表用表格梳理世系、人物和史事。书主要记述礼乐制度、历法、天文、地理、重大祭祀、经济财政等内容。故本题选C。

25. B 【解析】本题考查确保史料的准确性的方法。

考查史料的准确性主要是为了确保史料是真实可信的。考查史料的来源、依据官方的文件、考究史料的真伪都能够尽可能地保证史料的可信度,提高史料的准确性,①②④正确。比较史料的异同并不能判断史料是否准确,③不符合题意。

二、简答题

26. 简述第二次世界大战后资本主义国家实行福利制度的影响。

【参考答案】(1)积极影响:①在保障人民基本生存条件,维护社会公正和稳定方面发挥了重要作用;②调节了社会需求,推动了经济发展;③促进了社会服务;④扩大了公民自由,促进了社会民主。

(2)消极影响:①过度的社会保障加重了国家财政负担,引起巨额财政赤字、通货膨胀;②过高的社会福利开支导致生产成本提高,影响产品的竞争力,使得雇主尽量减少雇佣人数,造成就业机会减少,形成失业保障和就业之间的恶性循环,失业率上升;③沉重的税务负担,给企业、社会和个人都带来巨大负担,造成企业发展后劲不足,设备改造缓慢,经济效益下降;④引起人才外流、人口老龄化、中间阶层日渐削弱等问题;⑤容易助长懒惰行为,劳动者的劳动积极性下降,削弱了个人的进取和自立精神。

27. 简述历史教学中复习的意义。

【参考答案】(1)复习有助于学生把学过的历史知识加以概括、归纳,进而形成相关历史内容的知识网络。

(2)复习有助于学生进一步加深对历史知识的理解,加强记忆,进一步形成历史认识,将历史记忆变为历史解释。

(3)复习有助于学生掌握历史学习的正确方法,进一步提高历史思维能力,培养历史学科素养。

(4)复习有助于学生培养自学能力和良好的学习习惯,发展独立思考、刻苦钻研的精神,锻炼独立分析问题和解决问题的能力。

(5)复习有助于发现学生在学习中和教师在教学中的薄弱环节,可以帮助学生查漏补缺,帮助教师及时改进教学。

28. 历史教师在教学中应该如何突出教学重点?

【参考答案】(1)钻研历史课程标准和历史教材,确定教学重点。历史课程标准是开展教学工作的依据,历史教材是开展教学工作的基础。历史教师要钻研历史课程标准和历史教材,明确历史课程标准对教学内容的规定,把握历史教材的结构体系和基本内容,确定教学重点。

(2)课堂教学的准备应围绕教学重点。历史教师在进行教学准备时,需要根据教学重点和学生实际情况,选择合适的教学方法,准备对应的教学用具,安排相应的教学活动。对重点内容的设计要做到由浅入深,层层递进。

(3)课堂教学的实施应围绕教学重点。历史教师在进行授课时,要明确教学重点。历史教师在具体讲授教学重点时,要通过合理运用教学方法、相关教具,在教学活动中引导学生明确并掌握重点内容。课堂提问、随堂练习和课堂总结应围绕教学重点,加深学生对教学重点的理解和记忆。

(4)课后作业布置和课后学习也应围绕教学重点。历史教师在课后可以围绕教学重点向学生布置课后作业,组织历史课后学习活动,帮助学生巩固和深化对教学重点的认识。

三、材料分析题

29.【参考答案】(1)“新政”史称“清末新政”。

(2)“兴学堂也”的具体内容包括废除科举制,兴办新式学堂,建立近代学制,派遣留学生出国留学。

“办实业也”的具体内容包括设立商部,倡导官商创办工商企业,颁布了一系列奖励工商、振兴实业的章程。

(3)“新政”被称为“速乱之导线”的原因如下:①清末新政是慈禧集团为强化封建国家机器,整顿和巩固清王朝统治而推行的,由于主观和客观上的多重局限,加上王朝自身的顽固保守,使改革大打折扣,存在诸多缺陷和差强人意之处;

②清政府为了为实行新政筹集经费,增加税收,加重了人民的负担,使社会矛盾更加尖锐;

③编练新军使得袁世凯集团崛起,威胁清政府的统治;

④某些经济政策的公布,客观上为列强输出资本创造了条件,列强通过在中国投资开办工厂,取得路矿权,向清政府提供贷款等加深对中国的侵略;

⑤教育改革培养了大批人才,促进了人民的思想解放;

⑥清末新政使得一部分人对清政府彻底失望,转向革命的阵营。

四、教学设计题

30.【参考设计】

环节一:导入新课

教师在多媒体上展示美国人乔治·索罗斯对马克思的评价:“这个人在150年前发现了资本主义制度的缺陷,对此我们必须引以为戒。”接着,教师介绍:索罗斯是在世纪之交说这番话的,仅仅几年后,国际金融危机和欧债危机的爆发,让马克思回到最受公众关注的思想家之列。

教师提问:马克思的魅力为何被重新发掘?他有哪些贡献?由此引发学生进行思考,顺利导入新课。

【设计意图】用索罗斯对马克思的评价激发学生对马克思的关注,并从最近的一次国际金融危机中体会马克思主义的现实价值,提升学生对新课的学习兴趣。

环节二:新课讲授

(一)马克思主义诞生的背景

教师用多媒体展示马克思和恩格斯的照片和资料简介,同时加以讲述:马克思和恩格斯是德国思想家和革命家,他们共同创立了富有生命力的马克思主义。

教师提问:为什么马克思和恩格斯能够创立马克思主义?请同学们阅读教材,自主学习,并作出回答。

学生阅读教材后回答:广泛吸收人类优秀思想成果,探讨工业革命引起的社会变化,总结工人运动的经验。

教师展示马克思、恩格斯大事年表局部,提问:马克思和恩格斯为马克思主义的诞生从事了哪些组织建设活动?

学生回答:1846—1847年间,马克思和恩格斯先后在布鲁塞尔建立了共产主义通讯委员会和德意志工人协会,还加入了德意志流亡工人的组织“正义者同盟”,并帮助该同盟改组为“共产主义者同盟”。

【设计意图】通过自主学习锻炼学生独立思考和解决问题的能力;通过大事年表,培养学生对材料的分析、解读能力。

(二)马克思主义的诞生

教师用多媒体教学设备播放关于马克思主义诞生的纪录片片段,学生观看结束后,教师提问:马克思主义什么时候诞生的?

学生回答:1848年2月,马克思和恩格斯发表《共产党宣言》,这是在伦敦召开的共产主义者同盟第二次代表大会上,他们受大会委托起草的同盟纲领。《共产党宣言》的发表,标志着马克思主义的诞生。

【设计意图】利用视频教学,可以使学生重温历史,同时训练学生从视频材料中提取有效信息的能力。

(三)《共产党宣言》

教师在多媒体上出示《共产党宣言》的节选内容,并请学生以历史小组为单位讨论以下问题:《共产党宣言》究竟向世人宣示了什么?有何意义?

材料一　资产阶级在历史上曾经起过非常革命的作用……资产阶级在它的不到一百年的阶级统治中所创造的生产力,比过去一切世代创造的全部生产力还要多,还要大。

材料二　代替那存在着阶级和阶级对立的资产阶级旧社会的,将是这样一个联合体,在那里,每个人的自由发展是一切人的自由发展的条件……资产阶级的灭亡和无产阶级的胜利是同样不可避免的。

材料三　至今一切社会的历史都是阶级斗争的历史……共产党人可以把自己的理论概括为一句话:消灭私有制……共产党人不屑于隐瞒自己的观点和意图。他们公开宣布:他们的目的只有用暴力推翻全部现存的社会制度才能达到。

材料四　无产阶级将利用自己的政治统治,一步一步地夺取资产阶级的全部资本,把一切生产工具集中在国家即组织成为统治阶级的无产阶级手里,并且尽可能快地增加生产力的总量。

…………

让统治阶级在共产主义革命面前发抖吧。无产者在这个革命中失去的只是锁链。他们获得的将是整个世界!全世界无产者,联合起来!

学生小组内部讨论后选出代表进行回答。教师对学生代表的回答进行点评和补充总结,具体内容如下:

1. 内容:材料一肯定了资产阶级的历史进步作用。材料二揭示了资产阶级在积累财富和资本的同时对工人阶级的残酷剥夺必将引起工人阶级反抗的社会现实,论证了资本主义必然灭亡、共产主义必然胜利的客观规律。材料三和材料四肯定了阶级斗争在阶级社会中推动历史发展

的重要作用,宣告了无产阶级作为资本主义掘墓人和共产主义建设者的伟大使命,阐明了共产党的性质、目的和策略原则。

2. 意义:《共产党宣言》第一次较为完整系统地阐述了科学社会主义的基本原理,阐明了社会发展的客观规律,标志着马克思主义的诞生。

【设计意图】史料教学法的使用能够提高学生研读史料的能力,培养史料实证素养。通过小组讨论,使学生主动参与到课堂中来,锻炼他们的合作探究能力。

环节三:小结作业

1. 小结:师生共同总结回顾本课所学知识。

2. 作业:课下搜集资料,探究空想社会主义和科学社会主义的联系与区别。

【设计意图】师生共同总结的形式能够帮助学生巩固本课所学知识。课后作业的布置,能够锻炼学生搜集和解读资料并解决问题的能力,深化对所学知识的理解与认识。

2019年下半年中小学教师资格考试真题试卷

答案速查:

1	2	3	4	5	6	7	8	9	10	11	12	13	14	15
C	B	B	A	C	A	D	A	D	C	D	D	D	C	A
16	17	18	19	20	21	22	23	24	25					
B	A	B	D	C	D	B	B	B	A					

一、单项选择题

1. C 【解析】本题考查夏商周政治制度的继承与发展。题干材料出自《论语》,意思是,孔子说:"商朝继承了夏朝的礼仪制度,所减少和所增加的内容是可以知道的;周朝又继承商朝的礼仪制度,所减少和所增加的内容也是可以知道的。"这段话实际上是说夏商西周的主要政治制度相沿袭又有所变革。文中的"礼"是礼仪制度,实际上代指政治制度。A、B两项都是社会层面的,D项与材料不符。故答案选C。

2. B 【解析】本题考查汉初的政治体制。汉初的政治体制基本沿袭秦朝,为了维护统治,又采取分封制与郡县制并行的制度。材料的大意是,汉高祖刘邦末年主张只有刘姓皇族才能封侯,主要反映了西汉统治者维护"家天下"统治的意图,B项正确。A项在材料中没有具体体现,排除。C、D两项与材料所述相去甚远,排除。

3. B 【解析】本题考查中国古代的选官制度。世官制也就是世卿世禄制,是我国先秦时期统治者实行的一种选官制度,是爵位和官职的世袭制度,A项不符合题意。察举制是两汉时期自下而上推荐人才的制度,B项符合题意。商鞅变法后,秦国推行军功爵制,平民可以通过耕作和参与作战取得爵位,是自上而下授予爵位,C项不符合题意。科举制是自下而上选拔人才的制度,但是是通过考试而非推荐,D项不符合题意。故答案选B。

4. A 【解析】本题考查南北朝时期的政权。从图中可以看到后梁和陈,它们为中国古代南北朝时期的两个南朝政权。故此图反映的时期是南北朝时期,答案选A。

5. C 【解析】本题考查宋代词人。大明湖、趵突泉都在济南,济南是宋代著名词人李清照的故乡。李清照著有《漱玉集》,晚年编纂《金石录》,她与南唐后主李煜同属婉约派词人。故答案选C。

6. A 【解析】本题考查铁木真统一蒙古。12世纪时,蒙古贵族为了争夺权力和财富而互相攻伐,直到1206年铁木真统一蒙古各部才结束这一局面。故答案选A。

7. D 【解析】本题考查中国古代史学著作。《战国策》所记上起智伯灭范氏(前490年),下至高渐离以筑击秦始皇(前221年),A项不符合题意。《汉书》记述汉高祖元年(前206年)至新朝王莽地皇四年(23年)的史事,B项不符合题意。《史记》记载从传说中的黄帝时代到汉武帝太初四年(前101年)的历史,C项不符合题意。《资治通鉴》时间上自战国三家分晋(前403年),下至五代后周显德六年(959年),涵盖1362年的历史,总结历朝历代的政治智慧,D项符合题意。

8. A 【解析】本题考查中国近代报刊。《点石斋画报》为中国最早的旬刊画报,由上海《申报》附送,每期画页八幅,光绪十年(公元1884年)创刊,光绪二十四年(公元1898年)停刊,所记风物为晚清时

期。分析选项,A项符合题意。

9. D 【解析】本题考查近代中国民主政治的艰辛历程。由题干材料中的关键信息“他们的力量远远不足以支撑一个现代宪政社会”可知,民国初期,公民的民主政治意识淡薄,民主的基础在于高素质的现代公民,当时的民主化进程基础薄弱,D项符合题意。A项说法过于绝对。材料中没有提到乡村,B项不符合题意。西方商品进入中国不是民国时期才开始的,C项说法错误。

10. C 【解析】本题考查长征历程中的重大事件。1935年1月召开遵义会议。1935年5月29日飞夺泸定桥。1935年10月19日吴起镇会师。1935年5月3—9日巧渡金沙江。按时间先后排列正确的是C。

11. D 【解析】本题考查中共七届二中全会。1949年3月,中国共产党召开七届二中全会,提出党的工作重心必须由乡村转移到城市,这与材料表达的意思一致,D项正确。中共六大于1928年在莫斯科召开,此时革命处于低潮,A项不符合题意。瓦窑堡会议召开于1935年底,确定了建立抗日民族统一战线的方针,B项不符合题意。洛川会议召开于1937年8月,会议决定把党的工作重心放在战区和敌后,在敌后放手发动群众,开展独立自主的游击战争,开辟敌后战场,建立敌后抗日根据地,C项不符合题意。

12. D 【解析】本题考查“863计划”。1986年3月,四位老科学家联合向中共中央写信,提出要追踪世界高技术发展的建议,经反复论证,形成《863计划纲要》,D项符合题意。1995年5月6日颁布的《中共中央国务院关于加速科学技术进步的决定》,首次提出在全国实施科教兴国战略,A项不符合题意。“七五”计划,即中华人民共和国1986—1990年的国民经济和社会发展计划,不是专门的科技发展计划,B项不符合题意。1978年底召开的十一届三中全会作出改革开放的决策,但这属于经济领域,时间上也不符合,C项不符合题意。

13. D 【解析】本题考查中国的法律变革。由题干材料可知,制定和修改的这些法律都是经济领域的,属于社会主义市场经济条件下的经济法律,有些还涉及对外贸易。结合材料,分析选项,制定和修改这些法律的主要目的是与世界贸易组织的基本规则相衔接,适应加入世界贸易组织的需要。A、B、C三项均不符合题意。故答案选D。

14. C 【解析】本题考查古代雅典民主政治。“民众支配雅典,演说支配民众”的含义是,有公民权的民众参与雅典国家事务的决策,但是雅典公民又容易受到有影响力的人的演讲的煽动和误导,从而影响决策的正确性。这句话表明费奈隆认为古代雅典民主制度有局限性,C项正确。A、B、D三项在材料中没有体现。

15. A 【解析】本题考查英国资产阶级革命。由题干材料可得到关键信息,这位英国国王在17世纪早期执政,坚持君主专制,认为王权是上帝所赐。结合所学知识可知,17世纪初,苏格兰国王詹姆士一世继承英国王位,推崇“君权神授”理论,渴望王权专断,A项正确。继詹姆士一世之后,查理一世继续推行君主专断政策,一度解散议会,挑起内战,于1649年被推上断头台。1660年,查理一世的儿子查理二世接受议会有条件的邀请,做了英国国王,英国恢复了君主制,但国王的权力受到很大限制。查理二世的继任者是他的弟弟詹姆士二世,詹姆士二世是个天主教徒,他在位期间发生“光荣革命”,他本人遭到废黜。

16. B 【解析】本题考查巴黎公社运动。结合所学知识可知,巴黎公社是世界上第一个无产阶级政权的雏形,规定一切公职人员按照工人工资标准领取薪金,并且可以随时撤换,B项正确。国民公会是法国大革命时期建立的一个最高立法机构,代表资产阶级的利益,A项不符合题意。共产国际又称第三国际,是在列宁领导下成立的世界各国共产党和共产主义团体的国际联合组织,C项不符合题意。工兵代表苏维埃是俄国二月革命后建立的革命政权,它既是领导起义的机关,又是工农新政权的萌芽,为十月革命后建立苏维埃政权奠定了基础,D项不符合题意。

17. A 【解析】本题考查俄国沙皇彼得一世。17世纪末,沙皇彼得一世秘密出国考察西欧,学习西方的文化、科学和技术,回国后实行军事、经济、文化、教育、政治全面改革,为俄罗斯打下坚实基础。从图中纪念像的服饰和帆船也可看出,“这位俄罗斯民族的开拓者”指的是彼得一世。故答案选A。

18. B 【解析】本题考查《十四点原则》。结合所学知识可知,1918年1月,美国总统威尔逊在国会

讲演中提出《十四点原则》，作为战后建立世界和平的纲领，B项正确。《和平法令》是俄国十月革命胜利后苏维埃政权公布的第一个重要的对外政策法令，A项不符合题意。《大西洋宪章》是1941年美国总统罗斯福与英国首相丘吉尔签署的联合宣言，C项不符合题意。《联合国宪章》是1945年6月来自50个国家的代表在美国旧金山签署的联合国基本大法，D项不符合题意。

19. D 【解析】本题考查彼得格勒起义。"阿芙乐尔号"巡洋舰先后经历过日俄战争的对马海战、第一次世界大战的数次海战、二月革命、彼得格勒起义和苏联卫国战争，其中最重要的是彼得格勒起义。1917年11月7日晚，彼得格勒的起义者以"阿芙乐尔号"巡洋舰的炮声为信号，突破防线，冲进冬宫，推翻临时政府，取得胜利。彼得格勒起义又被称为十月革命，"阿芙乐尔号"被看作俄国十月革命的象征，成为著名的历史遗迹。故答案选D。

20. C 【解析】本题考查罗斯福新政。1932年7月2日，即罗斯福在芝加哥发表接受总统候选人提名演说的翌日，著名漫画家柯尔比发表了一幅漫画：一个疲惫的农民倚锄仰望天空掠过的一架机翼标有"新政"字样的罗斯福座机，迷惘的表情中满怀希望。自此，"新政"一词就成为罗斯福施政纲领的鲜明标志，给期盼度过危机的美国人民带来了希望。该漫画反映了美国人民期盼度过危机，C项正确，A、B、D三项在材料中无法体现。

21. D 【解析】本题考查后现代主义文学。加缪(1913—1960年)是法国小说家、哲学家、戏剧家和评论家，是存在主义文学的领军人物，其荒诞三部曲为《卡里古拉》《西西弗的神话》《局外人》，题干中的表述出自加缪的《局外人》。存在主义文学是后现代主义文学的一个分支流派，加缪的荒诞三部曲可以归为后现代主义文学，D项正确。浪漫主义作为一种文学思潮，产生于18世纪末的欧洲，19世纪上半叶为繁荣时期，它强调个人感情的自由抒发，有强烈的主观性。现实主义是19世纪30年代首先在西欧的法国、英国等地出现的文学思潮，具有强烈的社会批判性。现代主义是20世纪上半期欧美诸多具有反传统特征的文学流派的总称，主要流派有：后期象征主义、表现主义、未来主义、超现实主义和意识流小说等。后现代主义是第二次世界大战后西方社会中出现的范围广泛的文化倾向，在20世纪七八十年代达到高潮，重要流派有：存在主义文学、荒诞派戏剧、新小说、"垮掉的一代"、黑色幽默和魔幻现实主义。

22. B 【解析】本题考查20世纪八九十年代日本经济发展特点。由材料可知，二十世纪八九十年代，企业投入占日本科研经费构成的大部分，企业拥有的科研人员占全国科研人员的一半以上，企业拥有全国绝大多数的科研机构，这一现象反映了在当时企业主导日本的科研发展，B项正确。A、C、D三项不符合材料主旨。

23. B 【解析】本题考查区域经济集团化。区域经济集团化是指同一区域的一些国家(地区)，为了达到对内加强合作，维护共同的经济利益，对外增强竞争力等目的，通过协定、条约、协商等形式组成经济共同体或贸易集团。北美自由贸易区、东南亚国家联盟和亚太经合组织都是区域性经济集团，它们在职能上的共同之处是推动了区域经济集团化，B项正确。A、C、D三项均不符合题意。

24. B 【解析】本题考查中国古代的丛书。结合所学知识可知，《四库全书》是我国清代官修的中国古代最大的一部丛书，B项符合题意。《永乐大典》是明代永乐年间编成的中国古代最大的一部类书。《康熙字典》是张玉书、陈廷敬等30多位著名学者奉康熙旨意编撰的一部具有深远影响的汉字辞书。《古今图书集成》是清代官修类书。A、C、D均不符合题意。

25. A 【解析】本题考查多样化历史材料的主要作用。课堂教学中引用多样化的历史材料，可以提高学生阅读和理解材料的能力，引导学生多角度分析历史问题，帮助学生形成求真求实的历史意识。促进学生理解专家的权威结论与多样化历史材料的作用相悖，④排除。故答案选A。

二、简答题

26. 简述宋代理学兴起的原因。

【参考答案】(1)随着时代发展，佛教、道教迅速传播，吸引了众多信徒，儒学的发展出现了危机。魏晋以来，儒、道、佛三家日趋融合，到唐宋时"三教合一"的局面形成，这为儒学发展成为更理性化、思辨化的新的儒学体系奠定了基础。

(2)理学作为一种哲学思潮，早在唐代中叶即已萌芽。韩愈倡导"文以载道"，和其弟子李翱在著作中大讲性理和纲常关系，宋儒接过韩、李的

观点并结合宋代的政治及文化、学术背景，掀起儒学复兴运动。到了北宋中期，理学思潮逐渐形成，并占据了主导地位。

(3)两宋时期，民族矛盾和阶级矛盾尖锐，统治者迫切需要用“三纲五常”的伦理关系来巩固其统治，理学适应了这种需求。

(4)宋代的“重文”国策和科举制的完善形成了学术发展的良好社会环境。

27. 简述在历史教学中运用导学案的主要作用。

【参考答案】(1)在历史教学中运用导学案，可以帮助教师转变教学观念，真正实现以学生为本，更多地关注学生怎么学，做到以学定教，先学后教，改变传统教学模式，符合现代教学理念。

(2)有利于突出学生的主体地位，激发学生的学习积极性、主动性，能在一定程度上实现有效教学。

(3)有利于学生实现由被动学习到主动学习的转变，可以提高学生自主学习的品质和效率，培养学生的团结协作精神，加强沟通能力。

(4)导学案在设计时将需要解决的问题按照从易到难的结构排列，遵循循序渐进的学习规律，在实际使用的过程中，可以通过明确不同的水平要求，满足不同层次学生的学习需要，因材施教。

28. 简述历史习题的主要作用。

【参考答案】(1)历史习题是历史教科书的重要辅助手段之一。

(2)历史习题是历史教师掌握学生基本学习情况的途径。

(3)历史习题是中学生理解和巩固知识、把握重难点、建立知识体系、掌握技能、培养自学能力、培养独立思考和创新能力、训练思维的主要载体。

三、材料分析题

29.【参考答案】(1)人事任免权(任免首相及帝国官吏)；最高外交代表权与驻外使节的任免权；一言决定战争的权力；最高立法权与监督权；对帝国议会、联邦议会有绝对控制权；最高军事权力。

(2)进步性：①1871年《德意志帝国宪法》是德国第一部资产阶级宪法，代表资产阶级的利益。②宪法的颁布巩固了德国的统一，将革命成果用法律的形式巩固下来。③宪法的颁布使德意志帝国建立了君主立宪政体，标志着德国迈入资本主义时期，有利于德国资本主义的迅速发展，是德国社会的一大进步。④宪法的颁布对欧亚一些国家的宪法，特别是日本的宪法和中国清末的《钦定宪法大纲》有很大影响。

局限性：①保留了很多封建专制主义残余，皇帝拥有极大的权力，议会无实权，广大民众和资产阶级并未获得多少实际的政治权利。②保留了普鲁士的军国主义传统，为两次世界大战埋下祸患，给世界人民带来深重灾难。③阻碍了德国民主政治改革的彻底完成。

30.【参考答案】(1)“说教材”是说课的必要一环。该教师的“说教材”值得肯定的地方有：准确分析了该课在本单元中的地位以及与教材前后内容的联系；具体阐述和分析了该课的四个子目及其内容，并总结了不同子目的内在联系和共同点；提炼了本课的教学主题；具有正确的历史观。

(2)①教材分析是教师工作的重要内容，是教师上好课的基础，是用好教材的前提，也是帮助学生对已学知识进行巩固的重要途径，它关系到教师的课程设计、课程组织与实施，更关系到教学目标的实现、教育目的的达成。

②通过教材分析，教师可以发现自身知识储备的不足，及时去学习；可以预先发现教材中的错误或者不足，以便及时更正，确保教学内容的科学性、准确性。

③通过教材分析，教师才能进一步细化每一课的教学目标。

④通过教材分析，教师才能确定教材的重难点，拓展教学内容，以教材为线索充实教学内容或者重新整合内容，创造性地使用教材。

⑤在授课之前，教师必须进行教材分析，深入研究教材，领会教材的编写意图。在此基础上，科学地组织教学内容，选用教法，引导学生学习与融入课堂氛围，实施教学，以圆满实现教学目标，完成教学任务。

31.【参考答案】(1)①该材料分析题的设问总体上过于简单，没有体现层次梯度，没有能够遵循使问题从简至繁、由易到难的设问原则。

②第一问是对材料内容的简单提问，答案是对材料内容的重复，无法有效考查考生的能力。第二问过于简单，比较适合作为第一问。第二问的设问应该在第一问的基础上，进一步考查洋务派采取的具体措施。

③该材料分析题在问题设计上存在的问题很大程度上与材料的选择不当有关，该教师选择的材料过于单一，限制了问题的设计。

(2)①材料的选择应紧紧围绕着立意展开，根据立意的要求剪裁，避免出现过多的无用信息，但

所给信息要足够使学生完成作答，除非其中有些信息是学生已学过的。

②应尽量选择内容和形式新颖的材料，或者有关当今热点问题的材料，从根本上做到创新。

③应尽可能选择内容沿着一条主线或围绕一个主题展开的材料，保证试题线索清晰，突显出试题的立意。

④应选择符合测试对象的生活经验和理解程度的材料，对可能产生阅读理解障碍的部分作出注释。

四、教学设计题

32.【参考设计】

环节一：导入新课

教师用多媒体展示中世纪时期的圣母像与文艺复兴时期拉斐尔的《西斯廷圣母》，请学生比较这两幅画有什么不同。

教师：大家回答得很好，正如大家所说，中世纪的圣母像人物表情严肃，没有母子间的那种温情。而拉斐尔笔下的形象体现出自然的美，母子间的亲情，富于人性的温情。为什么会出现这种不同？带着这个问题，让我们一起来学习新课《文艺复兴》。教师顺势导入新课。

【设计意图】教师通过图片设问导入，可以激发学生的学习兴趣，调动学生学习的积极性和主动性。

环节二：新课讲授

(一)意大利文艺复兴产生的背景及实质

1. 意大利文艺复兴产生的背景

教师：上一子目我们学习了意大利的资本主义萌芽。文艺复兴源于意大利的佛罗伦萨等地，与此有什么关系？

学生回答后，教师总结：很好。因为资本主义萌芽首先出现在意大利的佛罗伦萨等地，并产生了最初的资产阶级，新生资产阶级为了求得自身的发展，必须首先在思想上从中世纪的宗教神学的桎梏下解放出来，先进知识分子顺应资产阶级的要求，进而提出一系列符合其利益和要求的思想主张。这是其前提条件。请同学们自主阅读教材，说一说意大利还具备哪些得天独厚的条件？

学生纷纷发言。教师总结：首先，14、15世纪的意大利处在西方贸易的中心地位，经济上呈现出繁荣景象，这为文化的发展提供了有利的物质环境。其次，意大利具有不可多得的人才优势。各城市共和国的统治者和富商巨贾竞相延揽才智之士，汇集了众多的博学才子。另外，意大利丰厚的文化遗产是文艺复兴产生的重要条件。意大利是古代罗马的故乡，境内保留了许多古罗马的建筑遗址和典籍。各城市与拜占廷帝国(东罗马帝国)和阿拉伯帝国有着长期的经济和文化联系，拜占廷帝国灭亡后，深通古希腊文化的学者和大量典籍流入意大利，研究和鉴赏古代希腊、罗马文化，在意大利蔚然成风。

2. 文艺复兴的实质

教师：文艺复兴运动是一些对宗教文化传统思想不满的先进知识分子，通过欣赏、阐释古典文化充满人性的美，表达他们对现实生活的希望，从而掀起的一场思想解放运动。这场运动为什么叫作“文艺复兴”呢？

学生回答文艺复兴运动以古代希腊罗马的古典文化为师后，教师提问：文艺复兴是单纯的古典复兴吗？它的实质是什么？

学生回答，教师总结：同学们回答得很正确。文艺复兴不是单纯的古典复兴，而是反封建的新文化的创造。文艺复兴实质上是借复兴古代文化之名宣传新的资产阶级思想的思想解放运动。

【设计意图】通过师生问答的形式，形成师生之间的有效互动和深度交流，启发学生积极进行思考，参与课堂。

(二)文艺复兴的核心

教师：现在让我们回答课堂开始时的问题。两幅画不同的原因在于，中世纪对人性是压抑的，以“神”为中心，要表现神的庄严，重视宗教的权威；而文艺复兴时期，要冲破宗教神权对人的思想的束缚，以“人”为中心。这反映了文艺复兴时期的艺术家追求人文主义的思想内涵，要求表现人的天性、人的情感，追求人的幸福、人的个性。文艺复兴的核心正是人文主义。请同学们自主阅读教材，总结人文主义的内涵。

学生回答后，教师进行总结：人文主义是资产阶级的世界观，是文艺复兴的指导思想，支配了文艺复兴时期的文学、艺术、哲学和科学的发展。人文主义思想的核心就是肯定人的价值和尊严，要求以“人”为中心而非以“神”为中心，以此出发，人文主义重视现世生活，因而追求自由、幸福和物质享受，反对基督教的来世观念和禁欲主义。总之，人文主义就是一种为创造现世的幸福而奋斗的乐观进取的精神。

【设计意图】通过自主学习活动帮助学生学会阅读教材,锻炼自主学习的能力。

(三)意大利文艺复兴在文学艺术方面的成就

教师在多媒体课件上出示意大利文艺复兴在文学艺术方面的成就的表格,请学生阅读教材进行填写。学生填写后,教师出示完整表格。

领域	代表人物	代表作	思想内涵
文学	薄伽丘	《十日谈》	抨击了封建道德和教会的禁欲思想,宣传人类平等,主张发展人的个性
	但丁	《神曲》	充满着对教会和封建贵族的谴责,对自由、理性和求知精神的歌颂,带有鲜明的人文主义色彩
	彼特拉克	《歌集》	表现了人文主义者以个人幸福为中心的爱情观
艺术	达·芬奇	《蒙娜丽莎》《最后的晚餐》	把艺术创作和科学探索结合起来,创作出完美生动的人物形象,充分体现了人文主义精神

【设计意图】阅读教材填写表格的形式可以锻炼学生的自主学习和归纳概括能力。

(四)文艺复兴的传播及意义

教师:16世纪以后,文艺复兴从意大利传播到欧洲其他国家,在文学、艺术、科学等许多方面,硕果累累。文学方面,出现了莎士比亚、塞万提斯、拉伯雷等大师。自然科学方面,出现"日心说"等成就。文艺复兴的传播现在不多作讲述,我们会当作课后作业布置。

教师:随着文艺复兴运动的扩展,越来越多的人从封建愚昧中解放出来,开始更多地关注人及人生活的世界。文艺复兴的意义有哪些?请从思想、文学艺术、自然科学三方面进行讨论。下面同学们分成三组,每组选择一个方面。

小组讨论四分钟后,小组代表发言。

教师进行点评,并总结和补充:

(1)在思想方面,文艺复兴冲破了基督教神学桎梏,唤醒了人的自我意识,高扬了为创造现世幸福而奋斗的精神,为后来启蒙思想的出现打下了基础,在精神方面为资本主义制度的胜利和发展开辟了道路。

(2)在文学艺术方面,文艺复兴时期众多的精湛艺术成为人类艺术史上的绚烂篇章,永放光芒。

(3)在自然科学方面,人文主义提倡科学实验、注重实践,催生了近代自然科学。

【设计意图】通过小组讨论,使学生主动参与到课堂中来,锻炼他们的合作探究能力。

环节三:小结作业

1. 小结:师生共同总结回顾本课所学知识。

2. 作业:请同学们课下查阅资料,总结文艺复兴在西欧其他国家的成就,按照国别做成不同的表格,下节课展示。

【设计意图】师生共同总结的形式能够帮助学生巩固本课所学知识。课后作业的设置,能够帮助学生锻炼资料搜集和归纳总结的能力。

2019年上半年中小学教师资格考试真题试卷

答案速查:

1	2	3	4	5	6	7	8	9	10	11	12	13	14	15
C	C	C	B	A	D	D	A	C	D	A	D	A	A	C
16	17	18	19	20	21	22	23	24	25					
C	A	B	D	A	B	D	B	B	D					

一、单选选择题

1. C 【解析】本题考查孟子。"仁者无敌"和"仁人无敌于天下"都出自《孟子》,孟子主张"仁政"。老子的主要观点是道法自然。墨子的主要观点是

尚贤、兼爱、非攻等。荀子主张性恶论。

2. C 【解析】本题考查东汉时期。耦耕是西周时期农业的主要耕作方式,①不符合题目要求。《九章算术》成书于东汉时期,②符合题目要求。党锢之祸发生在东汉末期,③符合题目要求。公元前60年,西汉在西域设立西域都护,④不符合题目要求。

3. C 【解析】本题考查隋朝户籍制度。输籍之法是隋文帝时由国家制定划分户等的标准,地方依定样划分户等,作为征调赋税、力役的依据。租庸调制是唐时实行的以征收谷物、布匹或者为政府服役为主的赋税制度,以均田制的推行为基础。均田制是从北魏到唐代中期实行的计口授田的制度。大索貌阅是隋文帝时期地方按照户籍上登记的年龄体貌进行核对以清查户口的历史事件。故答案选C。

4. B 【解析】本题考查五代南唐。A项是《虢国夫人游春图》,描绘的是天宝年间唐朝贵族虢国夫人及其眷从盛装出游的情景。B项是《韩熙载夜宴图》,描绘的是南唐官员韩熙载家设夜宴载歌行乐的场面,符合题目要求。C项描绘的是张骞出使西域。D项是《步辇图》,描绘的是吐蕃使者朝见唐太宗时的场景。

5. A 【解析】本题考查明朝内阁。题目中的材料介绍了明成祖时期内阁的设立。根据"然其时,入内阁者皆编、检、讲读之官,不置官属,不得专制诸司。诸司奏事,亦不得相关白"可知,此时的内阁不是国家法定行政机构,只是皇帝的秘书机构,可以参与国家大事的商讨但并无实际决策权力,B、C两项说法错误。明代内阁在宰相废除之后设置,内阁大臣起初地位不高,D项说法也不符合史实,故答案选A项。

6. D 【解析】本题考查王阳明。"吾心之良知,即所谓天理也",即天理就是一个人内心的良知,强调了伦理道德的主宰性。"是非之心,不待虑而知,不待学而能,是故谓之良知"继承自孟子。"良知"说是王阳明学说的显著标志。

7. D 【解析】本题考查清朝商业发展。根据题干内容可知,清朝时期江南地区地少人多,迫使部分人从事商业和手工业,促进了江南地区的商业繁荣,故选D。清朝政府推行重农抑商政策,A、C两项不符合题目要求。B项属于结果,不是直接原因。

8. A 【解析】本题考查中国近代的不平等条约。1842年,中英签订的《南京条约》主要内容之一是取消旧的公行制度,允许英商在通商口岸自由交易。故答案选A。

9. C 【解析】本题考查中国近代经济的变化。根据题干内容可知,1872—1890年间进口棉纱的价格大幅下降,进口数量增加,给中国传统的手工纺织业带来挑战,加速了自然经济的解体。C项符合题目要求。A、D两项在题干中没有体现,予以排除。进口棉纱价格的降低有利于棉纺织企业的发展,但不能说明民族工业迅速发展,B项予以排除。

10. D 【解析】本题考查清末新政中的教育措施。"光绪三十四年"是1908年。清政府在20世纪初实行新政,在教育领域采取的措施是废除科举,建立新学制,兴办新式教育。清政府发行"兴文教育彩票"的目的是兴办新学。D项符合题目要求。A、B、C三项不能从题目中推导得出。

11. A 【解析】本题考查新文化运动。根据所学内容可知,1917年,胡适在《新青年》发表《文学改良刍议》一文,主张以白话文作为新文学的语言,强调写文章"须言之有物""不摹仿古人""不作无病之呻吟",A项符合题目要求。《敬告青年》是1915年陈独秀为《青年杂志》(后改名《新青年》)所写的发刊词,B项不符合题目要求。《庶民的胜利》是李大钊撰写的介绍共产主义思想的文章,C项不符合题目要求。《文学革命论》是陈独秀撰写的倡导文学革命的文章,主张推倒陈腐、雕琢、艰涩的旧文学,建设新鲜、平易、通俗的新文学,D项不符合题目要求。

12. D 【解析】本题考查国民大革命。从题目中图片可以提取关键信息"孙文牌香烟""革命尚未成功,同志仍须努力""提倡国货,挽回利权"。"革命尚未成功,同志仍须努力"是1923年孙中山在中国国民党恳亲大会上的题词。"提倡国货,挽回利权"反映了实业救国思潮。结合史实可知,这张广告适于探究学习的历史主题是国民大革命,D项符合题目要求。二次革命是国民党人发动的反对袁世凯的武装革命。护国运动是孙中山领导的反对袁世凯复辟帝制的运动。五四运动是一场反帝爱国的群众运动。

13. A 【解析】本题考查中国近代共产党的发展。根据题目图片中折线快速上升部分对应的时间(1928—1934年)可知,中国共产党转变革命路线,大力发展农村革命根据地,为了壮大革命力

量，大力发展共产党员，导致当时党员人数急速攀升。B、C、D三项在时间上与图中时间不符。

14. A 【解析】本题考查日本侵华对中国的影响。根据题目内容可知，截至1938年底，日军占领的大量城市主要集中在中东部地区，集中于中东部地区的主要工业企业沦入敌手，国家的现代化进程因为战争受到阻碍，A项符合题目要求。汪伪政府成立于1940年，B项与题目内容不符。C项无法从题目中的数据判断得出。中东部地区有少量工厂迁出，D项说法错误。

15. C 【解析】本题考查国立西南联合大学。由史实可知，1938年，国立西南联合大学在昆明正式成立，1946年7月底停止办学。根据题目中图片的相关信息可知，国立西南联合大学所在城市是昆明。

16. C 【解析】本题考查家庭联产承包责任制。十一届三中全会后，党和政府在农村进行经济改革，推行家庭联产承包责任制，解放了农村生产力，提高了农民生产积极性，农业产量逐年提高，农民生活得到改善。C项是导致这一结果的直接原因。A项不属于直接原因。农业税的取消自2006年初开始实行，B项不符合题目要求。扶贫攻坚计划最早可追溯自1994年《国家八七扶贫攻坚计划》的提出，D项在时间上不符合。

17. A 【解析】本题考查罗马法。随着罗马对外征服地区的扩大，罗马的社会政治和经济都发生了巨大变化，公民法不足以解决帝国疆域内出现的各种复杂的问题。在罗马逐渐出现了普遍适用于罗马统治范围内一切自由民的万民法。A项是万民法形成的主要原因。B、D两项与万民法的形成没有直接联系。按照史实是先有领土扩张，然后导致罗马公民与非罗马公民矛盾激化，进而推动万民法形成，C项不符合题目要求。

18. B 【解析】本题考查文艺复兴。题目中房龙的观点是人们的人生观发生了改变，不再追求来世的幸福，而是谋求现世的幸福，体现了人文主义的观点。人文主义是文艺复兴运动的主要思想，所以，与“改变”相关的史事是文艺复兴运动的开展。故答案选B。

19. D 【解析】本题考查美国《联邦宪法》。结合题干“创造了一个新的、不同类型的国家”可知美国创立了新的政体，结合所学知识可知这指的是美国通过《联邦宪法》创立了总统共和政体，这是人类文明史上全新的政体模式，故答案选D。

20. A 【解析】本题考查牛顿。17世纪的英国科学家牛顿提出了物体运动三大定律和万有引力定律等，形成了经典力学体系，确认了物体宏观运动的规律，题目中斯塔夫里阿诺斯评论的科学家指的是牛顿。19世纪的俄国化学家门捷列夫发现元素周期表。1859年英国科学家达尔文发表《物种起源》，提出生物进化的理论。20世纪初，德国物理学家爱因斯坦提出相对论。故答案选A。

21. B 【解析】本题考查第一次世界大战。一战中，规模最大、消耗最大的战役是索姆河战役。凡尔登战役是一战中破坏性最大、持续时间最长的战役。马恩河战役是一战初期英法联军击败德军的一次战役。坦能堡战役是一战期间东线战场上德军与俄军进行的一次战役。

22. D 【解析】本题考查《舒曼计划》。1950年，法国外长舒曼提出声明，建议将法国和德国的煤炭和钢铁生产置于联营机构的管理之下，协调两国相关产业的生产。该声明被称作《舒曼计划》。《舒曼计划》通过对法德两国的煤炭和钢铁生产进行联合监管，消除了两国爆发战争的潜在可能性，这与题目中文件的观点一致。《马歇尔计划》是二战后美国援助西欧的计划。《巴黎条约》指1951年《欧洲煤钢共同体条约》。《欧洲经济共同体条约》是西欧六国在1957年签订的条约，成立欧洲经济共同体。

23. B 【解析】本题考查不结盟运动。1961年，第一次不结盟国家和政府首脑会议在南斯拉夫首都贝尔格莱德举行，这次会议的东道主是南斯拉夫。

24. B 【解析】本题考查历史研究方法。梁启超提到的“当时”“此地”是指历史遗迹所处的时间和具体地点，涉及的历史研究方法是时空定位法。

25. D 【解析】本题考查纲要图示法的主要功能。纲要图示法的主要功能包括直观明了地呈现历史信息、展示教学内容的逻辑关系、对知识要素进行整合与概括。纲要图示法不能对历史资料进行具体解释，①不符合题目要求。故答案选D。

二、简答题

26. 法国大革命前夕，“旧制度”的危机有哪些主要表现？

【参考答案】法国大革命前夕，“旧制度”的危机

的主要表现：

(1)经济：波旁王朝的专制统治严重阻碍资本主义的发展。

(2)政治：法国封建等级制度森严，阶级矛盾尖锐，第三等级强烈要求改变现状。

(3)思想：启蒙思想在法国广泛传播，民众的革命呼声日益高涨。

(4)财政：法国政府面临严重的财政危机。

27. 在历史课堂教学中组织以学生为主体的活动，教师应注意哪些问题？

【参考答案】在历史课堂教学中组织以学生为主体的活动，教师应注意以下问题：

(1)教师要明确学生的主体地位，要以学生的学习与发展为活动的本位、重点，以调动和发挥学生历史学习的积极性、主动性和创造性为核心，以学生的学习活动为实质性线路，以学生的自主探究活动为中心展开。

(2)为了更好地突出学生的主体地位，保证活动效果，教师还要充分发挥自身的主导作用，对学生的历史学习活动进行指导。教师要善于引导学生围绕活动主题开展相关活动，明确学习目标；课堂学习活动的设计要以学生为中心，符合学生的认知规律、理解水平、心理特征和生活经验；鼓励学生发表自己的观点；对学生活动要进行恰当、客观、全面的评价，也可以让学生进行自主评价和互评；既要关注活动结果，也要关注活动过程。

(3)教师在组织活动的过程中要引导学生在做中学，进行自主学习、合作学习、探究学习，在认识历史的过程中联系和运用知识，掌握探究历史的方法和技能，逐步学会全面、发展、辩证、客观地看待和论证历史问题，使学生的核心素养得以提升和发展。

28. 简述高中与初中历史教学衔接应注意的问题。

【参考答案】高中与初中历史教学衔接应注意以下问题：

(1)教师在备课环节高度关注初、高中历史学科在内容和体系上的衔接，在备课环节上要深下功夫进行钻研。

(2)注重初、高中知识结构层面的衔接，做到举重若轻、主题突出。

(3)注重初、高中历史教学理论层面的衔接，做到高低得当，逐步推进。

(4)注重初、高中在知识体系层面的衔接，重视和落实教学内容的整体性。

(5)注重初、高中在教学方法层面的衔接，激发学生的学习兴趣，培养其基本能力和思维习惯。

三、材料分析题

29.【参考答案】(1)《朴茨茅斯和约》签订的历史背景：

①甲午中日战争后，日本与俄国在中国东北的矛盾加剧，日俄在中国东北爆发日俄战争。

②日俄战争俄国战败；日本虽然占据上风，但战争消耗巨大，故双方决定签订合约。

③此时的美国与日本在太平洋地区存在矛盾，不愿意看到日本独占中国东北，所以积极参与日俄两国间的调停活动。

(2)《朴茨茅斯和约》对中国造成的危害：

①该和约是在中国被拒绝参加的情况下签订的，但和约的内容都与中国有关，这损害了中国的国家主权和领土完整。

②日本和俄国对我国东北地区的殖民掠夺，严重阻碍了东北地区的社会发展和近代化历程，中国的民族危机进一步加深。

30.【参考答案】(1)①考查的内容：武昌起义的时间、辛亥革命的影响。

②考查的能力：图片解读能力、史料实证能力和分析、运用知识的能力。

③难易度：学生得分率约为0.48，本题的难易度为中等。

(2)学生误选D项的原因：

①学生知识方面的原因：学生没有准确掌握武昌起义的具体时间，所以无法利用题干中给出的时间“1911年10月和11月”排除①项；没有掌握历史图片类选择题的解答技巧，没能从图片和题干中获取有效信息。

②题目命制方面的原因：题目中选取的图片不符合科学性的要求，图片文字有一定误导性，文字表述艰涩，学生很难找出图片中隐含的信息，不能为解题提供有效帮助；试题的题干和选项之间关联不大，本题主要考查武昌起义的时间和辛亥革命的影响，但是正确选项包含商人调整营销策略，与试题的考查点无关。

(3)教师应采取的改进策略：

①教师在历史教学过程中强化学生对历史事实的掌握，如具体时间、地点等，掌握基础知识；在平时练习中加强学生对历史图片类选择题的练习，讲授该题型的解答技巧。

②教师在命制试题时要遵守历史试题命制的原则和规范，注意题干和选项要合一，确保选用的图片、史料符合学生的实际情况。

31.【参考答案】(1)评价：该教师在讲授知识的时候主要采取讲述法，通过生动形象的语言，讲述了马丁·路德对罗马天主教会由深信到怀疑的过程，能够帮助学生较快地理解马丁·路德提出宗教改革主张的个人原因。但是，该教师没有引导学生深入挖掘促使马丁·路德态度发生转变的其他原因，忽视了近代欧洲发生宗教改革的历史背景。课堂实录中的内容较为简单，适合学生自学，该教师在教学的时候没有注意引导学生进行自主探究。

理由：该教师运用讲述法对马丁·路德提出宗教改革主张的个人原因进行了细致描述，可以丰富和发展学生的想象力，使学生形成具体而鲜明的历史表象。但教学实录片段中的相关内容较为简单，没有提到马丁·路德对罗马教会态度发生转变的其他原因，也没有交代近代欧洲宗教改革发生的历史背景。该教学实录片段中只有教师的讲授，没有学生的活动，不利于学生自我探究能力和创造性思维的发展。

(2)历史教师在讲授有关思想史的内容时应注意以下问题：

①教师要坚持以唯物史观为指导，将正确的思想导向和价值判断融入对历史内容的讲解中。

②在树立正确历史观的基础上，教师要将正确的情感态度融入思想史的相关讲述中。

③思想史的内容较为抽象复杂，教师讲授的时候，要注重探究思想产生的时代背景，将枯燥的思想内容进行合理的想象和类比；重视思想的纵横联系；适当介绍与思想有关的人物经历；梳理清楚思想史的发展、演变，看到历史的发展规律；通过多种手段来激起学生兴趣，如出示图片、视频等。

四、教学设计题

32.【参考设计】

环节一：导入新课

教师播放云门舞集的舞蹈视频《永字八法》片段，提问学生：这支舞蹈的创作灵感是什么？

学生回答：这支舞蹈的创作灵感来自中国书法，永字八法是书写楷书的基本法则，相传为东晋王羲之所创。

教师提问：王羲之是东晋的大书法家，他的《兰亭集序》被誉为“天下第一行书”。在三国两晋南北朝至隋唐时期，我国还有哪些著名的书法家？除书法外，当时的文学艺术领域还取得哪些成就？教师顺势导入新课。

【设计意图】教师通过舞蹈视频导入，能够激发学生的学习兴趣，帮助学生迅速进入学习状态。教师设置的思考问题增加了悬念，有利于烘托课堂气氛，有利于教学活动的展开。

环节二：新课讲授

(一)文学

教师提问学生：唐朝是我国古代诗歌发展史上的黄金时期，说说你熟悉的诗歌都有哪些？

学生回答：《蜀道难》《茅屋为秋风所破歌》等。

教师给予学生评价并提问：这些诗作都是谁的作品，他们的诗歌风格相同吗，他们在文学史上具有怎样的地位？

学生回答，教师总结：唐朝的文学家留下了许多脍炙人口的佳作，李白、杜甫的诗作代表了唐朝诗歌的最高成就。李白生活在唐朝繁盛时期，诗歌充满浪漫主义色彩，被誉为“诗仙”。杜甫生活在安史之乱前后唐朝由盛转衰的时代，诗歌大多展现社会现状，被称为现实主义诗人，人称“诗圣”。

(二)艺术

1. 书法

教师展示王羲之的《姨母帖》，提问学生：注意观看“一”“日”“痛”等字，结合课前预习，说说王羲之的书法作品具有怎样的特点？

学生回答，教师总结：“一”“十”“痛”等字中的横画，隶书的笔意都很明显，“痛”“日”“何”等字的转折处显得生拗峭拔，残存横式，这些都具有隶书的痕迹。此外，该帖笔画质朴凝重，出笔入笔比较自然，使作品具有一种古朴的艺术魅力。王羲之博采众长，其书法兼隶、草、楷、行各体，人称“书圣”。

教师提问：魏晋南北朝到隋唐时期，你们熟悉的书法家还有哪些？

学生回答：颜真卿、柳公权、欧阳询等。

教师出示颜真卿的《多宝塔碑》和柳公权的《玄秘塔碑》图片，提问：这两位书法家的风格有何不同？

学生回答：颜真卿的书法气势雄浑，柳公权的书法骨力遒劲。

教师提问：从中我们可以看出隋唐时期的书法

艺术相比魏晋南北朝时期的书法艺术发生了怎样的变化？

学生回答，教师总结：融汇南朝的秀美和北朝的雄健，创出新风格。

2. 绘画

教师播放动画纪录片《千年画圣顾恺之》的片段并简要介绍顾恺之。

教师展示《女史箴图》《洛神赋图》等画作，提问：从这些绘画作品中可以看出顾恺之具有怎样的绘画风格？

学生回答，教师总结：顾恺之作画"以形写神"，为中国传统绘画的发展奠定了基础。

教师指导学生阅读教材，结合课前预习，组织学生进行小组讨论，思考：隋唐时期的绘画获得怎样的发展？

学生小组讨论后回答，教师总结：隋唐时期的绘画题材广泛，风格多样；宗教画生活气息浓厚；人物画注重表现人的形态，山水、花鸟成为绘画主题。

3. 石窟艺术

教师播放纪录片《敦煌莫高窟》的片段，请学生担任导游为大家介绍敦煌莫高窟。

学生回答：莫高窟位于河西走廊西端的敦煌，以精美的壁画和塑像闻名于世。它始建于十六国的前秦时期，经过历代的兴建，形成巨大的规模，是世界上现存最大、内容最丰富的佛教艺术圣地。莫高窟与洛阳龙门石窟、大同云冈石窟、甘肃天水麦积山石窟并称为中国四大石窟。

教师提问：为什么石窟艺术在魏晋至隋唐时期如此繁盛？

学生联系所学知识回答：佛教的广泛传播。

【设计意图】教师利用多媒体展示图片、播放纪录片能够营造具体的历史情境，帮助学生在具体的历史情境中学习历史、思考问题。通过小组讨论，可以增强学生的合作意识，拓宽学生的视野，激发学生的深层思维，从而加深对相关问题的理解。请学生担任导游，可以激发学生的学习积极性和主动性，引起学生的学习兴趣。

环节三：小结作业

1. 小结：师生共同总结回顾本课所学知识。

2. 作业：教师要求学生课下自主选择感兴趣的作品进行再创作，下节课与同学们分享交流。

【设计意图】开放式的作业设计，能够提高学生的学习兴趣，使学生更加主动地学习历史。

2018年下半年中小学教师资格考试真题试卷

答案速查：

1	2	3	4	5	6	7	8	9	10	11	12	13	14	15
C	D	A	B	A	B	A	D	C	D	B	D	C	B	D
16	17	18	19	20	21	22	23	24	25					
D	A	B	B	A	C	C	B	D	C					

一、单项选择题

1. C 【解析】河姆渡文化的陶器，以夹碳黑陶为主，河姆渡人种植水稻，并将稻草、稻壳用于夹碳黑陶的烧制。北京人和山顶洞人均属于旧石器时代的远古人类，不会制作陶器，排除A、D两项。半坡遗址以彩陶为主，排除B项。故答案选C项。

2. D 【解析】题干中的董仲舒、公孙弘活跃在汉武帝时期，故答案选D项。

3. A 【解析】"部曲"指魏晋南北朝时地方豪强的私人军队。东晋初年，祖逖率领部曲数百人渡过长江，铸造兵器，招募士兵，进行北伐，收复黄河以南大片失地。东晋时期的桓温北伐、南宋初期的张浚北伐和岳飞北伐都没有达到收复黄河以南失地的目的。故答案选A项。

4. B 【解析】《沟洫志》是《汉书》"十志"之一，记述汉朝及其之前的水利史实，涉及防洪、航运、灌溉等方面，属于农业著作的范畴。《齐民要术》是北魏时期贾思勰所著的农学著作。《水经注》是北魏时期郦道元所著地理学著作，不是农业著作。《氾胜之书》是西汉时期氾胜之所著农业著作。③不符合题目要求。故答案选B项。

5. A 【解析】唐朝科举考试的科目分为常科和制科。常科的考试科目有进士、明经、明法、明书、秀才等科目。明法、明书等不受重视，秀才一科在唐初要求很高，后来渐废。唐朝科举考试最重要的科目是明经和进士。故答案选A项。

6. B 【解析】苏轼诗中的“颜公”指的是唐代书法家颜真卿。颜真卿的书法特点是结构方正茂密，笔画横轻竖重，笔力浑厚，挺拔开阔雄劲，代表作有《多宝塔碑》。根据图片中的碑刻内容和书法风格可知B项为《多宝塔碑》，故答案选B项。

7. A 【解析】两宋时期，城市商品经济繁荣，人民娱乐活动多，反映人民生活的风俗画增多。故答案选A项。

8. D 【解析】元朝统治者在很多方面对不同民族采取差别对待措施，被后人概括为“四等人制”。第一等级为蒙古人。第二等级为色目人，多为西域人。第三等级为汉人，概指淮河以北原金朝境内的汉族和契丹、女真等族，以及较早为蒙古征服的云南人，及最晚为蒙古征服的四川汉族、高丽人。第四等级为南人，指最后为元朝征服的原南宋境内（元江浙、江西、湖广三行省和河南行省南部）各族。故答案选D项。

9. C 【解析】根据题干内容可知该思想家强调个人关于孝悌的实践先于对孝悌的认识，是一种知行合一的观点。明代思想家王阳明提倡“知行合一”，故答案选C项。

10. D 【解析】《南京条约》签订后我国开放五个通商口岸，英国向我国倾销商品，由于受到自给自足的小农经济抵制，并不顺利，英国认为原因在于中国市场开放程度有限，要求进一步开放中国市场。故答案选D项。

11. B 【解析】根据题干“（西方的）入侵在各个领域都达到很大的规模，使中国的生存似乎都受到威胁”可知，此时应为19世纪末，排除C、D两项。洋务运动仅限于引进西方先进技术，开办军用和民用企业，A项不符合题意。戊戌变法不仅涉及军事、经济方面，而且主张学习西方先进的制度，实行君主立宪。故答案选B项。

12. D 【解析】由“毛泽东于1935年初重新被推举上了中共领导地位”可知是遵义会议。遵义会议于1935年1月召开，事实上确立了以毛泽东为核心的党中央的正确领导。中共二大召开于1922年。八七会议召开于1927年。古田会议召开于1929年。故答案选D项。

13. C 【解析】根据“特别注意各支族间之融合与其相互依存之关系，以阐发全民族团结之历史的根据”以及“激发学生复兴民族之意志与决心”，可以知道该历史课程标准强调的是全民族的团结和爱国，北伐战争、土地革命和解放战争都是国内矛盾为主要矛盾的时期，与题目不符。全面抗战时期我国社会的主要矛盾是中日民族矛盾，建立抗日民族统一战线与题干观点一致。故答案选C项。

14. B 【解析】从图片中可以看出1952—1957年我国城镇人口数量大幅增长，这一时期我国实行第一个五年计划，集中发展重工业，导致工人数量增加，城镇人口上升。“大跃进”和社会主义总路线的制订开始于1958年，时间不符。知识青年“上山下乡”导致城市人口数量下降。故答案选B项。

15. D 【解析】“七五计划”是1986—1990年我国国民经济和社会发展计划，主要任务是奠定有中国特色的新型社会主义经济体制的基础。“985工程”和“211工程”均是我国在高等教育领域实施的战略决策。“863计划”是我国于1986年3月启动实施的高技术研究发展计划，目的是全面追踪世界高技术的发展。故答案选D项。

16. D 【解析】英国诗人雪莱的意思是西方文明受古希腊文明影响，西方的法律、文学和宗教都可以追溯到古希腊文明。故答案选D项。

17. A 【解析】题干给出的时间是14世纪，只有文艺复兴符合题意。故答案选A项。

18. B 【解析】题干中的观点强调“它”对于沟通美洲、欧洲、亚洲等地的重要作用，只有白银符合题意。欧洲殖民者用美洲开采的白银购买中国的瓷器和东南亚的香料并运回欧洲销售。香料和瓷器同美洲无关，呢绒和东亚没有关联。故答案选B项。

19. B 【解析】由“1917年4月”、“美国总统威尔逊”和“美国船已被击沉”可知美国向欧洲运输物资的船只被击沉，德国于1917年2月开始实行无限制潜艇战，目的是要对英国进行封锁，迫使英国退出战争。闪电战是第二次世界大战纳粹德国使用的一种战术。海空一体战是2009年美国提出的海空联合作战理论。大规模消耗战是一种逐渐消耗敌人战斗力的作战模式。故答案选B项。

20. A 【解析】根据题干中的“印度”“非暴力”可知该思想是甘地主义。纳赛尔主义是埃及总统纳赛尔创立的具有浓郁伊斯兰色彩的社会主义。尼赫鲁主义是尼赫鲁提出的一种“在共产主义和资本主义国家的正统实践之间的中间道路”的社会主义。苏加诺主义是印尼总统苏加诺提

出的主张，就是要把印度尼西亚建成一个“公平与繁荣的社会”。故答案选A项。

21. C 【解析】1949年，德国分裂为德意志民主共和国和德意志联邦共和国，美苏正处于冷战时期。凡尔赛体系是一战后的。反法西斯战争的时间是在20世纪三十年代末到四十年代中期。1956年，南斯拉夫总统铁托提出不结盟主张，1961年不结盟运动正式形成，南斯拉夫不在美苏争霸的苏联阵营，D项排除。故答案选C项。

22. C 【解析】勃列日涅夫执政时期，进行经济体制改革，在企业管理方面，恢复部门管理体制，加强对经济的集体领导；扩大国营企业经济自主权；运用经济手段，刺激企业改善经营管理。故答案选C项。

23. B 【解析】“一切历史都是当代史”是意大利历史哲学家克罗齐在《历史学的理论和实际》中提出的。“一切历史都是思想史”是英国历史学家柯林伍德在《历史的观念》中提出来的。“历史不仅是过去，而且是有意义的过去”是我国史学家葛剑雄提出来的。“历史是现在跟过去之间的永无止境的问答交谈”是英国历史学家爱德华·卡尔在《历史是什么》中提出来的。故答案选B项。

24. D 【解析】年号是中国封建王朝用来纪年的一种名号，汉武帝首创年号，此后形成制度。历代帝王遇到“天降祥瑞”或内讧外忧等大事、要事，一般都要更改年号。一个皇帝所用年号少则一个，多则十几个。明清皇帝大多一人一个年号。故答案选D项。

25. C 【解析】根据教学评价的相关理论，当试题难度适中时，区分度最高。因此，教师在编制高中历史试题时，为保证试题有较好的区分度，试题难度应控制的区间为0.4 — 0.6，故答案选C项。

二、简答题

26. 美国内战前夕，南北两种经济制度的矛盾有哪些表现？

【参考答案】美国内战前夕，南北方属于两种不同的经济制度，北方属于资本主义工商业经济，南方属于奴隶制种植园经济，双方矛盾的焦点是奴隶制的存废问题，具体表现在以下方面：

(1)关税：北方主张提高关税保护本国工商业，而南方要求降低关税促进出口。

(2)原料：北方工业生产需要大量的原料，而南方将大量的原料出口到欧洲。

(3)劳动力：北方需要大量自由雇佣劳动力，而南方需要大量奴隶从事生产。

(4)市场：北方需要南方提供广阔的消费市场，而南方的奴隶缺乏购买能力。

(5)在西部是否实行奴隶制方面：北方坚决反对奴隶制扩展到西部，南方则要求把奴隶制扩展到西部。

27. 概述历史教师进行单元教学设计时应考虑的主要问题。

【参考答案】单元教学设计上承学科课程建设，下接具体的课时教学，是推进教学变革的重要支点。历史教师进行单元教学设计要基于历史学科核心素养。历史教师进行单元教学设计时应考虑的主要问题如下：

(1)历史单元教学设计要有整体性。历史教师要立足学生认知发展水平和学习能力，依据课程标准要求和学科核心素养内涵，明确教学目标，统筹性地选择、组织教学内容、策略与评价，形成整体性布局，以完整的活动过程统筹单元教学。

(2)历史单元教学设计要有相关性。教师要对教学内容进行梳理和研究，理清教学单元内容模块间的关联性，把相对孤立部分进行相互衔接与联通。

(3)历史单元教学设计要有阶梯性。教师要帮助学生搭建历史单元学习的“脚手架”，教学活动的设计要与教学内容相结合，要从简单到复杂，从单一到综合，从基础到提高，循序渐进。

(4)历史单元教学设计要呈现专题性。教师需要在分析课程结构的基础上，对教学内容进行更为有效的整合，把握学习专题中的关键问题，按照学习主题选择合适的教学模式。

(5)历史单元教学设计不仅要强调教师“教”的设计，更要强调学生“学”的设计，重视学生的学习需求，培养学生历史学习应该掌握的相关能力，提升学生的历史学科核心素养。

28. 简要说明教学中讲述历史细节的主要作用。

【参考答案】历史的细节包含内容广泛，如时间、地点、人物、事件等。在教学中讲述历史细节的主要作用如下：

(1)教师补充和挖掘历史细节，有利于丰富教学内容。

(2)教师可以利用历史细节吸引学生，有利于培养学生的历史学习兴趣。

(3)教师挑选细节进行设疑能够创设教学情境，帮助学生加深对相关历史问题的认识，提升学生分析问题的能力。

(4)教师运用丰富的历史材料讲述历史细节，能够帮助学生形成历史时空概念，理解不同历史要素之间的关系。

(5)教师讲述历史事件和历史人物时提供相关的历史细节，可以引导学生运用历史唯物主义观点对历史事件和历史人物进行正确的历史评价，认清它们的本质，实现历史的德育教育。

三、材料分析题

29.【参考答案】(1)要求：德国在山东的一切权利应归还中国；中日关于山东的换文应予以变更。

理由：山东自古以来就是中国的领土；中国是一战的战胜国，理应享有战胜国的合法权益；“二十一条”是日本以武力威胁迫使袁世凯签署的，这不能成为依据；日本侵略山东不仅违反国际法，更会危害亚洲和世界安全。

(2)原因：中国代表团提出的合理要求遭到无理拒绝；国内爆发五四运动，人民强烈要求外争国权，拒绝在和约上签字；中国代表团为了维护国家主权与领土完整。

30.【参考答案】(1)该教师采用了教具导入的方法，在课堂导入时运用历史地图。

①该教师在利用历史地图进行导入时，没有直接让学生看地图，而是用语言进行一定的引导，有利于引起学生的兴趣和思考；

②教师在呈现历史地图后要求学生进行观察，通过提问让学生对比两幅历史地图最大的不同，帮助学生从地图中提取关键信息，进而提出与新课内容相关的问题，从而导入新课；

③在该教学片段中，历史地图运用的目的是导入新课。教师用问题来让学生观察历史地图，又用问题的形式结束导入环节，这样做既能够充分运用导入内容，又能激发学生的学习兴趣，帮助他们有效地思考。

(2)历史地图在教学中的主要作用有以下方面：

①历史地图是历史教材的有机组成部分，提供直观、确切的地域空间图像，具有文字难以达到的表现效果。

②历史地图使学生了解史事的地理位置、范围，掌握历史地理概念，提高识图、用图的技能。

③历史地图能够增强学生的历史时空观念。

31.【参考答案】(1)“教学意图未能实现”的原因如下：

①教师没有根据学生的实际情况选择材料。教师选择的材料阅读量过大，学生理解起来有困难。教师选择的材料超过了学生的理解水平。

②教师没能合理有效地使用史料进行教学。教师在教学中要根据学生的情况和教学的需要选取史料，精心设问。该教师没有对史料中学生难以理解的问题给予及时讲解，也没有精心设计史料与教学相关的问题。

③教师在问题设置上没有遵循提问的针对性和启发性原则，教师设置的问题粗枝大叶，脱离学生的实际情况，没有能设计出系列问题从而构成有利于学生层层攀登的“脚手架”。教师没有能根据学生的实际情况及时调整问题难度，直接说出基本思想又反复解说，学生仍然茫然不解。

(2)这位教师的听课笔记的可取之处主要有以下方面：

①听课笔记如实记录了课堂教学中教师和学生的情况，内容做到了客观、细致、公正。

②听课笔记对课堂教学过程进行了全面的记录：一是对教师教的记录，对教师的课堂教学行为，如教学方法的选择、课堂的组织；二是对学生学的记录，如学生的课堂表现；三是对课堂气氛的记录，详细记录了课堂教学氛围。

③听课笔记做到了认真观察和记录，并进行了思考和整理，准确地评价了课堂教学，既评价了学生是否完成了学习任务，又对学生对知识技能的掌握程度进行了深刻反思。

④听课笔记能从教学目标出发，对照课堂实施的过程，对教师教学内容、教学思路、教学基本功和教学方法进行有针对性的分析。

四、教学设计题

32.【参考设计】

环节一：导入新课

教师采取生活实例导入法进行新课导入。教师向学生展示2018微信数据报告、2018支付宝年度账单和2018网易云音乐听歌日记，引导学生关注社会信息化对我们生活产生的影响，尤其是大数据对各行业都有广泛影响。教师由此导入新课。

【设计意图】教师用生活中常见的事物进行新课导入，拉近历史与现实间的距离，激发学生的兴趣，为新课教学做好铺垫。

环节二:新课讲授

(一)社会信息化的产生

教师用多媒体展示不同年代不同款式电子计算机的图片并提问:第一台电子计算机是什么时候产生的?有何意义?当时的电子计算机有何特点?

学生回答:1946年美国研制出世界上第一台电子计算机,奠定了现代信息技术的基础。当时的电子计算机很笨重、耗资巨大且功能不完善。

教师提问:互联网是什么时候诞生的,为什么会诞生?

学生回答:20世纪60年代末,世界正处于冷战时期,美国担心苏联的人造卫星破坏其军事通信系统,加紧了对信息技术的研究和开发。1969年,美国国防部建立了包括四个站点的网络,促成了互联网的诞生。

【设计意图】教师通过展示图片激发学生的学习兴趣,活跃课堂氛围。

(二)社会信息化的概况

教师用多媒体展示有关网络信息技术发展的相关史料并提问:随着社会发展,网络信息技术在不断更新换代。同学们知道其发展历程是怎样的吗?

学生回答:20世纪九十年代以后,互联网进一步发展为全球信息网。

教师提问:大家对网络信息技术都很熟悉,每天的生活中都在使用。现在请大家来谈谈互联网有什么功能?

学生回答:可以利用互联网收发电子邮件、检索资料、浏览新闻、打游戏、进行社交聊天和网上购物、开展网上远程教育等。

教师追问:互联网有何特点呢?

学生回答:界面直观、音色兼备、链接灵活和高速传输。

【设计意图】教师通过史料分析法能帮助学生提高史料分析能力。教师的一系列设问能够引起学生的深入思考,锻炼学生的思维能力。

(三)社会信息化的影响

教师安排学生分组进行讨论,主题是"互联网给人类的生活带来哪些影响"。

学生分组进行讨论。学生讨论结束,派代表分别进行发言,教师总结:网络信息技术的迅速发展有利有弊,既给我们的生活、学习带来了便利,也不可忽视其负面作用。互联网上的不良信息严重影响了青少年的健康成长,信息泄露也给个人信息安全造成威胁。因此,我们要学会正确地使用互联网。

【设计意图】通过小组讨论能够使学生积极参与课题,突出学生在课堂教学中的主体地位。

环节三:课堂小结和作业

1.小结:

师生共同总结本课的主要学习内容:现代信息技术对信息传播方式、内容、规模、效果等方面具有巨大影响,现代信息技术对人类生活起到了前所未有的作用,对人类文明的发展提出了新课题。

2.作业:列举自己一天的生活中对现代信息技术的使用。

【设计意图】教师通过课堂小结能对学生对相关知识的掌握进行检验和巩固。开放的作业形式能激发学生兴趣,提高学生课下学习的积极性。

2018年上半年中小学教师资格考试真题试卷

答案速查:

1	2	3	4	5	6	7	8	9	10	11	12	13	14	15
D	A	A	C	D	B	B	B	D	C	C	A	B	C	D
16	17	18	19	20	21	22	23	24	25					
B	D	B	C	C	B	A	D	A	A					

一、单项选择题

1. D 【解析】由题干可知,天子、诸侯、大夫和士的随葬品不一,这是西周等级制度下为了维护礼制而规定的,故答案选D项。

2. A 【解析】由题干中"正在兴起的官僚精英"可知"这个时代"应早于秦朝。因为官僚制度是伴随着秦朝专制主义中央集权制度的建立而正式形成的,所以答案应选A项。

3. A 【解析】由题干中“天下之事无大小皆决于上”可知,秦始皇确立皇帝制后,皇权至高无上,故答案选A。

4. C 【解析】根据图片可以看出拓片上的内容为“二牛抬杠”,由此可知,东汉时期牛耕技术已经得到运用。从图片中看不出播种工具、灌溉技术,排除A、D;铁制农具在东汉之前就已发明,排除B,故答案选C项。

5. D 【解析】由“晋主”可知材料说的是晋朝,而晋朝政治上鲜明的特点就是门阀制度,由材料“晋主虽有南面之尊,无总御之实”可以看出皇帝权力很小,“宰辅执政,政出多门”则说明实际权力由几大门阀士族控制,“遂成习俗”说明门阀掌权已成惯例。郡国并行出现在西汉初期,排除A;内阁专权出现在明朝,排除B;晋朝地方割据并没有形成,排除C,故答案选D项。

6. B 【解析】由题干可知这位诗人是生活在唐玄宗天宝年间的现实主义诗人,满足条件的是杜甫,这首诗出自杜甫《无家别》,故答案选B项。

7. B 【解析】《货郎图》还原了南宋时期货郎摇鼓走巷、肩挑杂货穿梭于乡野的场景,从画中可以看出南宋商业活动的活跃,故答案选B。

8. B 【解析】从题干中顾炎武“圣人之道”“博学于文”“行已有耻”可以看出他强调的是学术与道德的结合,答案选B项。

9. D 【解析】“一国所得,诸国安然而享之;一国所求,诸国群起而助之”的大意是西方列强借助这项规定享有同等特权,刺激列强不断提出特权条件进而谋取更大权益。结合史实可知,这项特权应是英国最早提出的片面最惠国待遇。领事裁判权是指外国人在中国违法由本国领事按照本国法律审判。开矿筑路权是指外国获得修筑铁路的权利后,同时获得铁路沿线的土地和矿产开发权利。外国公使进驻北京指外国使节常驻北京使馆区。故答案选D项。

10. C 【解析】材料中孙中山主张平均地权,核定全国地价,之后若因交通发达,地价上涨,所得盈利归国家所有。根据所学知识可知这体现了孙中山三民主义中民生主义的内容。故答案选C。

11. C 【解析】根据所学知识可知,新民主主义革命的开端是“五四”运动,五四运动是一场彻底的反帝反封建的爱国运动;而新民主主义革命基本胜利的标志则是中华人民共和国的成立。1949年10月1日,在天安门举行开国大典,标志着中华人民共和国正式成立。故答案选C项。

12. A 【解析】从图中可以看出“一五”计划期间投资比例最大的是重工业,表明国家当时对重工业发展的重视,A项正确。B、C两项不符合史实,排除。从图片中不能直接反映出国民经济比例失调,排除D项,故答案选A。

13. B 【解析】从题干中计划产量从每亩二十万斤直到一百万斤可知这一时期农业生产追求高速度、高指标,符合“大跃进”运动的特点,故答案选B项。

14. C 【解析】本题可采用排除法。根据所学知识可知,古代雅典的民主是一种原始的直接民主,不是间接民主,排除A项;古代雅典的民主是所有成年男性公民的民主,即“少数人的民主”,材料没有体现,排除B项;根据题意,苏格拉底认为通过抓阄的方式来选举国家领导人,容易导致国家权力的误用,是愚蠢的,所以雅典民主是一种不成熟的民主,C项正确。D项材料没有体现,故答案选C。

15. D 【解析】题干中卢梭认为“假如所有公民一致同意破坏契约,无疑地这将是合法的破坏”体现出公民掌握最高权力,反映的是人民主权的思想,故答案选D项。

16. B 【解析】根据时间点“1688年”以及人物“玛丽和威廉”可知该事件与英国的“光荣革命”有关,故答案选B项。

17. D 【解析】1787年,美国已经独立,独立后美国建立的是邦联制的政府,不利于国家的发展,所以华盛顿才说“进行彻底变革是必需的”,其目的就是改变邦联制的政府状态,答案选D项。

18. B 【解析】依据题干“明治政府认为强有力的经济是国家实力的基础”“电报、铁路”等内容可知答案应选B项。

19. C 【解析】1917年,俄国爆发十月革命,以暴力形式推翻了资产阶级临时政府,建立了世界上第一个社会主义国家,积极推动了世界范围内的无产阶级暴力革命。故答案选C项。

20. C 【解析】由题干可知,题干描述的是“物竞天择,适者生存”的道理,这与达尔文进化论的观点相符合,故答案选C项。

21. B 【解析】本题可采用排除法。日心说的出现打破了地心说的理论基础,排除A;进化论与量子论、细胞学说与材料学两者之间没有必然联系,排除C、D两项。牛顿经典力学和爱因斯坦

的相对论反映的都是物体运动的客观规律，相对论是对牛顿力学体系的继承和发展，B项正确。

22. A 【解析】由题干“1942年”“太平洋战场”“发生了根本性转折”可以锁定这场战役是中途岛海战，中途岛海战是美日两国在中途岛进行的战役，严重削弱了日本海军的航母力量，之后美国海军逐渐掌握太平洋战场的主导权，太平洋战场局势发生了根本性转折，故答案选A项。

23. D 【解析】1992年2月7日，欧共体成员国在荷兰小镇马斯特里赫特正式签署《马斯特里赫特条约》，决定将“欧共体”改名为“欧洲联盟”。故答案选D项。

24. A 【解析】“古史是层累地造成的”是顾颉刚在《古史辨》中提出的，故答案选A项。

25. A 【解析】该板书属于图表式板书，答案选A项。

二、简答题

26. 简要说明经济全球化和区域经济集团化之间的关系。

【参考答案】(1)两者之间既有联系又有区别，在发展中相互促进，又相互制约，共同形成对世界经济、政治及国际关系的影响。

(2)区域经济集团化是经济全球化的必经阶段或初级形态，经济全球化是区域经济集团化发展的必然趋势，它们在性质上是一致的，只是程度上有所区别；实际上，全球化有时更多地表现为地区化，并由地区化所带动。

(3)区域经济集团化对经济全球化有促进和阻碍的双重作用，但总体上看利大于弊。

27. 教科书的课文辅助系统通常都有“课前提要”，它可以由哪些内容构成？

【参考答案】“课前提要”是历史教科书的重要组成部分，主要包括：

(1)本课内容相关的历史小故事、图片、图表等。

(2)本课内容的主题介绍。

(3)本课在本单元中的地位与作用介绍。

(4)相关学习方法。

28. 教师应如何评价学生编写的历史剧本？

【参考答案】教师在评价学生编写的历史剧本时应注意以下问题：

(1)历史剧本创作的依据及内容必须符合课文要求。

(2)历史剧本在选材上要具有典型性。

(3)历史剧本要符合历史事件的基本史实，历史角色要符合历史人物的基本特征，展现历史人物的风采。

(4)历史剧本的创作目的明确，剧本中的角色安排科学合理，能够吸引学生积极参演并能照顾到学生的个性特点。

(5)历史剧本的设计和安排要具有可行性，容易操作。

三、材料分析题

29.【参考答案】(1)分封制：世卿世禄制，职位世袭。

郡县制：由皇帝任免郡守、县令，对皇帝负责，不得世袭。

(2)北宋地方官制呈现的特点：地方官员多由文官担任，重文轻武；地方军权收归中央；设知州、通判，彼此牵制；官员设置冗余。

影响：改变了唐末以来的藩镇割据局面，加强了中央集权；削弱了军队战斗力；使得官僚机构臃肿，形成了冗官局面，为北宋埋下了积贫积弱的祸根。

30.【参考答案】(1)这位实习生的做法不合适。

理由：这种生成性情境是教师在授课中经常会遇到的，此时的学生对于教材内容提出疑问，教师不应该用教材的权威性回应学生的疑问，而应该通过让学生发表不同见解，查阅不同资料来印证自己的观点，从而让学生养成论从史出、史论结合和重证据的历史意识。

(2)①“教教材”是忽略学生主体地位的“填鸭式”教学，学生是教师的仆人、知识的奴隶。“用教材教”，是强调学生的主体地位，允许学生怀疑教材，超越教材，保护学生的创新意识，培养学生的创新精神。教会学生终生学习、做事、做人。

②“用教材教”要求教师具备解读教材、解读学生相关情况的能力。教师必须深入分析学生的学习特点，了解他们的真实情况，并且在备课的过程中要将解读教材、解读学生与加工教材结合起来，不能把教学停留在“教教材”的水平上。

③新课程改革倡导教师“用教材教”而不是简单地“教教材”。教师要创造性地运用教材，要在使用教材的过程中融入自己的科学精神和智慧，要对教材知识进行重组和整合，选取更好的内容对教材进行深加工，设计出丰富多彩的课程内容来将教材的知识激活，形成独具教师自身特色的教学设计。

31.【参考答案】(1)可取之处：

①在课堂教学活动中有意识地调动学生积极参与,充分体现了以学生为主体的教学理念。在教学过程中注重对学生能力的培养,有助于使学生养成探究式学习的习惯。

②在教学活动中,教师采用启发式、互动式的教学方式,组织丰富多彩的课堂活动,有利于激发学生的学习兴趣,营造和谐融洽的教学氛围。

存在的问题:

①教师在学生动手画完航线之后并没有带领学生对新航路开辟的史实进行进一步归纳总结,没有达到新课程标准中"概述迪亚士、哥伦布开辟新航路的史实"这一教学目标。

②小组讨论的过程中,首先,教师对讨论的时间没有一个合理的把控,导致"直至下课,讨论活动仍未结束"。其次,在学生讨论的过程当中,教师没有深入到小组中给予指导。

(2)改进建议:

①在学生画出各个航海家的航线之后,可以请学生代表讲述自己所描述的航海历程,创设具体的教学情景,让学生身临其境地去感悟历史。

②在课堂教学活动中,当学生讲述完航海经历后,教师可以给出相应的习题,或者以表格形式来对这一部分内容进行巩固总结。

③在小组讨论中,教师要对讨论时间有一个合理的规划。在讨论过程中要深入小组讨论中去,观察学生动向,对学生提出的问题进行合理的解答。把握课堂时间,适时结束小组讨论,请相关代表发表意见后,其他小组做补充,最后由师生共同总结归纳相关知识点。

四、教学设计题

32.【参考设计】

环节一:导入新课

问题1:有谁知道,目前我国的外汇储备是多少?

2018年4月,中国外汇储备31249亿美元,请注意,这里的单位是美元,即用美元来衡量外汇多少,这已是国际惯例。外汇储备当中主要是以储备哪国的货币为主? 对,还是美元。

问题2:为何外汇储备以美元计算?

学生回答:因为美元是世界主要货币,国际间收支主要是以美元结算。

那美元的这种世界货币中心地位是如何建立起来的? 这要追溯到二战后建立起的以美国为中心的世界经济体系。以此为切入点,进入新课学习。

【设计意图】教师通过设疑提问,有利于启发学生思考,激发其学习兴趣,从而顺利进入新课的学习。

环节二:新课讲授

(一)布雷顿森林体系形成的背景

多媒体课件展示"凯恩斯与怀特之争"的故事:被誉为"经济学教父"的凯恩斯当时已身染重病,但他仍然积极地参加会议的各项议程,他甚至比怀特更早提出了货币计划。他主张建立"国际清算同盟",发行一种世界性的货币——班柯,各国货币均以班柯为单位确定汇价;各国将债权与债务放入同盟中,折算成班柯进行清算;同盟的份额是二战前3年的进出口贸易额(英国占有优势);"同盟"总部设在伦敦和纽约,理事会会议在英、美两国轮流举行。

怀特主张建立国际基金,基金至少为50亿美元,由会员国按规定的份额缴纳;份额的多少根据会员国的黄金外汇储备等因素决定(该计划也因此被称为"黄金规则");"基金"的办事机构设在拥有最多份额的国家;欠债的国家用自己的货币购买美元以还债,而汇率由美国决定。这就是怀特计划。

教师提出问题:英美在金融领域提出不同计划的真正意图是什么呢?

学生思考讨论得出答案。

教师进行总结归纳:英美都想要建立以自己为主导的资本主义世界经济体系。

教师继续追问:"凯恩斯与怀特之争"的结果是什么呢?

学生在阅读课文内容的基础上回答:"怀特"胜出。

【设计意图】教师通过展示和分析材料,让学生充分参与到课堂教学中来,有助于培养学生从材料中分析历史现象的能力。

(二)布雷顿森林体系的建立

教师播放布雷顿森林体系建立的纪录片片段,请学生结合课文内容,总结归纳该体系建立的时间、地点和经过。

请学生代表上台讲解。

之后教师归纳总结:1944年7月,在美国的布雷顿森林,英、法、美、中等44个国家的代表签订《布雷顿森林协定》,根据协定中的一系列文件成立了两个金融组织,即国际复兴开发银行和

国际货币基金组织。

学生展示课前搜集的相关图片并讲述国际货币基金组织以及国际复兴开发银行(世界银行)的宗旨及作用。

教师强调:美国通过控制这两大金融组织,建立起了以美元为为中心的国际货币金融体系,即布雷顿森林体系。

【设计意图】教师通过播放纪录片能让学生直观地感受历史,拉近学生与历史的距离,同时让学生充分参与到课堂中来可以激发学生学习的积极性和主动性,引起学生学习历史的兴趣。

(三)布雷顿森林体系的作用

PPT展示材料:在布雷顿森林会议上,法国代表在回顾了历史上大量货币与经济会议的失败后指出,"这次会议在历史上开创了一个新时代"。

教师:那么你认为这个新时代"新"在哪里呢?这个新时代的确立产生了什么样的影响呢?

教师将全班同学分为四个小组,用五分钟的时间讨论布雷顿森林体系的建立对资本主义世界经济产生了什么样的影响。

讨论结束后,请各小组派出代表讲述本小组观点。在此基础上教师进行归纳总结。

【设计意图】学生之间的合作探究能充分实现学生的主体性地位,培养合作精神,活跃课堂气氛。

环节三:小结作业

1.小结:教师引导学生建构关于本课的知识体系,强化学习效果。

2.作业:你怎样一分为二地评价二战后资本主义世界经济体系的建立?下节课请同学们进行分享。

【设计意图】教师通过建立知识体系,帮助学生形成完整的知识框架。开放式的作业设计可以引发学生对历史的思考和认识。

2017年下半年中小学教师资格考试真题试卷(精编)

答案速查:

1	2	3	4	5	6	7	8	9	10	11	12	13	14	15
C	A	C	B	D	B	C	A	D	A	B	C	A	D	B
16	17	18	19	20	21									
D	D	C	B	C	B									

一、单项选择题

1. C 【解析】根据题干内容并结合所学知识可知,禹死后,其子夏启继位,益却坚持禅让制,夏启为维护王位将益杀死,诸侯纷纷向夏启表示臣服。夏启开创王位世袭制,取代原有的禅让制。禅让制此时已结束,A项错误。分封制的创立是在西周时期,B项错误。皇帝制的确立是在秦朝建立后,D项错误。

2. A 【解析】A项的大意是个人在赡养自己的长辈时,不应忘记其他没有亲缘关系的老人;在抚养教育自己的后代时,不应忘记其他没有血缘关系的小孩。这句话出自《孟子·梁惠王上》,体现个体对其他社会成员的关爱,立论的出发点建立在"人性善"上。B项的大意是天下不安定的原因在于父子兄弟相互抱怨以致结下仇恨,进而产生离散之心,所以离散后亲密的关系不能复合。这体现人际关系和谐的重要性。C项的大意是放弃法律而凭个人主观意志治理国家事务,就算贤君的代表尧也不能治理好一个国家。这体现法律对治理国家的重要性。D项的大意是人的生活不能脱离社会群体,个人结成社会群体而没有等级名分的限制就会发生纷争。这体现等级名分对社会群体的重要性。

3. C 【解析】公元前124年,汉武帝采纳董仲舒的建议,在长安城外设立太学,从地方官僚子弟中选拔人才到太学学习,以五经博士教授。贾谊、晁错分别生活在汉文帝、汉景帝时期,与题干的汉武帝时期不符,排除A、B两项;汉武帝采取主父偃的建议颁布"推恩令",与题干的"兴太学"无关,排除D项。

4. B 【解析】根据题干和所学内容可知,东汉末年,皇帝的诏书到达地方后受到冷落,反映当时州郡长官掌控地方各项大权,不服从中央的节制;A、D两项是对题干中歌谣内容的错误理解,C项在题干中没有体现。

5. D 【解析】根据题干中钱穆的观点"平民子弟通

过长时间刻苦学习可以做到考试登第”,可知该项制度通过考试选拔人才,评价标准是真才实学。由此分析各项内容。军功爵制是按照军功大小授予爵位和田产的制度,始于商鞅变法。察举制是汉代中央选拔官吏的一种方式。九品中正制是魏晋南北朝时期重要的选官制度,以个人品行和门第作为重要的参考依据。科举制是隋唐时期建立并完善,以考试形式选拔官员的制度。

6. B 【解析】根据题干中的“遇坊巷桥门及隐僻去处,俱有铺席买卖”可知,南宋时期杭州的生活区(即坊内)也有商业买卖活动,造成这种现象的原因是坊市界限的打破。A项是材料反映的现象,不是其产生的原因。“户口浩繁”形容城市人口多,不能体现城镇人口的激增。市民阶层的壮大在题干中没有体现。

7. C 【解析】租庸调制是唐朝的赋役制度,成年男子每年向官府缴纳一定量的谷物,叫作“租”,缴纳定量的绢或布,叫作“调”,可以用绢或布代役,叫作“庸”。方田均税法是王安石变法的内容,即重新丈量土地,按占有土地的多少和肥瘠收取赋税,官僚和地主不得例外。一条鞭法是明代张居正改革的内容之一,以土地作为征税对象,把田税、丁税、杂役等合并,摊入到土地税中折银征收。摊丁入亩出现于清代雍正时期,把固定下来的丁税平均摊到田赋中。

8. A 【解析】根据题干内容可知,李鸿章委派戴华藻作为中兴矿局的召集人,面向社会募集商股,这属于我国近代企业经营方式中的官督商办。

9. D 【解析】根据题干中的资料内容可知,该条约规定清政府划定专门的使馆区供各国外交人员居住,允许其驻扎军队保护,禁止中国公民在界内居住。联系中国近代签订的不平等条约的主要内容,可知题干资料出自《辛丑条约》。

10. A 【解析】题干中材料内容,反映张謇呼吁加强商业立法,确保中外合资企业创办过程中本国的商业利益,即维护民族工业的利益。B、D两项是对题干的片面理解,C项在题干中没有相应体现。

11. B 【解析】观察题干图片,可以提取“华东野战军”“中原野战军”“徐州”等信息。结合所学知识,华东野战军和中原野战军参与的是1948年底至1949年初的淮海战役。淞沪会战和徐州会战是抗日战争期间国民党军队抗击日寇的战役,渡江战役是人民解放军攻破国民党长江防线的渡江作战,均与图片信息不符。

12. C 【解析】根据图片中的“万隆会议十周年”可知,题目考查的是万隆会议的相关知识。在1955年的万隆会议上,周恩来总理提出“求同存异”方针,亚非国家寻求紧密的团结与合作。1953年12月,周恩来总理会见印度代表团时,首次提出和平共处五项原则。不结盟运动兴起于1961年。1954年,中国首次以大国身份出席国际会议,即日内瓦会议。

13. A 【解析】根据题干中“拔掉了众多的债权标”“许多被出卖的人们……我都使他们获得解放”,结合梭伦改革中的主要内容可知,通过废除债务奴隶制,古希腊因债务沦为奴隶的平民重新获得自由。其他选项在题干中没有相应体现。

14. D 【解析】罗马法是维护古罗马奴隶主利益的法律,不是资产阶级的法典,A项错误。罗马法是罗马帝国统治的有力支柱,提倡法律面前公民人人平等,但与材料的含义不符合,排除B、C两项。根据题干“包含着资本主义时期的大多数法律关系”,可以判断近代欧美资本主义国家的立法均受到罗马法的影响。

15. B 【解析】罗斯福通过新政,大力兴建公共工程的目的之一是增加就业,从而刺激社会消费和生产。

16. D 【解析】根据“现时业已到来,日本必须决定一途……《开罗宣言》之条件必将实施”可知该国际文件重申了《开罗宣言》的相关内容。结合第二次世界大战期间发表的国际宣言内容,可知《波茨坦公告》符合题干要求。

17. D 【解析】法国生物学家拉马克在19世纪初提出了两个著名的原则:“用进废退”和“获得性遗传”。英国科学家胡克提出力学重要基本定律之一的“弹性定律”。德国植物学家施莱登与德国生理学家施旺共同创立细胞理论。英国生物学家达尔文提出“生物进化论”。

18. C 【解析】根据图片中的数据可知,美国军费开支自1976年后逐渐上升,其主要原因是里根总统提出“星球大战计划”,发展高精尖武器需要大量科研经费。朝鲜战争发生于20世纪50年代。越南战争以1975年美军撤出越南宣告结束。科索沃战争发生时间是1999年。

19. B 【解析】梁启超认为所著《戊戌政变记》不能称作“悉为信使”,原因是撰写过程中受主观情

感的影响，将事实有所夸大，这说明史料可靠性应考虑记录者的动机。

20. C 【解析】“班超经营西域”发生在东汉时期，查阅相关史料，需要确定史料的记录范围包括东汉时期。《史记》成书于西汉中期，①不符合要求。《后汉书》主要记述东汉光武帝建武元年至汉献帝建安二十五年(25年—220年)间的史事，②符合要求。《三国志》是记录三国时期的断代史，③不符合要求。《资治通鉴》记录公元前403年至公元959年间的史事，④符合要求。

21. B 【解析】根据题干“发给学生相应文献资料，要求学生分析材料”可知，教师要求学生通过阅读、分析文献资料，得出三大发明的传播路线并予以标记，意在培养学生史料实证的能力。A、D两项观点片面，C项在题干中没有体现。

二、简答题

22. 简述19世纪鸦片贸易对中国经济发展造成的影响。

【参考答案】鸦片贸易不仅打破了中国对外贸易的优势，而且打破了中国经济发展原有进程。其影响的具体体现：

(1)鸦片贸易使中国对外贸易从顺差变为逆差，造成白银的大量外流，扰乱了中国经济的正常秩序，阻碍了中国经济的正常发展。走私鸦片的不断输入，使得中国从长期的贸易出超变为入超，白银的流向也由长期流入变为流出，造成银贵钱贱，通货膨胀严重，民众生活更加困难。

(2)鸦片贸易影响中国其他贸易的正常开展，使经济状况恶化。在对外贸易方面，鸦片排挤了其他商品，成为进口商品中最主要的部分，外贸赤字数额也逐年大幅增加。国内贸易方面，鸦片泛滥还造成了国内生产力和劳动生产率的下降，并直接导致了人们购买能力的下降。

23. 历史教师应从哪些方面指导学生判断文献史料的价值？

【参考答案】教师指导学生判断文献史料的价值，主要从三方面考虑：

(1)文献史料的真实可信程度。

(2)文献史料的具体、丰富程度以及它反映的历史现象的重要程度。

(3)文献史料的独到性及其稀见程度。

在这三个方面因素中，文献史料的真实可信程度是最重要的。因为在历史研究的过程中，对文献史料的最大要求就是它要真实可信。

24. 某些版本的高中历史教科书中设置了活动课，简述该类活动课的教学应注意的问题。

【参考答案】活动课这一课型在教材中主要强调问题探究以及成果展示，在活动课课堂中应该注意通过问题探究和多样化的活动设计，培养学生解决问题的能力，让学生掌握探究学习的过程和方法，培养学生的创新精神。因此在历史活动课教学中，应注意以下几个问题：

(1)要符合新课程标准的要求。

(2)明确该活动课在本单元中的地位、设置原因和达成目标，即历史活动课是要通过活动的形式让学生学会活动方法、培养探究习惯。

(3)强调活动过程中“学生为主体、教师为引导”的互动过程。如果学生判断历史现象和感知历史情景的能力有限，探究风气有所不足，就需要教师在整个活动课中积极、合理地引导学生。

三、材料分析题

25.【参考答案】(1)原因：①近代报业发展突飞猛进，具有文化复制方便、快捷的优势，为晚清笔名兴盛提供了物质基础。

②清政府实行极为严酷的文化专制政策，报人为避免使用本名而引来的种种祸患，故使用笔名。

③清王朝的统治危机以及由此引发的社会变革力量的崛起，使得更多有识之士使用笔名，参与政治活动。

(2)“民治”反映了人们反对封建君主专制，要求实行民主共和、渴望民主的思想。“民意”反映了人们要求自由表达政治诉求、获得民主权利的思想。“民伟”反映了人民是推动社会变革的主要力量的思想。

26.【参考答案】(1)《时局图》将不同的动物形象画在中国地图上，能让学生更清楚地看到19世纪末中国面临被帝国主义列强瓜分的危机。除了以动物形象代表的帝国主义列强外，画面中心的贪官形象更加显示出民族危机的根源是腐朽落后的封建政治制度。画面线索层层递进，深浅适度，有利于教师通过解读图片内容，引导学生了解本子目的学习内容。而左图只表现出列强瓜分中国的现象，没有揭露现象反映的本质问题。

(2)应注意的问题：①精选细挑，符合教学需要。教师要在充分理解课标要求、分析教材内容、确定重点难点的基础上选择历史漫画，所选的漫

画应符合历史课程标准的总体要求，符合历史教学的客观规律，符合历史学习的需要。同时，要对选择或设计的漫画进行多角度、多层次的分类观察，寻找其蕴含的各种信息、知识，既要注意寻找明显的知识，又要注意挖掘隐含的知识，深入分析漫画与教学内容的联系。

②深浅适度，让学生既看懂又存疑。选择漫画材料要注意漫画应该繁简恰当、难易适中，所表现或批判的内容要深浅适度，符合中学生的认知水平。此外，作为教学手段，选用的历史漫画材料还要保证清晰完整，以便学生细致观察提取信息。

③符合教情、学情，体现学生主体教师主导。了解学生现有的知识结构，学生的兴趣点、认知水平及可能的课堂反应等。了解教师自身的知识水平、教学特色、驾驭课堂的能力等。这样漫画材料才能最大限度地发挥它在课堂教学中的作用。

④求同存异，多元开放。在运用漫画教学时，教师对学生的看法、观点，不必一刀切，只要言之成理，就允许各执一词，允许百花齐放。只有这样，才能更好地保护学生探究的热情，更多地激发学生的创造性火花。

⑤内涵宽泛，拓宽视野。在注重漫画体现历史基础知识的同时，还可以适当的选择内涵更为宽泛的漫画作品，拓宽学生的视野、扩大学生的知识面。这将有助于学生学会联系地、全局地看问题，理解古今中外的历史发展是有机联系的整体，把握社会历史发展的内在规律。

27.**【参考答案】**(1)该教师为帮助学生理解所讲内容采取了以下对策：

①情境导入。教师利用英国媒体报道的相关内容进行导入，拉近了历史和现实的距离，激发学生学习的兴趣。

②情境实践教学法和小组讨论法。教师利用新闻资料创设情境，让学生通过情境感知首相产生的条件和过程，通过学生间的讨论，让他们提出自己的观点。

③图示教学法。教师利用图示演示责任内阁制的形成，引导学生掌握内阁的基本原则。

(2)上述案例中该教师采用了三则英国媒体报道的材料，这样做的理由有：

①《普通高中历史课程标准》(实验)中提到，高中的历史教学在内容的选择上“应坚持基础性、时代性，应密切与现实生活和社会发展的联系，关注学生生活，关注学生全面发展”。时政新闻自身具有时代信息浓厚、传播性强的特点，符合新课改的理念，同时能激发学生的学习兴趣，为之后的授课打下基础。

②《普通高中历史课程标准》(实验)同时强调，高中历史课堂教学要使学生“学会运用科学的理论和方法认识历史和现实问题，逐步形成科学的世界观和历史观”。由此可见，课程改革后更加注重历史学科与现实的联系，培养学生用历史知识来解决现实问题。所以，教师在历史教学中加入时政新闻材料，不仅可以拉近历史与现实的距离，更能让学生学会以历史视角来观察现实的社会，解决现实问题。

③《普通高中历史课程标准》(实验)在对学生能力要求与目标培养方面强调，“通过对历史事实的分析、综合、比较、归纳、概括等认知活动，培养历史思维和解决问题的能力”。在历史教学过程中，仅仅靠对历史课本知识的讲述很难达到这一目的。教师在历史课程的学习中加入时政新闻，能很好地帮助学生养成良好的历史思维能力并逐步提高其解决现实问题的能力。

④从历史课程资源的开发和利用上说，利用丰富的网络资源，为历史教学创设情境，化抽象为形象，有利于培养学生学习历史的兴趣，提高学生的历史理解能力。

四、教学设计题

28.**【参考设计】**

环节一：导入新课

教师活动：展示《同光十三绝》的图片，并提问学生，通过他们的衣着装扮，有谁能够猜出他们的身份。

学生活动：通过观看图片人物的妆容和服饰，能够回答出他们是京剧演员。

教师活动：在学生回答的基础上，进一步提问学生，京剧是如何产生的？在表演上又有什么特色呢？顺势导入新课。

【设计意图】《同光十三绝》中的人物衣着各异，妆容奇特，展示图片能够有效吸引学生的注意力，提高学生学习的兴趣。问题的设计有利于引发学生对京剧发展历程的思考，增强学生学习的目的性。

环节二：新课讲授

(一)中国戏曲的起源与发展

教师活动：播放关于中国戏曲起源与发展的纪录短片，要求学生总结戏曲形成发展的过程。

学生活动：认真观看视频，通过视频能够得出原始歌舞、春秋战国时期的优伶、元杂剧、昆曲等关键信息。

【设计意图】通过观看视频的形式，能够直观形象地向学生介绍中国戏曲的起源和发展，加深学生的记忆和理解。

(二)京剧的形成和发展

教师活动：请学生仔细阅读课文，在读的过程中思考京剧是如何形成的，又获得了怎样的发展。

学生活动：通过阅读教材，能够归纳出道光年间，在徽剧和汉剧互相融合的基础上，吸收其他民间曲调形成了新的剧种——京剧；同治、光绪年间，京剧走向成熟，涌现出"同光十三绝"等著名艺人；京剧从北京向全国流传开，又走向了世界舞台。

教师活动：播放五分钟有关京剧形成的小视频，进一步加深学生的印象。

【设计意图】教师提出的具有启发性的问题，能够增强学生学习的目的性和有效性。京剧的形成和发展是本课的重点，采用小视频的形式，有利于加深学生对这一重点知识的理解，巩固重点知识。

(三)京剧的表演特色

教师活动：播放京剧曲目串烧的视频，让学生在观看的过程中思考京剧的表演特色有哪些。

学生活动：通过观看，能够总结出以表演历史故事为主，化妆都有一定的规范等表演特色。

教师活动：出示有关京剧特点的史料，让学生结合史料，以历史小组为单位进行讨论，随后派小组代表发言。

学生活动：结合材料，进行小组内的讨论，并选出代表发言。

教师活动：在学生发言的基础上，进一步引导学生归纳总结京剧表演特点。

【设计意图】学生通过对经典曲目的聆听，能够直观地感受到京剧艺术的魅力，实现情感态度与价值观目标。京剧艺术的表演特色是本节课的难点，小组讨论环节的设置，一方面能够集思广益，突破本节课的难点，另一方面能够锻炼和提高学生合作探究的学习能力。

环节三：小结作业

小结：师生问答进行总结。

作业：请学生课下自主搜集资料，下节课谈谈京剧艺术在现代的发展状况。

【设计意图】采用师生共同总结的形式，有利于实现知识的内化，巩固本节课所学知识。开放式的作业设计，能够充分发挥学生的主体性。

2017年上半年中小学教师资格考试真题试卷

答案速查：

1	2	3	4	5	6	7	8	9	10	11	12	13	14	15
B	B	D	D	C	C	D	B	C	B	A	C	A	C	C
16	17	18	19	20	21	22	23	24	25					
D	D	B	D	A	A	D	B	C	B					

一、单项选择题

1. B 【解析】分封制下，诸侯在享有权利的同时也有为周天子镇守疆土、随从作战、交纳贡赋、朝觐述职的义务。题干中句子的含义是京师派人来报告饥荒，隐公就代为向宋、卫、齐、郑诸国请求购买谷物，这是诸侯的义务，这是合于礼的。

2. B 【解析】这句话出自《孟子·梁惠王上》，是孟子劝说梁惠王做一个仁君的话语。

3. D 【解析】谥号是后人根据皇帝生前的功绩创制的，"光武"是谥号。年号是皇帝在位年间用的纪年年号，"开元"是唐玄宗李隆基的年号。庙号则是后人祭祀时候用的，"太祖"是庙号。故答案选D。

4. D 【解析】"夺得千峰翠色来"出自唐朝陆龟蒙《秘色越器》一诗，赞叹的是唐代越窑秘色青瓷。邢窑以白瓷著称，而哥窑和钧窑均属于宋代的名窑。故答案选D。

5. C 【解析】海外白银在宋朝的时候就开始大量输入中国，故A项错。明代的货币制度是"钱、钞兼行"，题目时间为明代中期，故B项错。本题考查的是明朝中期把谷物折换成白银送往京都用于

发放官员俸禄，跟农副产品是否实现商品化关系不大，故D项错。题目中“金花银”为明代税粮折收的银两。明代政府将白银作为支付官员俸禄的手段，说明政府肯定了白银的流通作用，认可其作为货币。故答案选C。

6. C 【解析】明成祖时设内阁，明代内阁有票拟权，然而票拟是否被采用最终取决于皇帝的批红，题干中“职在批答”“今之宫奴”反映的正是明代内阁。

7. D 【解析】四大徽班即清代乾隆年间北京剧坛的四个著名戏班，即三庆班、四喜班、和春班、春台班。

8. B 【解析】太平天国运动前期，英国为维护其在华利益采取“中立”政策。

9. C 【解析】“卅年求富更求强”中“求富”“求强”即洋务运动时期的口号，“海面未收功一战”指1894年甲午中日战争中，清政府惨败，北洋海军全军覆没，“总归虚牝掷金黄”即总归是白白浪费钱财，批评洋务运动耗费国力。

10. B 【解析】辛亥革命胜利后，孙中山在《临时大总统宣言》中，表示要“尽扫专制之流毒，确立共和，以达革命之宗旨，完国民之志愿”。

11. A 【解析】根据题意可知，1912年至1936年为中华民国元年到中华民国二十五年。中华民国建立后，推行有利于民族资本主义发展的政策，故①正确；一战期间，欧洲列强暂时放松了对中国的经济侵略，故②正确；国民政府于1935年开展“国民经济建设运动”，鼓励发展工业、农业和交通运输业，故③正确。四大家族是官僚资本，阻碍了民族资本主义的发展。故答案是A。

12. C 【解析】晋察冀边区银行是敌后抗日根据地建立的最早的一家银行，故选C。

13. A 【解析】1950至1952年是我国国民经济恢复时期。题目中的乡村社会商品零售额逐渐增加，说明农民消费能力上升，生活水平有明显改善。所以答案选A。在这一时期，合作社和三大改造尚未出现，所以B项错误；C、D项在题干中没有相关体现。

14. C 【解析】由题干“君子和而不同”指君子在人际交往中能够与他人保持一种和谐友善的关系，但在对具体问题的看法上却不必苟同于对方，可知正确选项为C。A项指不承认国民政府建立的一切旧的、屈辱的外交关系，要在新的基础上经过谈判，另行建立新的平等的外交关系。B项指中国政府在外交上坚定地站在社会主义阵营一边。D项是在20世纪70年代提出的，材料中未体现。

15. C 【解析】随着罗马帝国疆域的扩大，商品经济和贸易的发展，不同民族间的矛盾显现，在政治经济活动中也产生了许多新问题、新矛盾，万民法即为解决这些矛盾而产生的，万民法成为适用罗马统治范围内一切自由民的法律。故选C。

16. D 【解析】潘恩的《常识》极大地鼓舞了北美民众的独立情绪，潘恩也被视为美国开国元勋之一。因此，“现在是分手的时候了”指的是殖民地人民的独立，故选D。

17. D 【解析】1751—1851年，英国处于工业革命时期，此期间，新兴的工业城市得到了迅速发展，大量劳动力涌向城市，城乡人口的比例发生了重大变化，工业发展促进了城市数量增加和规模扩大。由于资本主义制度的确立，英国加速推进“圈地运动”，大量农民涌入城市。因此，②③④说法都是正确的。故选D。

18. B 【解析】A项苏联一五计划的时间是1928—1932年，1929年还未实现工业化；C、D两项时间均在赫鲁晓夫改革时期（1956—1964年）；B项为加强对农业的管理，摆脱粮食供应困难，1927—1936年，苏联政府推行了农业集体化运动，把分散的农民组织到集体农庄里。故选B。

19. D 【解析】图中所示的“田纳西水坝”属于水利工程，而水利工程又属于公共工程，故选D。

20. A 【解析】德国与法国的和解有助于推进欧洲一体化。因此④说法错误。①②③说法均正确。故选A。

21. A 【解析】根据“旨在稳定国际汇率，通过提供短期贷款，缓解成员国国际收支不平衡的国际组织”可以判断是国际货币基金组织。故选A。

22. D 【解析】《自由引导人民》是法国浪漫主义画家德拉克洛瓦为纪念1830年法国七月革命而创作的油画作品。故选D。

23. B 【解析】A项《汉谟拉比法典》原文刻在一段黑色玄武岩石柱上，是古巴比伦国王汉谟拉比颁布的法律汇编，属于文献史料。C项秦始皇陵兵马俑属于实物史料。D项银雀山汉简属于文献史料。B项《荷马史诗》是古希腊盲诗人荷马创作的两部长篇史诗——《伊利亚特》和《奥德赛》的统称，是根据民间流传的短歌综合编写而成的，因此既具有文献属性，又具有口传属性。

故选B。

24. C 【解析】"史界革命不起，则吾国遂不可救。悠悠万事，唯此为大"出自梁启超所写的《新史学》，故答案选C。

25. B 【解析】利用历史地图能帮助学生形成历史空间概念，故选B；历史年表有助于学生了解历史时间线索和发展脉络；历史照片有助于还原真实的历史画面，有助于学生了解历史真相；历史文物有助于学生了解当时的时代状况。

二、简答题

26. 王安石说："自古治世，未尝以财不足为公患也，患在治财无其道尔。"列举王安石的治财之"道"。

【参考答案】措施：(1)青苗法。每年青黄不接的时候，政府以较低利息贷款或借谷物给农民，秋后偿还，农民由此免受地主豪绅的高利贷盘剥。(2)募役法(免役法)。官府的各种差役，百姓可以不再自己服役，而是改由官府雇人服役。百姓按贫富等级交纳免役钱，原来不服役的地主、官僚也要交钱。(3)农田水利法。政府奖励开垦荒地，兴修水利，发展农业生产。(4)市易法。在开封设立市易务，负责平价收购商人的滞销货物，然后在市场需求时赊贷给商贩贩卖。(5)均输法。在东南六路设置发运使，详细了解六路物资生产和开封的需求情况，按照"徙贵就贱，用近易远"的原则采办宫廷和中央机构所需货物。(6)方田均税法。政府重新丈量土地，按照土地的好坏、多少规定纳税的数目，官僚、地主不得例外。

27. 教师应从哪些方面评价学生的历史小论文？

【参考答案】(1)主题是否突出，观点是否明确。(2)论据是否属实，引用材料是否丰富、合适。(3)逻辑是否严密，详略是否得当。(4)语言是否简练、规范、流畅、清晰。(5)结构是否完整。(6)眼界是否开阔，能否多角度进行论证。(7)是否坚持正确的历史价值观。

28. 教师在教学中应从哪些方面培养学生的历史证据意识？

【参考答案】(1)教师本身要有重视证据的历史意识。中学历史教学主要是借助于史料、教师的语言间接地表达历史，帮助学生获取历史知识乃至历史智慧。这就要求历史教师在日常教学过程中重视历史叙述和评价的证据意识，将凭证据说话贯穿于叙述历史事件、分析历史现象、品评历史人物等教学的每一个环节。

(2)合理选用历史图片、影视资料、史料文献等资源，培养学生"重证据的历史意识"。在运用史实进行论证时，要注意史实的真实性、关联性、充分性；去伪存真、去粗取精、由此及彼，能评判争议问题并联系现实，从寻常内容中发现问题进行论证，更好地培养学生重证据的历史意识。

(3)撰写历史小论文，教导学生要言之有据。

(4)教师结合史学研究动态开展研究性学习课，引导学生在探索的过程中接近历史、认清历史，同时让他们在合作探究中交流意见，为自己的论点寻求史料证据，这样，学生重历史证据的意识也会逐渐培养起来。

三、材料分析题

29. 【参考答案】(1)表现：中国共产党秘密同国民党将领接洽，谋求建立抗日民族统一战线；双方讨论停止敌对行动，并且制定相应文件，为国共合作抗日奠定基础；国共双方讨论共同抗日。

(2)原因：民族矛盾成为当时中国的主要社会矛盾；共产党"抗日民族统一战线"的提出；全国抗日救亡运动的推动；张学良等爱国将领的爱国精神；蒋介石的"攘外必先安内"政策激化了国民党内部的矛盾。

(3)影响：张学良和杨虎城发动了"西安事变"。中国共产党出于各方考虑，提议和平解决"西安事变"。经过谈判，迫使蒋介石接受了停止内战、联共抗日的条件，促进了国共合作局面的出现，也标志着十年内战基本结束。

30. 【参考答案】(1)考查内容：美国的分权制衡。学生答题结果统计数据表显示该道题的正确率为31.16%，偏难。

(2)存在的问题：学生对美国政府不同机构的职能以及各政府机构之间是如何制衡的知识掌握不透彻。

改进措施：充分利用教材。首先让学生理解各机构的基本职能；其次，借助三角示意图进行讲解，通过设问"总统、国会、最高法院相互之间是如何制约平衡的"引导学生思考理解；最后可播放相关视频或学生自编自演"美国分权制衡"的简短历史剧，让学生进一步感知不同政府机构的职能及相互关系。

31. 【参考答案】(1)上述历史课堂活动存在的问题：①课堂活动流程不全面。正确的课堂活动应该包含课前、课中、课后三部分。从材料中来看，该课前部分只有教师准备的材料，学生的相关

活动没有体现。课后的总结及作业设计也没有反映出来。

②辩论材料不应由教师完全包办。应该根据辩题,由正反方学生在课前各自通过不同渠道(如教材、历史著作、互联网等)查找搜集整理相关信息。

③教师点评内容不全面。教师不仅要对各组的参与态度进行点评,还要对辩论的内容、参与度、评委组的总结内容等方面进行点评。

④学生参与度不够。B、C、D三组各由一名代表陈述理由并进行辩论,因此大多数学生没能很好地参与到活动中;评委组只在最后进行总结,没有全程参与辩论。

(2)①合理选择历史课堂活动。根据新课标要求、历史课程内容和学生实际情况等选择最适合本堂课的历史课堂活动。

②根据所选择的历史课堂活动确定活动流程。课前要确定活动主题,教师和学生要搜集相关资料,若要分组,则遵循"组间同质,组内异质"的原则;课中活动要遵循"学生主体,教师主导"的原则,引导学生参与,活动结束时学生要进行发言交流,教师要总结点评;课后要有小结作业,整体反思。

四、教学设计题

32.【参考设计】

环节一:导入新课

情境创设:播放电视连续剧《太平天国》主题曲,带领学生感受太平天国运动不屈不挠的斗争精神。听完歌曲之后,教师提问:请大家回顾初中所学知识,思考太平天国运动因何而起?结果如何?

【设计意图】通过歌曲导入和提问的形式,吸引学生注意力,激发学生的学习兴趣。

环节二:新课教学

(一)太平天国运动的发展过程

首先让学生快速浏览课本,然后分组学习,进行总结(自主探究、合作学习)。

师生共同总结太平天国运动的发展过程。

【设计意图】通过学生看书、讨论,学生自主把太平天国运动的发展过程梳理出来,着重培养学生的自主探究、合作学习的能力,体现了学生的主体地位。

(二)剖析太平天国运动

师:从这里我们可以看出,太平天国运动发展非常迅速,那为什么当时那么多的农民愿意参加这场运动呢?太平天国运动兴起的原因是什么?

1. 兴起的原因

学生思考并回答:①阶级矛盾尖锐;②外国资本主义入侵;③自然灾害。

教师结合当时社会实际引导学生思考当时的农民在本国封建势力和外国资本主义的双重势力压迫下革命性较强。而洪秀全创立的拜上帝教虽然借鉴西方基督教思想,但是带有"封建迷信"色彩。

【设计意图】通过问题探究、自我总结等多种方式引导学生自主学习,提升能力。

2.《天朝田亩制度》和《资政新篇》

师:定都天京后,为巩固统治,又先后提出两个治国方案,即《天朝田亩制度》与《资政新篇》。请大家仔细阅读教材中两个方案的相关内容并结合相关材料分组讨论,思考下列问题,教师展示幻灯片"农民大牛、二狗和黑皮"的故事,借此提出相关问题。

学生小组讨论,并分组回答。

师生共同分析得出《天朝田亩制度》的三个特点:革命性、落后性、空想性。

【设计意图】通过故事情境提出设问,在充分调动学生兴趣的同时,也能引发学生积极思考,深入理解《天朝田亩制度》的相关内容。

教师提出新的问题,并引导学生正确认识《资政新篇》的进步性和其空想性。

教师展示幻灯片:比较《天朝田亩制度》和《资政新篇》(小组讨论)。小组学生回答后,教师点评并用幻灯片展示相关答案。

【设计意图】通过比较学习,充分发挥学生的主体地位,培养学生自主探究、合作学习的能力,启发学生的思维。

3. 失败的原因、影响

教师通过幻灯片展示"杨秀清等太平天国运动将领对权力的过分追求"以及"太平天国运动将领私人的骄奢淫逸生活"的相关材料,让学生思考天京内讧的原因。学生回答之后,教师简单点评并分析"农民阶级的局限性"的相关表现,最后提出太平天国运动最终失败了,那么失败的原因都有哪些呢?

学生思考并回答。

教师总结:其一,农民阶级的局限性,农民阶级

不能领导中国革命走向成功。其二,战略上的失误。其三,中外反动势力的联合绞杀。

【设计意图】通过展示材料,扩充背景知识,便于引导学生对农民阶级局限性的认识,使其更加深刻地理解太平天国运动最终失败的原因。

4. 太平天国运动的历史功绩

师:刚刚在歌中听到"何以成败论英雄",尽管太平天国运动失败了,但它在近代中国历史上还是比较重要的,接下来我们来探讨太平天国运动的历史功绩。

教师通过幻灯片展示材料"太平军初建政权后受到百姓的欢迎"以及"太平天国运动延缓了西方列强把中国迅速殖民地化的阴谋"的相关材料,引导学生分析"太平天国运动的历史功绩"。

生:①沉重打击了封建势力;②打击了外国侵略者。

教师肯定学生的评价,同时指出要全面看待太平天国运动:由于农民阶级的局限性,其不可能领导中国革命完成反封建反侵略的任务,因而太平天国运动必将失败。

【设计意图】运用史料教学法,便于学生理解相关知识;教师及时点评,从正反两方面来评价太平天国运动,引导学生要学会全面客观地认识历史事件。

环节三:小结作业

1. 教师带领学生回顾本课内容。

2. 有人说:"太平天国运动揭开了近代中国民主革命的序幕",请大家课下以历史小论文的形式阐述自己的观点。

【设计意图】通过对所学内容的回顾及开放性的作业设计,帮助学生更好地理解太平天国运动。

2016年下半年中小学教师资格考试真题试卷

答案速查:

1	2	3	4	5	6	7	8	9	10	11	12	13	14	15
B	C	A	C	D	B	C	D	B	B	C	D	B	C	C
16	17	18	19	20	21	22	23	24	25					
D	A	D	A	A	C	A	B	A	A					

一、单项选择题

1. B 【解析】由题干"命你的儿子克做燕地的君侯",可知周王分封召公的儿子为诸侯,考查分封制的内容,故选B。

2. C 【解析】A项"小国寡民"是老子的主张;B项"民贵君轻"是孟子的思想;D项是孔子创办私学的影响;"仁"和"礼"则是孔子在春秋社会变革时期社会混乱的状态下提出的思想,主要是为了恢复和稳定社会秩序。故选C。

3. A 【解析】汉朝实行郡国并行制,诸侯国势力强大,为解决封国问题,汉景帝采纳晁错的建议,实行削藩政策,最终导致七国之乱,后汉武帝实行"推恩令"解决封国问题,有效削弱地方势力。故选A。

4. C 【解析】"今欲断诸北语,一从正音"中,"北语"即"鲜卑语",其意为"禁用鲜卑语,统一使用汉语"。这是北魏孝文帝改革的一项措施,故选C。

5. D 【解析】A项"三公九卿制"是秦朝的措施;B项"设立内阁"是明代的措施;C项"三省六部制"是隋唐时期的措施;D项"增设三司"在宋初设置,目的是分割宰相的财权,从而加强皇权,故选D。

6. B 【解析】从题干中可知明朝对商人征收重税,反映明朝实行抑商政策。故选B。

7. C 【解析】本题考查的是"诗界革命",其中梁启超首揭"新派诗"的大旗,是"诗界革命"的领袖人物,故选C。

8. D 【解析】19世纪70年代,电报进入中国;1881年第一条公众电报线路津沪线开通,根据题干信息电报"从各省传到军机处"说明电报线路已经在全国各地铺设,这已经是19世纪末20世纪初,故本题选择D项。

9. B 【解析】中国第一个近代化钢铁企业是洋务运动中张之洞创办的汉阳铁厂,故选B。

10. B 【解析】据图可知,1905年以后,新式学堂的数量急剧增长,这是清末新政中"废科举,办学堂,派留学"这一措施推动的结果,故选B。

11. C 【解析】辛亥革命推翻了封建帝制,建立了中

华民国,是20世纪中国第一次历史性巨变,故选C。

12. D 【解析】一战期间,民族资本主义经济发展出现短暂的春天。主要是因为一战期间欧洲列强暂时放松了对华的经济侵略;辛亥革命的推动;临时政府奖励发展实业;群众的反帝爱国运动。

13. B 【解析】根据题干中"1937年11月28日""十周之英勇抵抗,已造成中国堪称军事国家之荣誉"能推断出正确选项为淞沪会战。

14. C 【解析】根据图片中甲处的位置可知,甲为闽浙赣革命根据地。方志敏是闽浙赣革命根据地的主要创始人、江西省农民运动领袖。

15. C 【解析】A、B项均属于新时期的民主政治建设成果,时间不符。D项时间不符。人民代表大会制度是我国的根本政治制度,奠定了新中国的民主政治建设的基础。1954年9月,第一届全国人民代表大会召开,基本形成了人民代表大会制度。

16. D 【解析】"鬼"和"豺狼"指"四人帮";"雄杰"指周恩来。这是1976年清明节人们为悼念周恩来,声讨"四人帮"所作的一首诗词。

17. A 【解析】1990年,上海浦东的开发和开放是20世纪90年代初国家经济发展的重大战略步骤。

18. D 【解析】战争使得希腊社会世风日下,道德沦丧。苏格拉底认为,拯救社会的根本出路在于改善灵魂和人的本性,故提出"认识你自己"这一哲学命题。

19. A 【解析】对于不还债的人要予以法律处罚,说明注重保护私有财产。

20. A 【解析】本题考查新航路开辟后"三角贸易"对欧洲、美洲、非洲的影响。"三角贸易"主要指新航路开辟以后,欧洲商人把廉价工业品(枪支等)运到非洲换取奴隶,把黑奴运到美洲卖掉,从美洲购回生产原料(金银、工业原料等),制成商品再运到非洲以换取奴隶的循环贸易活动。最先开始经营三角贸易的国家是葡萄牙和西班牙,英国和法国后来居上。

21. C 【解析】首相掌握行政权,司法独立,故②错,①③④表述正确。

22. A 【解析】"以工代赈,兴办公共工程"主要是为了增加就业,刺激消费和生产,稳定社会秩序。

23. B 【解析】题干所述为现实主义文学的特点。法国巴尔扎克的《人间喜剧》展现了19世纪上半期法国社会生活的方方面面,堪称资本主义的"社会百科全书",是现实主义文学的典型代表。

24. A 【解析】本题考查《史学要论》。《史学要论》是李大钊撰写的中国第一部以唯物史观为指导的史学理论著作。

25. A 【解析】图片反映的是当时中国代表团听到恢复中华人民共和国在联合国合法席位的决议后喜笑颜开的场景。它真实、生动地反映了当时中国代表的状态,具有典型性和生动性。

二、简答题

26. 简述明成祖加强君主专制中央集权的措施。

【参考答案】(1)执行削藩政策,巩固统治。(2)迁都北京,加强对北方的控制。(3)设立内阁,由大学士辅佐皇帝进行决策。(4)设立特务机构东厂,监控官员。

27. 简述在课堂教学中使用口述史资料应注意的主要问题。

【参考答案】(1)选材上力求真实,尽量选取能够与文字资料、实物资料相印证的口述史资料作为教学材料使用。(2)选材上力求典型。教师选用的口述史资料应从教学内容的重难点和学生的接受能力出发。教师在备课时尽量选取典型的、能起画龙点睛之效的口述史资料,切忌引用容易造成学生理解障碍或不能很好契合教学内容的口述史资料。(3)围绕选用的口述史资料做好辅助解读工作。教师在出示选用的口述史资料前,应对史料中涉及的社会背景、人物及事件做好解读和引导工作,方便学生对口述史资料进行深入理解,以便其更好地掌握教学内容。(4)做好相关记录并加以总结和改进。教师在使用口述史资料的过程中要时刻注意学生的反馈情况,对学生的解读情况加以记录。课后结合记录,对口述史资料的选用、展示、解读等工作加以改进和完善,更好地发挥口述史资料在课堂教学中的作用。

28. 某教师要对学生的历史学习进行评价,其评价的基本方法有哪些?

【参考答案】对学生历史学习的评价具有科学性、灵活性和实践性的特点。目前比较常用的学生历史学习评价的方式有以下几种:

(1)档案袋评价。档案袋评价也称为成长记录评价。简而言之,就是学生的作品集,如收集

学生的历史作业、小论文、手工作品、历史手抄报等与历史学习有关并能反映学生情况的材料。

(2)表现性评价。历史学习中表现性评价运用得比较多,比如历史小论文的写作,历史小话剧的表演,历史实物、地图的制作等。

(3)终结性评价。终结性评价也称为总结性评价,是指在某一教育活动告一段落的时候,对活动结果进行的评价。目前纸笔测验仍然是中学最常见的测验方法,但终结性评价不一定是纸笔测验,也可以采用口试等多种方式进行。

三、材料分析题

29.【参考答案】(1)二战后面临的问题:二战使西欧丧失了世界经济中心的优势地位,恢复和发展经济成为其面临的主要问题,而在经济的恢复和发展过程中,各国联系日益密切,这使得欧洲联合成为一种需要。

(2)欧洲一体化的进程:①1951年,《欧洲煤钢共同体》条约签订;②1957年,《罗马条约》签订;③1967年,欧洲共同体成立;④1992年,欧共体成员国正式签署了《欧洲联盟条约》,目标是建立欧洲经济货币联盟和欧洲政治联盟;⑤1993年,欧洲联盟成立,实现了欧共体从经济实体向经济政治实体的过渡;⑥1999年,欧盟货币欧元正式问世;⑦2009年11月19日,首位“欧盟总统”和“欧盟外长”诞生,欧洲一体化发展到一个新的高度。

(3)启示:①一体化合作需要循序渐进,统筹安排。②在一体化合作中需建立价值观共识和认同感。③一体化过程中应注意利益切合点的适时选择。④隐含的政治联盟是推动货币一体化的关键。

30.【参考答案】(1)教师甲教学反思涉及的方面:教学目标的达成情况;教学中存在的问题;对其他教师意见的反思。

教师乙教学反思涉及的方面:教学的成功之处。

(2)问题:教师甲:虽找出些问题,但仅停留于表面的教学现象的反思,未具体分析这些问题产生的原因及解决方法。教师乙:只反思本节课的成功之处,未反思本节课的教学目标达成情况,教学中存在的问题、原因、解决办法等。

(3)①教学前反思:反思课程理念,已有实践经验,教材重难点把握是否得当等;②教学中反思:反思教学实施方案,方案实施情况等;③教学后反思:可反思教学目标是否达到预期效果,教学方法和教学手段的运用是否贴切、多样,学法的指导是否恰当、有效,教学理论是否符合教与学基本规律,自己精心设计的提问是否科学、合理,学生课堂生成的问题是否圆满解决,教学任务是否高效高质完成等。

31.【参考答案】(1)B图表更合理。原因:本题考查“世界贸易在20世纪90年代以后出现怎样的发展趋势”,A图中,20世纪90年代的发展状况在图片中呈现的很少,不利于学生分析作答;B图中,20世纪90年代之后的发展状况在图片中呈现的较多,便于学生分析观察。

(2)试题A的参考答案较为宽泛,分析的是新航路开辟后世界贸易额呈增长趋势的原因,而题干中要求分析的是20世纪90年代以来世界贸易额呈增长趋势的原因;试卷B的参考答案分析得切中要点,较为准确。

(3)第一,图表的内容要精练恰当,具有高度概括性,能突出体现考查要点。第二,图表信息要能调控学生的思维方向,具有启发性。第三,图表形式要有灵活的多样性和清晰的条理性。

四、教学设计题

32.【参考设计】

环节一:导入新课

教师播放有关孙中山先生的纪录片,请学生带着问题思考:孙中山先生一生为中国革命做出了哪些贡献?

学生观看视频,并回答:他先后领导了辛亥革命、二次革命、护国运动、护法运动等。

教师进一步引导:如果你是孙中山,面对一次又一次的失败,你会做出什么抉择?他又是怎样实现这一重大转变的呢?顺势导入新课。

【设计意图】视频导入,提高课堂趣味性,同时设置启发性的问题,引导学生思考孙中山转变的原因,为课程做好铺垫。

环节二:讲授新课

(一)三民主义的提出

1.背景

学生阅读课文中的导言和正文。

教师提出问题:结合所读资料和所学知识,思考一下,当时的中国面临着怎样的局面?先进的中国人是如何救国图存的?结果如何?(可引导学生从政治、思想等方面归纳)

学生归纳总结:

政治：鸦片战争之后，民族危机不断加深，各派救国方案失败。
思想：随着新式学堂和留学教育的发展，西方资产阶级的天赋人权、自由平等学说在中国传播。
阶级：以孙中山为首的资产阶级革命派登上历史舞台。
教师补充：
经济：民族资本主义发展，为革命奠定了经济基础；个人因素：孙中山个人努力。
2. 内容
孙中山在《民报·发刊词》中把同盟会的纲领进一步阐发为“民族、民权、民生”三大主义，作为革命的指导思想。学生阅读课文，回答什么是三民主义？具体内容有哪些？
教师分析三民主义的内容，强调“民族”“民权”与“民生”三者之间的关系。
教师指导学生阅读课文和补充的材料。
补充材料：

材料一 1906年12月2日，孙中山在东京举行的《民报》创刊周年庆祝大会上发表演说，这是继1905年10月《民报·发刊词》系统提出三民主义思想之后，孙中山自己对三民主义思想作的阐释。 材料二 民族革命的缘故，是不甘心满洲人灭我们的国，主我们的政，定要扑灭他的政府，光复我们民族的国家……如果满人始终执迷，仍然要把持政权，制驭汉族，那就汉族一日不死，一日不能坐视的！ 材料三 我们推倒满洲政府，从驱除满人那一面说是民族革命，从颠覆君主政体那一面说是政治革命，并不是把它分作两次去做。讲到那政治革命的结果，是建立民主立宪政体……所以我们定要有平民革命，建国民政府。 材料四 欧、美为什么不能解决社会问题？因为没有解决土地问题……解决的法子，社会学者所见不一，兄弟所最信的是定地价的法，比方地主有地价值一千元，可定价为一千，或多至二千，就算那地将来因交通发达价涨至一万，地主应得二千，已属有益无损；赢利八千，当归国家。这于国计民生，皆有大益。

设问：三民主义与三种革命是什么关系？（学生归纳）
教师总结：这三种革命与三民主义之间是一种对应关系，或者说是一个问题的两个方面，为了完成三种革命，提出与之对应的三民主义。
3. 评价
在阅读课文和补充材料的基础上，从进步性和局限性两个方面对三民主义做出评价。
在阅读课文的基础上，教师归纳：
进步性：①它是孙中山受到美国林肯的“民有、民治、民享”思想启迪提出的，涉及民族革命、政治革命和社会革命，是比较完整的资产阶级民主革命纲领。
②它表达了资产阶级在政治上和经济上的利益和要求，反映了中国人民要求民族独立和民主权利的共同愿望，是辛亥革命的重要理论指导。
师：分组讨论，三民主义有哪些局限性？为什么会存在这些局限性？
教师总结：三民主义没有提出明确的反帝口号，反帝目标不明确；土地纲领不彻底。这是由民族资产阶级的局限性所决定的，这也决定了资产阶级革命派不可能彻底地完成反帝反封建的民主革命任务。
【设计意图】结合史料，采用问题教学法，层层设疑，启发学生思考，同时通过自我总结的方式引导学生自主学习，提升能力。
（二）三民主义的实践
师：三民主义是孙中山进行革命的政治纲领，那么有哪些具体的实践活动呢？请大家自己结合课文及所学知识进行总结。
1. 领导辛亥革命，推翻帝制。
2. 颁布《中华民国临时约法》，维护民主共和。
3. 捍卫民主共和的斗争：二次革命、护国运动、两次护法战争等。
师：这些实践活动最终的结果如何，说明了什么问题？
学生回答后，教师总结：三民主义是孙中山进行革命的政治纲领，但在实践中却屡屡遭遇挫折，在这之后，他逐渐认识到要救国必须寻找新的途径和新的力量。
【设计意图】理论联系实践，进行问题教学，引导

学生更加深刻地理解三民主义。

(三)旧三民主义发展为新三民主义

1. 背景

补充材料,设置问题,并组织学生分组讨论。

> 材料一　顾吾国之大患,莫大于武人之争雄,南与北如一丘之貉。虽号称护法之省,亦莫肯俯首法律及民意之下。
>
> ——孙中山《辞大元帅职通电》(1918年)
>
> 材料二　中华民国就像我的孩子,他现在有淹死的危险……我向英国和美国求救,他们站在岸上嘲笑我。这时候漂来苏俄这根稻草。因为要淹死了,我决定抓住它……我目前正在改组中国国民党,使本党能有更多的工人参加进来……为了谋求社会的根本改革,还要努力唤起民众觉醒。
>
> ——1922年孙中山谈话录
>
> 材料三　革命行动,欠缺人民心力,无异无源之水、无根之木……因此吾人欲证实民族主义实为健全之反帝国主义,则当努力于赞助国内各种平民阶级之组织,以发扬国民之能力。盖惟国民党与民众深切结合之后,中国民族之真正自由与独立,始有可望也……故国民革命之运动,必持全国农夫、工人之参加,然后可以决胜,盖无疑也。
>
> ——《孙中山选集》
>
> 材料四　中国革命已经十三年,现在得到的结果,徒有民国之年号,没有民国之事实……所以革命事业,就是救国救民。我一生革命,便是担负这种责任。
>
> ——1924年孙中山在黄埔军校的演讲

小组讨论,结合所学回答下列问题:

①从材料中可以看出孙中山先生在自己的革命征途中,总结出了哪些失败的教训?

②为了继续完成救国救民的历史使命,他又将团结哪些新的力量,继续踏上新的征程?

各小组学生代表回答。

教师补充:新三民主义的提出,实际上确立了"联俄、联共、扶助农工"的三大政策,体现了反帝反封的精神。

【设计意图】利用小组讨论的方式,充分调动学生的学习积极性。

2. 内容

师:展示新三民主义的相关视频。观看视频,并结合课文分析新三民主义的内容及作用各是什么?完成表格内容,同时思考新三民主义"新"在何处?

教师指导学生阅读课文,填写表格。

	旧三民主义	新三民主义
民族主义	反对民族压迫,反对满洲贵族的统治	中国民族自求解放,反对帝国主义侵略,中国境内各民族一律平等
民权主义	废除君主专制政体,建立国民政府,国民一律平等	民权为一般平民共有,凡真正反对帝国主义的个人及团体,均得享有一切自由及权利
民生主义	平均地权	平均地权,节制资本,实行"耕者有其田"的政策

教师总结:新三民主义成为国共合作的政治基础和国民革命时期的旗帜。新三民主义"新"的表现:明确提出了反帝的要求,提出了反对封建军阀的要求,即明确提出反帝反封建的目标;主张各民族平等;民权的范围扩大,即民权为一般平民所共有;提出节制资本,实行"耕者有其田"政策。

【设计意图】将三民主义与新三民主义列表格进行比较,形象直观,对比教学更有利于学生掌握知识。

环节三:小结作业

1. 小结:教师带领学生回顾本课内容。

2. 作业:孙中山先生一生有两次重大的转变,第一次是放弃改良而走革命道路;第二次是在他领导的一系列革命失败后,接受苏俄和中共的帮助,把旧三民主义发展为新三民主义,实行"联俄、联共、扶助农工"三大政策,实现了他一生中最伟大的转变。你如何看孙中山先生的这两次转变?结合史实,谈谈你的感受。(言之成理即可)

【设计意图】师生共同总结的形式能够帮助学生巩固本课所学知识。课后作业的布置能够深化学生对所学知识的理解与认识。

2016年上半年中小学教师资格考试真题试卷

答案速查：

1	2	3	4	5	6	7	8	9	10	11	12	13	14	15
B	D	D	A	D	A	B	A	C	B	D	B	C	A	A
16	17	18	19	20	21	22	23	24	25					
B	C	C	D	D	A	C	B	C	B					

一、单项选择题

1. B 【解析】本题考查的是分封制。周天子分封诸侯时要在太庙进行隆重的"策命礼"，向诸侯授予册封文书并"授土""授民"。

2. D 【解析】针对"商人日益富裕，而农民贫贱，农业荒废的社会现实"，汉文帝采取了减免田税、重农抑商、入粟拜爵等措施。

3. D 【解析】本诗摘自七言绝句《隋宫·乘兴南游不戒严》，主要讽刺的是隋炀帝奢侈嬉游之事。

4. A 【解析】该图片为河南温县宋墓杂剧砖雕拓片，所描绘的是杂剧表演。

5. D 【解析】这首小令是《醉太平·堂堂大元》，其中"开河"是指元顺帝至正十一年，为了把江南的粮食运到大都，以治理黄河为名，开挖黄河故道，贪官污吏层层克扣工资，民夫不堪饥饿，怨声载道。

6. A 【解析】材料中"夫天生一人，自有一人之用，不待取给于孔子而后足也。若必待取足于孔子，则千古以前无孔子，终不得为人乎？"含义是指每个人均有其合理的个人价值存在，不能以是否满足孔子的标准是非为取舍，这反映出材料主张"不以孔子的是非为是非"的思想观念，即反对迷信崇拜孔子，所以答案选A。B、C、D三项与题意不符。

7. B 【解析】题干中的诗句出自《瀚海》，这是康熙亲征噶尔丹时所作的一首诗。

8. A 【解析】表格显示，从1840年到1844年，英国输华货物总值大幅增加，其直接原因就是《南京条约》中开放了广州、厦门、福州、宁波、上海五处通商口岸。

9. C 【解析】由"粗笨之农具""逐北追奔""恶根实种于满洲政府之政治"可知，该战争指的是太平天国运动。

10. B 【解析】由"特患我之夺其利权"可知，郑观应主张发展民族工商业，同外国进行商战。

11. D 【解析】文中"他们对共同事业的贡献"指的是共同反对法西斯，中国的抗日战争是世界反法西斯战争的重要组成部分，它牵制了日军在亚太战场的相当力量。

12. B 【解析】图片反映了我国第一批喷气式飞机诞生的场景，喷气式飞机于1956年由沈阳飞机厂研制成功，是一五计划的成就。

13. C 【解析】本题可采用排除法，开放浦东新区是在1990年，A、B、D均是20世纪80年代的重大战略步骤。

14. A 【解析】材料反映了苏格拉底反对雅典抽签选举的做法，是对雅典民主政治弊端的批判。

15. A 【解析】从材料中可知，根据《权利法案》规定，国王对法律的颁布和实施需经议会同意，这显然是保障了议会的立法权。

16. B 【解析】材料出自《回忆拿破仑》，拿破仑的对外战争为他赢得了崇高威望，法国大部分人对拿破仑给予了支持。

17. C 【解析】第一次工业革命后，资本主义世界市场初步形成。第二次工业革命之后，资本主义世界市场最终形成，两次工业革命推动了资本主义国家经济迅速发展。

18. C 【解析】图中作品是俄国画家列宾的作品《伏尔加河上的纤夫》，描绘了当时俄国劳动人民的悲惨生活，是现实主义绘画的代表作品。

19. D 【解析】材料中第二个阶段即罗斯福新政采用了凯恩斯主义的经济政策，实行国家干预经济的方针，使美国经济得以在短时间内复苏。

20. D 【解析】"斯大林模式"的最大特点是高度集中的政治经济体制。故选D。

21. A 【解析】马歇尔计划的目的是帮助西欧恢复经济，扶持控制西欧国家，对抗苏联。

22. C 【解析】从图中可知，此时期的资本主义国家经济高速增长。此时期日本和西欧各国经济年增长率较快。二战后的20世纪50—70年代，是资本主义国家经济发展的"黄金时期"。

在这一时期，“欧洲共同体”成立，西欧经济获得较快发展，日本经济也获得飞速增长，资本主义世界美、日、西欧三足鼎立局面开始形成。

23. B 【解析】《史记》运用本纪、世家、表、书和列传五种体例。《汉书》体例多继承《史记》，只是改“书”为“志”，改“列传”为“传”，改“本纪”为“纪”，把“世家”并入“传”。因此《汉书》与《史记》相比，并无“世家”。

24. C 【解析】本题考查清代史学家章学诚。主张历史学家应具备史才、史学、史识、史德的学者是章学诚。

25. B 【解析】《普通高中历史课程标准》(实验)在“课程设计思路”中提出，普通高中历史选修课是供学生选择的学习内容，旨在进一步激发学生的学习兴趣，拓展学生的历史视野，促进学生个性化发展。

二、简答题

26. 简述1954年《中华人民共和国宪法》颁布的背景和历史地位。

【参考答案】背景：(1)新中国成立，人民对政治民主化的要求日益强烈。(2)新中国经济得到恢复，并开始进行社会主义改造。

历史地位：它是新中国第一部社会主义类型的宪法，体现了人民民主原则和社会主义原则，它的颁布加强了人民民主专政，巩固了中国人民革命和建设的成果；反映了国家在过渡时期的根本要求；提高了人民建设社会主义的积极性，为社会主义民主和法制建设奠定了基础。

27. 简述历史课堂教学中使用文献材料应注意的问题。

【参考答案】应注意的问题：①重视史料来源的真实性，选取第一手史料，即原始史料。②选取客观、公正、正确的史料，坚持正确的史学观点。③对史料要合理利用，做到论由史出、史论结合。④一定要从教材内容出发，要紧密地为教学目的服务，补充引用的文献材料一定要突出教材的重点、难点。⑤要考虑学生的年龄特点，要依据教学需要决定引用历史文献材料的多少和难易。

28. 简要说明中学历史课堂教学小结的基本方式。

【参考答案】(1)总结归纳：结课时，教师引导学生对课堂讲授的知识进行归纳、概括、总结，理清知识脉络，突出重点，归纳出系统的知识结构。

(2)设置悬念：当本节课与下节课在内容上有内在联系时，教师可以在课结束时，选择时机设置悬念，使教学在扣人心弦处戛然而止，引发学生产生继续探究的强烈愿望，为后续教学做好铺垫。

(3)课堂练习：教师通过让学生完成习题、作业来结束课堂教学，是一种常用的结课方式。课堂练习题既能使学生将当堂所学基础知识、基本技能加以巩固和运用，又能使课堂教学效果得到及时反馈。

(4)前后呼应：教学结束与起始相呼应，使整个教学过程前后照应。呼应的内容包括课题导入时设置的悬念、问题等。

(5)课后答疑：新课讲完后让学生提出问题，教师和学生一起回答。这种方法主要是让学生提出一些不太明白的问题，然后采用启发诱导的方式，帮助学生理解与解决问题。

(6)发散思维：引导学生对教学过程中得出的结论、规律等进行进一步的发散性思考，以拓宽知识的覆盖面和适用面，并加深学生对已学知识的理解。

三、材料分析题

29. 【参考答案】(1)信息：从材料一中可以看出，伤害的对象不同，受到的法律处罚也不同；法律维护的是奴隶主贵族的利益，奴隶不得享有同等的权利。

评价：①它是古罗马第一部成文法，审判、量刑从此皆有法可依，奴隶主贵族对法律的随意解释受到限制，平民利益得到保护。②它也保留了一些比较野蛮的习惯法。③它的实质依然是维护奴隶主贵族的利益。

(2)变化：罗马对外扩张过程中，公民法逐渐演变为普遍适用于罗马统治范围内一切自由民的万民法。

(3)如《拿破仑法典》中，第一编是人法，是关于个人和亲属法的规定，实际上是关于民事权利主体的规定；第二编是物法，规定了各种财产和所有权及其他物权；第三编是关于取得所有权的各种方法，这一编规定了继承、赠予、遗嘱和夫妻财产制，还规定了债法。这些都吸收了罗马法中的契约、债务和继承制度等。

30. 【参考答案】(1)最佳答案为学生B的答案。学生A直接引用文言文不合适，应结合自己的理解进行翻译概括。学生B根据所学并结合材

料,从必要性(北宋发展的困境"钱荒")和可能性(纸币发行需要足够的金属货币和实物做保证)分析纸币流通的条件是正确的。学生C认为纸币方便携带,这只是纸币能够流通流通的条件,而且这一回答没有以题目所给材料为依据。

(2)教学建议:①加强史料研读的训练,培养学生的史料阅读和分析能力,使学生能够从史料中提取出有效信息,并据此提出自己的历史认识。②对学生进行历史材料分析题的答题指导,提高学生的解题能力。

31.【参考答案】(1)评价:教师甲以学生为主体,利用漫画和图示的方式进行引导启发,使得教学内容形象直观,有利于调动学生学习的兴趣,提高学生学习的积极性。教师乙以学生为主体,采用导学提纲和问题式教学法启发学生,而学生均照教科书读结论,未将课本内容内化成自己的知识,未达到教师预期的教学效果,不利于历史教学。

(2)应注意的问题:①加深对教材的理解,运用漫画、音乐、图示等方式创设情境,调动学生兴趣。②精心设疑,精讲巧问,以巩固旧知,启发思维。③注重启发式教学在教学过程中的应用,培养学生的创造性思维和发散性思维。④合理组织历史教学活动,尤其注重学生学习历史时思维活动的具体操作,在操作过程中随时诊断教学,及时调整。⑤科学使用现代教育技术。

四、教学设计题

32.【参考设计】

环节一:展示幻灯片,导入新课

图片展示:①"乒乓外交"新闻图片。②周恩来和尼克松握手的图片。

师:新中国成立之初,美国在政治、经济、军事上对中国进行封锁孤立,而在此时中美关系却出现了缓和,中美之间的无交往状态是在什么背景下打破的?

【设计意图】通过图片和提问的形式,吸引学生的注意,激发兴趣。

环节二:新课教学

1. 中美建交背景

教师引导学生阅读材料内容,要求学生通过自主阅读材料总结背景,教师随机要求学生分析,教师适当总结。

师:从美国方面看,当时美苏争霸美国处于劣势,美国需借助其他国家的力量来抗衡苏联;且美国陷入越南战争的泥潭,若美国想从越南撤兵,缓和中美关系很有必要;而从中国方面来看,20世纪60年代时中苏关系破裂,苏联陈兵中国东北边境,严重威胁了中国的国家安全,改善中美关系有利于牵制和对付苏联的威胁,同时也有利于提高中国的国际地位,解决台湾问题,有利于中国统一。

2. 中美建交的过程

观看视频:观看中美关系正常化的纪录片,叙述中美关系开始正常化的过程。

师:请大家结合视频和材料,整理归纳中美建交的过程。

学生回答后,教师总结:①1971年4月,乒乓外交,打开交往大门。

②1971年7月,基辛格秘密访华。

③1972年2月,尼克松访华,《中美联合公报》发表,中美关系开始正常化。

④1979年1月,中美正式建交。

3. 中美建交的影响

展示材料:(1)美国认识到,在台湾海峡两边的所有中国人都认为只有一个中国,台湾是中国的一部分,美国政府对这一立场不提出异议。

——《中美联合公报》

(2)中美两国任何一方都不应该在亚太地区谋求霸权,每一方都反对任何其他国家或国家集团建立这种霸权。

(3)1971年与中国建交的国家有15个,1972年达到18个,加拿大、意大利、比利时、日本、联邦德国、澳大利亚、英国等国家先后与中国建交。

师:请大家结合材料与所学知识,分组讨论中美建交的作用。

学生分组回答。

师生共同概括:①有利于台湾问题的解决和祖国统一。②有利于亚太地区及世界的和平、稳定与发展。③迎来建交热潮。④直接推动中日关系的改善。

4. 中日邦交正常化的背景及过程

教师点拨:背景:①中美关系改善的推动。②日本舆论的强烈要求。③对华友好的政党、社团和人士的推动。

学生自主查找:过程:1972年9月,日本首相田中角荣应邀访华,签署《中日联合声明》,决定建立外交关系。

【设计意图】通过小组讨论、自我总结等多种形式,引导学生自主学习、提升能力。

环节三:小结作业

1.小结:师生共同总结回顾所学知识。

2.作业:搜集中美、中日建交的相关资料。

【设计意图】搜集相关资料可以锻炼学生搜集处理相关信息的能力,帮助学生更好地理解所学知识。

2015年下半年中小学教师资格考试真题试卷

答案速查:

1	2	3	4	5	6	7	8	9	10	11	12	13	14	15
B	B	D	C	B	B	D	B	C	A	B	C	C	D	A
16	17	18	19	20	21	22	23	24	25					
D	A	D	D	A	A	A	A	D	B					

一、单项选择题

1. B 【解析】中国青铜时代在商周时期发展最为繁盛,达到顶峰。

2. B 【解析】我国古代的耧车,就是现代播种机的始祖,因播种幅宽不一,行数不同,汉武帝的时候,赵过在一脚耧和二脚耧的基础上,创造发明了能同时播种三行的三脚耧。一人在前面牵牛拉着耧车,一人在后面手扶耧车播种,一天就能播种一顷地,大大提高了播种效率。汉武帝曾经下令在全国范围内推广这种先进的播种机,还改进了其他耕耘工具,对当时农业生产发展起了推动作用。

3. D 【解析】本题考查科举制。题干中两句话的意思是:大小官职,都由吏部任命。细微的事情,都属于考核政绩的范围。吏部负责官员的任命与考核升迁,始于科举制的出现。

4. C 【解析】为加强对中原的控制和笼络汉族上层地主,公元494年,北魏孝文帝将都城由平城(今山西大同)迁到洛阳。

5. B 【解析】唐朝后期长达八年的安史之乱,使农业生产遭到严重的破坏,人民流离失所。从此,唐朝衰落下去,人口也随之急剧下降。

6. B 【解析】"选儒臣干事者百余,分治大藩",就是说要文官取代武将做州郡长官。宋太祖这段话的意思是文官无论怎么"贪浊",都没有武将拥兵自重的危害大,所以他采取的措施是解除地方节度使的兵权,派文官任州郡长官。

7. D 【解析】在元朝时期棉布印染水平明显提高,到至正年间,松江区域从日本学会了印染青花布,"宛如一轴院画,或芦雁花草尤妙""青久浣亦不脱"。

8. B 【解析】康熙五十一年二月二十九日谕:将直隶各省现今征收钱粮册内有名人丁,永为定数,嗣后滋生人丁,免其加增钱粮,但将实数另造清册具报。

9. C 【解析】本题考查中国古代的书院。书院肇端于唐朝中期,在宋元明清成为最有影响力的教育组织。

10. A 【解析】解题的关键是抓住时间1916年,袁世凯在1915年12月于北京宣布接受帝制,蔡锷同唐继尧、李烈钧等于1915年12月25日在昆明宣布云南独立,旋即建立云南都督府,组织约2万人的讨袁护国军,是为护国运动。袁世凯的军队受挫,南方其他各省之后亦纷纷宣布独立。

11. B 【解析】本题考查民国时期的实业救国热潮。由题干关键信息"国货""请国民挽回……权利"可知反映的是实业救国热潮。

12. C 【解析】由图表中的数据可知,①③④表述正确。故选C。

13. C 【解析】联系史实可知,①"打倒列强,除军阀"是北伐战争时期的口号;②"要种族不灭唯有抗战到底!"是抗日战争时的标语;③"外争国权,内惩国贼",发生于五四运动时期;④"打过长江去,解放全中国"是解放战争时的标语。

14. D 【解析】解题的关键词是"21世纪",中近程运载火箭发射成功是在1964年,故排除A项;"东方红一号"人造地球卫星成功发射是在1970年,故排除B项;返回式遥感卫星发射成功是在1975年,故排除C项。

15. A 【解析】屋大维采用元首称号,罗马建立元首制的统治形式。公元前27年,元老院授予屋大维"奥古斯都"的称号,标志着罗马帝制的全

面建立。

16. D 【解析】解答此题的关键是“17世纪中叶”，在17世纪中叶，世界上最发达的国家是荷兰，成为欧洲主要金银市场、国际金融中心城市的是其首都阿姆斯特丹。

17. A 【解析】每次科技革命都带来了生产力的飞速发展，科学技术只有与生产紧密结合在一起才能更好地推动社会生产的发展，这是第二次工业革命比第一次工业革命更快地推动生产力发展的主要原因。

18. D 【解析】本题考查的是英国工业革命的影响。工业革命实现了从工场手工业到机器大工业的飞跃，工厂逐渐集中，形成了许多工业城市，使越来越多的人从农村进入城市，从而使城市化进程明显加快。

19. D 【解析】本题考查苏联国徽的含义。苏联的全称是苏维埃社会主义共和国联盟。苏联的国徽在不同时期用不同数量的彩带代表组成苏联的各加盟共和国。图中环绕麦穗的15条彩带代表苏联的15个加盟共和国。

20. A 【解析】根据条约的内容可知，该条约是由欧洲和北美国家共同签订；在军事上实行集体防御原则，再根据时间1949年4月，可以判断出自《北大西洋公约》。故选A。

21. A 【解析】日内瓦会议的每个与会国家在对柬埔寨、老挝和越南三国关系上，保证尊重上述各国主权、独立和领土完整，并对其内政不予任何干涉。

22. A 【解析】20世纪80年代末90年代初，东欧的社会主义国家接连发生了剧烈的“政治地震”，其中第一个激烈震荡的国家是波兰。

23. A 【解析】本题是对王国维提出二重证据法相关知识的考查。王国维是在研究甲骨文时提出二重证据法，意思是用“地下新材料”与古文献记载相印证，故本题答案选A。

24. D 【解析】《文史通义》是一部史学理论著作。它是清代著名学者章学诚的代表作，与刘知几的《史通》一直被视为中国古代史学理论的双璧。

25. B 【解析】课外作业应培养学生的逻辑思维能力而不是形象思维，故排除③。

二、简答题

26. 简述布雷顿森林体系建立的背景及影响。

【参考答案】背景：(1)二战后，世界经济格局发生了深刻的变化，西欧国家普遍衰落，美国的经济实力空前膨胀。

(2)美国企图凭借经济、政治和军事优势，建立受美国控制的国际经济秩序。

影响：布雷顿森林体系是建立在美国金融、经济实力占绝对优势基础之上的，它适应了美国对外经济扩张的需要，同时也在一定程度上稳定了世界经济秩序，扩大了世界贸易。

27. 简述中学历史学业评价要遵循的基本原则。

【参考答案】评价须以课程标准中的“课程目标”和“内容标准”为依据，注重目标、教学和评价的一致性，运用科学、可行和多样的评价方式，对学生的历史学习过程和效果进行价值判断。评价不仅要关注学生的学习结果，更要关注学生在学习过程中的发展和变化。学习评价应坚持诊断性评价、形成性评价与总结性评价相结合，教师评价与学生自我评价、同伴评价相结合，量化评价与质性评价相结合的原则。既要注重评价学生的学业成就，如历史知识、能力、思维方法与品质等，还要考虑学生的其他变化。

28. 简述在历史教学中运用史学研究成果的基本要求。

【参考答案】历史研究成果引入历史教学，能打破传统的闭塞的课堂教学，让学生呼吸到史学上的新鲜空气。但是，中学历史教学毕竟不同于高等教育，我们要注意防止不顾学生的学习能力和学习目标，将中学历史课变成史学研究课的偏激行为。具体而言，我们应尤其注意以下两方面：

(1)要正确认识历史教育的本质和历史教师的职责。新课程下的中学历史课堂不能排斥学术新成果，但是中学历史课堂也不应该变成自由论坛，不能背离社会主流的价值观，推销个人片面的观点和看法。课堂教学中教师要对学生进行符合社会根本利益的价值教育。

(2)要恰当把握、引入和利用史学新成果的“度”。这里的“度”包括教师利用史学研究新成果的角度、深度、信度。角度就是要以有利于课程教学目标的实现为目标；深度就是引用学术研究新成果不能超出课程标准的要求和学生的学习能力；信度就是对于新成果不会与主流意识形态的基调相背离，可以被主流意识形态所包容和接纳。

三、材料分析题

29.【参考答案】(1)所依据的材料有:《四洲志》,历代史志,明以来的岛志,近日夷图、夷语。

我认为最可信的是近日夷图、夷语。

原因:因为这是当时人们的真实所闻所见,所以主观因素略少,可信度高一些。

(2)相同点:师夷长技以制夷。

主要原因:变器不变道。

①西方列强并不希望清政府真正的富强,以便敲诈勒索,牟取暴利;

②清政府内部顽固派仇视一切洋务。

30.【参考答案】(1)①材料中的三维目标的主体出现错误,应以学生为表述主体。

②将三维目标中的知识与能力同过程与方法概念混淆。

(2)目标一:通过对对峙局面形成原因的分析,掌握综合分析历史现象的方法,进而不断加深对历史和现实之间的联系和理解。

目标二:通过小组讨论、史料研习、情景再现等方式,认识美苏"冷战"对第二次世界大战后国际关系发展的影响,掌握史料分析的方法。

31.【参考答案】(1)使用的是谈话式导入。

特点:谈话式导入的最大特点是在最大程度上调动学生积极参与教学活动,使教师与学生相互配合和呼应,共同完成教学任务。

作用:①能够使学生的学习注意力更加集中,充分调动其学习积极性,使学生的学习更加主动。谈话的内容往往针对性强,有利于保持学生学习时大脑的兴奋,消除大脑皮质的疲劳。

②能够训练和提高学生的思维能力和语言表达能力。

③有利于学生对知识的理解和掌握。

④有利于学生的思维教育。

(2)应注意的问题:

①谈话的中心要围绕和服务于教学目的。

②对谈话的内容做好充分准备。

③在学生已有知识的基础上进行谈话。

④提出的问题要尽量带有启发性、以便调动学生的积极性。

⑤提问要面向全班学生,使全体学生都能积极参加。

⑥教师对谈话中所提的问题最后要做出明确结论。

⑦一般不要在课堂上完全采用谈话法。

四、教学设计题

32.【参考设计】

环节一:导入新课

教师利用多媒体播放视频"董仲舒与新儒学思想",带领学生回顾董仲舒儒学思想内涵。观看结束之后,教师提问:汉武帝接受董仲舒的新儒学思想之后,汉代儒学将会呈现怎样的新发展景象?又会对当时及后世造成什么样的影响呢?

【设计意图】通过视频资料和提问的形式,吸引学生的注意力,激发其学习兴趣。

环节二:新课教学

1.汉代儒学新发展

教师引导学生阅读材料内容,要求学生通过自主阅读材料,总结汉代新儒学发展的表现。

学生总结完成之后,教师随机要求同学进行分析,教师适当总结。从而全面认识汉代新儒学发展的情况:儒家经典被视为教科书,并有专事研究,传播五经的教官;太学兴盛;地方教育系统初步建立;私家儒学教育受到鼓励。

2.汉代儒学发展的影响

教师将历史学习小组分成两大组,一组讨论汉代儒学发展对当时的影响,一组讨论汉代儒学发展对后世的影响。明确讨论时间,要求各小组成员就各组问题进行内部讨论,讨论过程中教师适当进行引导。

讨论完成之后,各组派代表进行分享,最后师生共同总结:儒家思想逐渐成为中国传统文化的主流思想,延续了两千多年。

【设计意图】通过小组讨论、自我总结等多种形式引导学生自主学习,提升能力。

环节三:巩固提高

教师提问:我们都知道汉武帝在接受了董仲舒的建议后大力推广儒学,儒学逐渐成为正统思想。但是董仲舒主张的观点与孔孟的观点是一致的吗?

教师在多媒体课件中出示体现孔子、孟子主张的材料与董仲舒的观点进行对比,学生通过阅读、对比史料,明白董仲舒的儒家思想已经不是春秋战国时期的儒家思想原貌,而是经过改造后的思想。

【设计意图】通过对所学内容的对比分析,加深对知识间的内在联系和各自特点的理解。

环节四:小结作业

1.教师带领学生回顾本课内容。

2. 要求课下收集汉代著名儒学博士的相关故事。

【设计意图】师生共同总结的形式能够帮助学生巩固本课所学知识。课后作业的布置可以锻炼学生的动手能力，检验对所学知识的理解，开阔学习视野。

教师资格考试预测试卷(一)

答案速查：

1	2	3	4	5	6	7	8	9	10	11	12	13	14	15
B	D	C	C	D	D	C	A	C	D	C	A	C	B	D
16	17	18	19	20	21	22	23	24	25					
B	A	B	C	A	A	A	A	C	A					

一、单项选择题

1. B 【**解析**】根据题干信息可知，该铭文反映了周武王征伐商，提到了甲子日，克商后于辛未那天，在阑驻扎时论功行赏，官吏利以铜等物做檀公宝尊彝作为纪念。故铭文有助于为研究当时的军事战争、天文历法、文字书法等历史现象提供有力证据，故①②⑤正确，B项符合题意；题干未体现当时的土地制度、商品经济等信息，故③④错误，A、C、D三项均不符合题意，排除。

2. D 【**解析**】根据“馆舍布于州郡，田亩连于方国……不为编户一伍之长，而有千室名邑之役。荣乐过于封君，势力侔(相等)于守令”可得出东汉后期的地方豪强，在商业、土地、影响力方面都有很大的优势，形成了较强的地方势力，故D项正确。豪强没有州郡行政治理权，排除A项。材料没有体现政府要依靠豪强，排除B项。材料没有提到豪强地主的赋税徭役情况，排除C项。

3. C 【**解析**】本题实际上是考查古代中国的监察制度。结合所学知识可知，具有监察功能的有①御史大夫，秦朝中央监察官员，三公之一；②刺史，汉代监察地方的官员；④按察使司，明朝地方监察官员，因此选C。③枢密使，宋代中央掌管军事的官员，排除。

4. C 【**解析**】从“利用河水的冲力转动机械轮轴，使鼓风皮囊张缩，不断给高炉加氧”可知，该发明是水力鼓风冶铁工具——水排，故A错误；筒车是灌溉工具，故B错误；水排可提高炉温，有利于冶铁技术的发展，故C正确；灌钢法是炼钢技术，水排是冶铁工具，D错误。故答案选C。

5. D 【**解析**】材料所述选官制度只是曹魏一个时代的，没有与其他时期的制度作比较，看不出选官制度的标准变化，故A项错误；九品中正制下，选拔官吏的权力掌握在地方的中正官手里，不利于加强中央集权，故B项错误；九品中正制被世家大族所操控局面的出现，是在魏晋南北朝后期，故C项错误；由材料“按照‘家世、道德和才能’三条标准，选拔‘俊秀之士’，一时间‘儒雅并进’”可知，当时九品中正制选拔官员德才并举，故D项正确。

6. D 【**解析**】农民缴纳的绢、绵、布都是手工业产品，有利于促进手工业发展，D正确；这些手工业产品一般是农民家庭生产，不能得出“极大地促进了商业的繁荣”的结论，A错误；农民被束缚在土地上，受国家的严密控制，B错误。租庸调制是唐初政府实行轻徭薄赋的政策，C错误，故答案选D。

7. C 【**解析**】结合所学知识可知，京剧中人物角色可分为“生、旦、净、丑”四大行当，这与材料中“丑角总要多出相”相符，故选C项。

8. A 【**解析**】根据题干材料，从1858年中英《天津条约》开始，中国与列强签订的不平等条约以外文文本为准本，这有利于列强对条约条款进行曲解，使清政府丧失与列强交往的主动权，故选A。根据题意可知，以外文文本为准本的现象不是国际惯例，排除B项。清政府是被迫接受了这一不平等现象，不是主动学习西方先进理念，排除C项。以外文文本为准本明显不是坚守天朝上国的观念，排除D项。

9. C 【**解析**】左宗棠谈到如果仅从当前需要来看，自造轮船不如雇买。但要真正获取技术必须采用重金，由此可知从长远来看左宗棠还是认为要提高本土技术以谋求长远发展，故选C。左宗棠认为从长远来看购买外国轮船并不划算，排除A项。福州船政局属于军事企业，左宗棠意在发展

军事技术,并不是兴办民用企业和发展远洋运输,排除B、D两项。

10. D 【解析】歌谣的前半部分主要体现的是传统生活方式,后半部分则体现了近代化的发展对传统生活方式造成的巨大冲击,由此判断,①③④均正确。材料中"毕业生"对应前半句的"烂秀才",体现了文化教育的发展,②不正确。故答案选D。

11. C 【解析】注意"从人类文明发展的角度看",人类文明已经经历了两次大的文明转型,即从原始采集、渔猎进入农业文明,又由农业文明转入工业文明,结合19世纪中叶以后,中国逐渐被卷入资本主义世界体系,对中国最主要的影响应是近代化进程的启动。故答案选C。

12. A 【解析】从材料"我筑成铁路二十五万里"可见孙中山在辛亥革命后,救国理念转向实业救国。故答案选A。

13. C 【解析】材料中蒋介石的话着重强调两个转折,即"但我们不能不惜一切代价换取和平""但我们可以被被迫自卫",表明其对日本的妥协是有底线的,出于自卫准备与日本进行军事对抗,因此C项正确,A、B两项错误。D项在材料中没有涉及。

14.B 【解析】由材料"1948年10月底""尽快使干部熟悉政治、经济、文化各方面的管理和技术"并结合所学知识可知,在战略决战之际,中共中央已然作出加快干部培养以统治全国的谋划,为工作重心的转移做准备,B项正确。土地改革解决的是农民对土地的要求,而材料强调的是干部群体,排除A项。C、D两项均为新中国成立后中国共产党的举措,排除。

15.D 【解析】根据史实可知,抗美援朝开始于1950年10月。中苏两国结盟是在1950年2月,早于抗美援朝战争,故答案选D。

16. B 【解析】根据材料可知,1949年至20世纪70年代末的中国中学历史教科书主动回避了罗斯福新政的内容。结合所学知识,罗斯福新政在资本主义自由竞争的背景下开创了国家干预经济的新模式,使得资本主义市场经济也能够与计划经济部分结合。而1949年至20世纪70年代末的中国奉行计划经济理念,对市场经济持否定态度,并且反对混淆计划经济和市场经济的界限,社会主义阵营与资本主义阵营的意识形态之争也使得中国对资本主义存在敌视心理,B项符合题意。A项表述片面,仅涉及外交方面,排除。C项表述错误,我国与部分国家建立了外交关系,排除。D项不是主要原因,排除。

17.A 【解析】罗马法"总是一次次抖擞精神地重新出现"反映出罗马法对近代欧洲大陆国家的影响,即罗马法是其法律的基础,故A项正确。罗马法与欧洲近代社会的行为规范无关,B项错误。罗马法对后世的影响主要在于其法律制度,C项错误。罗马法对近代欧洲的法律产生影响,但并不能就此判断它不断地改变了欧洲历史发展的方向,这种说法过分夸大了罗马法的影响,D项错误。

18. B 【解析】贝多芬生活的年代,封建等级观念受到启蒙思想的猛烈冲击。

19. C 【解析】光荣革命后,英国议会通过了《权利法案》,确立了君主立宪政体。

20.A 【解析】本题以2000年美国总统大选为切入点。美国总统候选人在选票上发生争议,最后提交联邦最高法院判决,最终得以解决,这显示了最高法院掌管司法权,对法律拥有最高解释权。题干材料体现了美国三权分立的原则,故选A项。B、C、D三项与史实不符,排除。

21. A 【解析】根据材料"需要同西方保持合作和协议的关系""需要同东方实现某种谅解""需要同苏联以及东欧各国人民和平共处"可知,勃兰特政府以联邦德国的地位和国家利益为出发点,提出了新的外交政策,意在缓和东西关系,谋求自主发展,A项正确。B项在材料中没有涉及,排除。C项"脱离美国阵营"错误,"稳定欧洲局势"也不是其主要目的,排除。D项在材料中没有涉及,排除。

22. A 【解析】本题主要考查欧洲一体化进程。根据题干提供的信息和所学史实可知,欧盟只是一个区域组织,并不是欧洲所有国家的联合体,而且俄国没有加入,故排除B项和D项;C项与"所有的欧洲国家,无须丢掉你们各自的特点和闪光的个性"矛盾;故选A项。

23. A 【解析】20世纪六七十年代,世界局势仍然是两极格局,出现多极化的趋势,不能算上苏联。苏联军事力量增强的后果是强化了两极格局,抵消多极化。

24. C 【解析】《史记》是我国第一部纪传体通史。

《汉书》是我国第一部断代体史籍。《资治通鉴》是我国第一部编年体通史。《四库全书》是我国古代最大的一部丛书。故选C。

25. A 【解析】广义上的历史教材指师生教与学所用的物质材料，是教师和学生进行历史教学活动的一切材料，包括文字教材(教科书、讲义、讲授提纲、教辅材料、教师教学用书、教学挂图、课外读物、练习册、历史地图册、填图册等)、视听教材(包括幻灯片、投影片、唱片、录音带、影视片、磁盘、光盘等)以及其他历史教学材料。题干中的历史地图册、填图册属于广义的历史教材。

二、简答题

26. 简述新经济政策的内容并评价。

【参考答案】(1)内容：①以征收粮食税代替余粮征集制；②允许使用雇佣劳动力和出租土地，农民可以自由买卖纳税后的剩余产品，实行自由贸易；③允许私人经营中小企业；④实行按劳取酬的工资制。

(2)评价：新经济政策的实施是苏维埃国家发展历程中的重大转折。它表明，苏俄放弃了直接过渡到社会主义的设想和实践，从国情出发，对小农占优势的俄国如何建设社会主义的问题，探索出了一条新途径，即在无产阶级国家的领导监督下，利用市场和商品货币关系来扩大生产，改善和巩固工农联盟，逐步过渡到社会主义。

27. 新的高中历史教材在课程内容上有何特点？

【参考答案】(1)课程内容包括历史必修、选择性必修、选修三类课程，具有关联性、层次性和渐进性。必修课程以通史的叙事框架，展示中国历史和世界历史发展的基本过程。选择性必修课程从国家制度与社会治理、经济与社会生活、文化交流与传播三个主要领域呈现更为丰富多彩的历史内容。选修课程通过专业理论和专业技能的学习，强化学生的史学专业基础。

(2)课程内容更贴近学生生活实际，增加了与社会进步密切联系的内容。

(3)课程内容更注重面向世界，把握宏观。

(4)课程内容及时地反映历史学科研究的新趋势和新成果。

28. 学生通过历史课程的学习，要形成史料实证核心素养，需要达到哪些课程目标？

【参考答案】(1)知道史料是通向历史认识的桥梁，了解史料的多种类型，掌握搜集史料的途径与方法；

(2)能够通过对史料的辨析和对史料作者意图的认知，判断史料的真伪和价值，并在此过程中增强实证意识；

(3)能够从史料中提取有效信息，作为历史叙述的可靠证据，并据此提出自己的历史认识；

(4)能够以实证精神对待历史与现实问题。

三、材料分析题

29. **【参考答案】**(1)措施：改革传统县制的陋习；在县下建立乡镇一级国家政权；与近代民主政治结合，将“官治”与“自治”融为一体。

特点：从局部改革到整体改革；从传统改革向近代改革转变。

(2)原因：加强对农村基层管理的需要；近代西方资产阶级民主政治的影响；中央集权削弱，地方势力增强；自然经济逐渐解体，近代经济发展。

30. **【参考答案】**(1)问题1运用了直接提问式，考查学生对史实的记忆能力；问题2运用了讨论式，考查学生运用史实、史论结合的能力。

(2)①合理选择历史材料，保障史料和教学的一致性，所选择的历史材料应客观、全面及与教材内容相符合。

②采用多样化的教学方法。在进行史料教学时，可以运用分析、综合、演绎、归纳等思维方法解析史料。教师还应掌握一些解释方法，如叙事法、分析法、比较方法、心理学方法和计量方法。

③合理设问，应根据史料和教材内容精心设计层层递进的问题，对学生进行思路引导，帮助学生对历史形成更为深入的认识，并在认识的过程中提升其历史解释能力，使学生可以客观阐述史实，并根据史实表达自己的看法。

④可以为学生提供适用于课程教学内容的教学材料，要求学生根据历史课程内容进行学习材料的选择，引导学生进行自主探究，以激发学生学习的兴趣，培养学生分析历史问题和解决历史问题的能力。

31. **【参考答案】**(1)这位教师以中山装为切入点来讲解辛亥革命，既突破了以往授课过程中关于历史人物过于刻板的讲解方式，又把辛亥革命

中重要的思想内容通过中山装的设计含义形象地表述出来，令人耳目一新，值得倡导与借鉴。

(2)①联系社会生活实际，调动学生激情，激发学习兴趣。

②与时事联系。在讲解历史过程中，在历史事件与时间方面多与时事联系，贯通古今。

③创设教学情境，再现历史故事，增加趣味性。

④引入乡土史实，丰富教学内容，发挥德育功能。

四、教学设计题

32.【参考设计】

环节一：导入新课

教师用多媒体课件展示“烂苹果的启示”，提问：如果十九世纪中期的中国就像这个腐烂了的苹果，同学们能想到它衰败的原因有哪些？又给中国带来了什么？由此引出中英鸦片战争爆发前的中英形势，从而导入新课。

【设计意图】教师通过创设问题情景，引发学生观察、思考，导入新课。

环节二：新课讲授

(一)鸦片战争的历史背景

教师提问：19世纪上半叶，主要的航海工具是帆船，当时，从英国航行到中国必须绕过非洲好望角，至少要4个月，相距如此遥远的两个国家为什么会爆发战争呢？这场战争是由什么引发的？

教师播放纪录片《晚清悲歌》有关鸦片战争爆发前中英两国概况的介绍。提问：鸦片战争是否可以避免？鸦片战争的中英双方的概况如何？

教师将学生分成两个小组，分别讨论鸦片战争前中英双方的综合国情。小组代表发言，教师总结，师生共同完成鸦片战争前夕中英两国概况表。

国别	中国	英国
社会形态	封建社会	资本主义社会
经济基础	自给自足的自然经济占统治地位	完成工业革命，资本主义经济迅速发展
军事力量	装备陈旧	船坚炮利，战斗力强
对外政策	闭关锁国	殖民扩张
中英贸易	出超	入超
综合国力	日趋衰落	世界强国

教师提问：在英国向中国大量走私鸦片的过程中，中国有位著名的人物，领导了一件功载史册的事，他是谁？领导了什么事？我们怎样评价他？

教师出示林则徐图片，让学生看书后共同完成其简单的个人档案，要突出民族英雄林则徐在禁烟运动中的作用。

教师播放一段虎门销烟的视频片段，提问：在禁烟运动中，作为中国人，你最感到扬眉吐气的事情是什么？英国对于虎门销烟这个正义之举，采取了什么举措？

学生回答：虎门销烟在当时大大鼓舞了中国人民的斗志。英国借端对中国发动侵略战争。

(二)鸦片战争

1.鸦片战争爆发的原因

教师设疑：有人说，如果没有虎门销烟，鸦片战争也许不会爆发；如果林则徐不被革职，中国或许会取胜这场战争。对此你有什么看法？

通过学生对争议问题的讨论回答，教师指出：虎门销烟只是鸦片战争爆发的直接原因。战争的根本原因是英国为了打开中国市场，掠夺生产资料。

2.战争经过

教师播放电影《鸦片战争》的几个片段，请学生按一定的顺序准确排列。

教师展示《鸦片战争形势填充图》，请同学完成填充图，填充重要地点地名和所发生的重大事件，了解鸦片战争的大致经过。

教师：鸦片战争的结果是中国战败，被迫签订不平等条约《南京条约》。

教师用表格展示《南京条约》及其附件、《望厦条约》和《黄埔条约》的内容。

3.中国战败的原因

教师用多媒体展示19世纪中叶英国报章上刊登的一幅漫画，指导学生仔细观察，从人物的服饰、发型、手中所持的武器等方面，分析鸦片战争中国失败的原因及战争对中国产生的影响。

学生回答，教师总结：

(1)原因

客观原因：英国综合国力强大。

主观原因：清王朝的腐朽没落。

根本原因：中国腐朽没落的封建主义无法抵抗新兴的资本主义。

(2)影响

鸦片战争给中国带来巨大的屈辱和深重的灾难。从此，中国的大门被迫打开，外患接踵而至，主权和领土完整不断遭到破坏。中国由一个独立自主的封建国家开始沦为半殖民地半封建国家。

(三)第二次鸦片战争

1.第二次鸦片战争发生的原因

教师用多媒体课件出示英国输华货物统计表，提问：此统计表反映了鸦片战争后英国对华贸易状况如何？你认为造成上述状况的原因是什么？英国则认为造成这种状况的原因是什么？为此提出了什么要求？其要求的实质是什么？这一要求的实质与第二次鸦片战争有什么关系？

学生回答后，教师指出：第一次鸦片战争后，英国资产阶级以为能大量销售其产品，获得高额利润。但通过上表我们知道，鸦片战争后英国棉纺织品和其他工业品在中国销售量有限。原因有三：一是中国自给自足的自然经济占统治地位，对外国商品具有自然抵制性，这是根本原因；二是英国输华商品有不少根本不适应中国人的习惯和要求；三是英国等国大量输入鸦片，使中国出口收入大半被抵消，无力购买英国的工业品。英国资产阶级把他们的商品在中国滞销的原因归罪于中国开放的口岸太少，享受的特权有限。于是英法美等国提出了修约的要求，实质上是要扩大在华权益。修约的要求遭到拒绝后，英法两国就立即制造借口，发动战争。由此看出，这一要求的实质正是第二次鸦片战争爆发的根本原因。

教师提问：英法侵略者所寻找的借口是什么？

学生回答：英国的借口是“亚罗号事件”，法国的借口是“马神甫事件”。

2.经过

教师请学生简述第二次鸦片战争的经过，学生回答前教师提示学生，对于战争经过需要注意其开始的标志、参与国、重大事件，并据图说明侵略者的进军路线。学生回答时，教师根据学生的回答用多媒体演示《第二次鸦片战争形势示意图》课件并对个别问题做补充说明。

3.结果

教师提问：第二次鸦片战争中国被迫签订了哪些条约？条约的主要内容是什么？

学生回答：1856年，清政府分别与英法两国签订《天津条约》。主要内容有：允许外国公使进驻北京，增开沿海沿江十处通商口岸；赔偿英法巨额白银；允许外国人到中国内地游历、经商和传教；外国军舰和商船可在长江各口岸通航等。

1860年，清政府与英法分别签订《北京条约》，条约规定：承认《天津条约》有效；增开天津为商埠；割九龙司地方一区给英国；对英、法赔款各增至800万两白银。

教师补充：美俄两国也趁火打劫，强迫清政府与它们签订不平等条约。俄国乘机抢占了中国北方大片领土。

教师用多媒体课件展示清政府与美俄两国签订的条约内容，并出示《沙俄侵占我国北方大片领土示意图》。

4.第二次鸦片战争的影响

教师提问：第二次鸦片战争的影响是什么？

学生回答，教师总结：第二次鸦片战争，使中国丧失大片领土，主权受到更加严重的侵害。清政府开始被列强控制，中外反动势力公开勾结，共同镇压中国人民的反抗。中国半殖民地半封建化的程度加深了。

【设计意图】教师利用多媒体播放视频、展示图片和漫画，能够营造具体的历史情境，帮助学生在具体的历史情境中学习历史、思考问题。通过历史地图，可以对历史事件发生的时间、地点产生正确的感知。小组讨论可以增强学生的合作意识，拓宽学生的视野，激发学生的深层思维，从而加深对相关问题的理解。

环节三：小结作业

1.小结：师生共同总结回顾本课所学知识。

2.作业：结合史实说明第二次鸦片战争是鸦片战争的继续和扩大。

【设计意图】课后作业的布置，可以帮助学生巩固对本课所学知识的记忆，培养论从史出的能力与学史方法。

教师资格考试预测试卷(二)

答案速查:

1	2	3	4	5	6	7	8	9	10	11	12	13	14	15
C	C	C	D	C	A	C	B	C	D	A	B	B	C	D
16	17	18	19	20	21	22	23	24	25					
A	B	C	C	A	D	B	A	D	D					

一、单项选择题

1. C 【解析】从材料来看,战国时期各国的变法通过改革选官制度、地方行政制度和加强君主集权等方式,为建立专制集权体制进行了多方准备,C项符合题意。君主专制集权制度在秦朝统一后建立,A项错误,排除。秦朝统一后,在全国推行郡县制,官僚政治取代了贵族政治体制,B项错误,排除。西周后期分封制已走向崩溃,D项错误,排除。

2. C 【解析】根据材料可知,这位思想家反对独爱其家,主张博爱,这符合墨子的"兼爱"思想,"建立博爱互利社会"符合题意,C项正确。反对独爱其家不代表反对财产私有制度,A项错误,排除。B项与材料内容相悖,排除。材料强调的是不能以家庭利益作为社会秩序的道德源泉,没有强调建立家庭为核心的秩序模式,D项错误,排除。

3. C 【解析】关键信息:将豪强大族"田宅逾制"作为重要的监察内容。"被迁到长安附近集中居住"的原因是"财产达300万钱",说明汉武帝的做法是要抑制豪强,其目的是缓解土地兼并,C项正确;"政治与经济支柱"说法错误,A项排除;B项无从反映;题干说的是政治手段,D项排除。

4. D 【解析】魏晋时期是儒学第一次面临外来文化挑战的时期,佛学的传入和广泛传播使儒学的发展遭遇极大风险。本题主要考查准确解读材料信息的能力,材料中的文字说明了佛教的主张与儒家重视的人伦道德正好相反,D项符合题意,A、B两项说法错误不符合史实,C项材料中没有体现,答案选D项。

5. C 【解析】隋文帝开始用分科考试的方法来选拔官员,A错误;九品中正制是曹魏时实行的选官制度,B项错误;官学考试制度汉朝时就已经建立,D项错误;隋炀帝时设置进士科,科举制正式形成,C项正确,故答案选C项。

6. A 【解析】"文而不晦,俗而不俚""明白如话"反映的是元杂剧通俗化的特点,这一特点适应了市民阶层的壮大,而究其根本原因则是城镇经济的繁荣,故A项正确。

7. C 【解析】本题可用排除法。中国自然经济解体开始于近代,明朝仍实行"重农抑商"政策,故A、B不正确;在中国古代,主导产业是农业,D项不正确。众多农民改变职业导致了农村经济结构发生改变。故答案选C。

8. B 【解析】"通商大埠及内地市镇城乡,衣土布者十之二三,衣洋布者十之七八"的信息说明自然经济逐渐解体,这促进了民族资本主义的发展,故本题应选B项。

9. C 【解析】材料中反映出的是清朝末年地方督抚的政治活动,他们积极参与立宪,促使清政府决定提前召开国会,这有利于拓宽汉族地主的参政途径,C项符合题意。A项没有抓住材料中的关键含义。B项在材料中没有涉及。D项说法错误,这种现象对清王朝是一种打击。

10. D 【解析】依据表格中信息"民主共和制""单一的中央集权制""议会为权力核心的代议制"可知辛亥革命后存在着革命派、立宪派与旧官僚的政治力量博弈,D项正确。A、B、C三项不符合表格信息,排除。

11. A 【解析】本题材料反映的是兴办实业的历史环境,结合这一时期的历史可知,创办民族企业的高潮与民族危机和实业救国思潮有关,因而A项正确。B项是客观因素不是直接推动力;C项不能从材料中得出;D项民国政府错误,1907年其还未成立。故答案选A。

12. B 【解析】第一次国共合作时,两党虽然都是革命政党,但代表不同的阶级利益,革命目的也不同;第二次国共合作时,国民党是大地主大资产阶级的政党,是反革命的,所以A、C两项应排除,而合作方式的灵活性,只能是国共合作的条件,不是主要因素。

13. B 【解析】革命的民权主义要求推翻君主专制政体,建立国民的政府,国民一律平等。维新派主张兴民权,实行君主立宪。一个要求建立资产阶级共和国,一个主张建立君主立宪政体,所以进步性体现在国家政权的组织形式方面。故答案为B。

14. C 【解析】调动农民的革命积极性的根本方法是解决土地问题。答案为C。

15. D 【解析】根据所学知识可知,“铲除君主专制政治”指辛亥革命结束了封建专制制度,“社会主义民主政治框架的基本建立”指1954年宪法确立社会主义民主政治,“进入社会主义法制政治的基本轨道”指“依法治国”被写入宪法,故选D。

16. A 【解析】根据材料“享有政治权利的公民的多数决议,无论在寡头、贵族或平民政体中总是最后的裁判,具有最高的权威”可知,多数公民的决议在古希腊政治中总是具有重要地位,体现了古希腊公民政治的重要性,A项正确。由“无论在寡头、贵族或平民政体中”可知,民主政体不具有普遍性,B项错误。材料没有涉及民主决策的方式方法,无法体现民主决策的便捷性,C项错误。材料强调的是公民的多数决议的重要性,不是强调城邦政体的多样性,D项错误。

17. B 【解析】教随国定、因信称义是西欧宗教改革的内容。伏尔泰所要表达的观点主要是信仰自由,而不是反对宗教信仰。

18. C 【解析】结合材料及所学知识可知,葡萄牙人瓦斯科·达·伽马开辟了欧洲直通印度的新航路,欧洲贸易中心由地中海沿岸转移到大西洋沿岸,意大利的商业地位逐渐被西班牙、葡萄牙、英国和尼德兰所代替,意大利的文艺复兴开始衰落,C项“文化的兴衰伴随着经济的强弱”符合题意。A、B、D三项均没有反映题干材料强调的信息。

19. C 【解析】A、B两项是工业革命影响的结果,D项说法错误,英国最终确立了君主立宪制,保留了君主制度,故A、B、D三项都不正确。当时“整个世界的要求”是由封建主义过渡到资本主义、由专制走向民主,英法资产阶级革命完成了本国向新的资本主义制度的过渡。

20. A 【解析】工业革命的发展是推动社会生产关系演变的根本动力,生产力的发展推动生产关系的调整。

21. D 【解析】当今新型国际关系推动了世界多极化趋势朝深层次方向发展,故A项错误;新的国际政治经济新秩序依然处于不断推进过程,故B项错误;中国的“和平崛起”理念受到西方大国的质疑,故C项错误;材料“正在向一种‘碰撞中磨合’‘竞争中协调’的新型国际关系演变”反映了当今世界形势下主权国家或集团的对外政策越来越务实,故D项正确。

22. B 【解析】A、C、D三项都只是对信息技术的表面描述,这些现象所反映的是信息技术的飞速发展以及带来的深远影响。

23. A 【解析】本题材料就是一句话,解题的关键是对“出口”的准确理解。“二战”后,无论是战胜国还是战败国,社会经济都遭到了严重破坏,购买力非常低下,这对“二战”后经济急剧膨胀的美国的出口是极为不利的。为此美国推行马歇尔计划,让西欧从战争的废墟中站起来并得到发展,这样会有购买力和巨大的市场。B、C、D三项都不是经济措施。

24. D 【解析】根据“道德与事业并重,而着重点更在道德”“选取了从西汉到明代的25位具有崇高民族气节,勇于为国捐躯的大英雄”可知,范文澜重视历史人物的道德修养,宣扬崇高的民族气节和爱国精神,这彰显了其价值取向,D项正确。历史人物的功与过不能以道德标准衡量,应以生产力标准衡量,A项错误。材料无从体现“不断调整历史解释”,B项不符合题意。历史写作的价值不在于“呼应世俗趣味”,而是客观、真实,C项错误。

25. D 【解析】《普通高中历史课程标准》(2017年版)对历史课程资源做了这样的界定:“历史课程资源是指有利于历史课程目标实现,能够服务于历史课程的一切可资利用的物质和非物质资源的总和。”

二、简答题

26. 简述美国独立战争的历史背景。

【参考答案】(1)政治状况:1607年,英国开始在北美殖民,到18世纪30年代,共建立了13个殖民地。统治模式依照英国政体建立,每一个殖民地都有自己的总督和议会。

(2)经济状况:北美资本主义经济发展迅速,各地经济往来日益密切,初步形成了统一的国内市场。

(3)民族形成:美利坚民族开始形成,民族意识

逐渐觉醒。

(4)思想基础:启蒙思想传播,民族民主意识日趋增强。

(5)阶级基础:资产阶级、种植园主阶级形成和壮大。

(6)导火线:1773年的波士顿倾茶事件。

27. 中学历史教师如何有效运用教科书?

【参考答案】(1)要把握教科书的内容体系、框架结构。历史教师要对历史教科书的全貌有所了解,把握每课在单元、全书中的地位,弄清楚课与课之间的相互联系,对课文内容涉及的各种纵横联系应有较全面的认识和掌握。特别是要深入挖掘教科书内容的“背后知识”。

(2)要吃透教科书,并适当地充实教学内容。教师要弄清楚每课的全部知识点,对涉及的每个重要历史事件、历史人物、历史现象、历史概念的内涵(包括基本史实、基本观点、学术动态等),通过查阅相关资料,有足够的了解和掌握。还应对教科书上比较简练的知识叙述,进行必要而适当的充实。

(3)要分清主次,把握教科书的教学重点。教师应根据教学目标和内容标准,结合具体教学内容,分析和判断哪些内容是教学的重点。重点内容应该多下功夫,适当补充材料,设计问题,加强直观教学,讲清讲透;比较次要的知识,讲授就应该简略一些,概而述之,无须另作补充。

(4)要认真研读《历史课程标准》,把握教学的基本要求和目标,以历史教科书为依据,精心设计教学方案。教师要具体、精练地表达本课的教学目标和教学重点难点,并对教科书内容进行加工,将其知识体系转化为更加适合课堂教学的内容。教师应尽量运用多种教学手段配合教科书。教师还要注意指导学生运用教科书,引导其逐步形成阅读教科书的能力和方法。

28. 举例说明多媒体技术在历史课堂教学中的应用有什么优点?

【参考答案】(1)利用多媒体信息技术,优化课堂氛围,激发学生学习兴趣,促进学生主动学习。如在学习《钢铁长城》这一课时,运用多媒体设备展示国庆60周年阅兵镜头,我国舰艇访问欧洲的新闻图片以及导弹发展的相关资料照片,吸引学生的注意力,激发学生的兴趣,促进学生自主学习。

(2)利用多媒体技术,优化问题设计,促使学生自主探究,培养学生的学习能力。如在学习《法国大革命》时,利用多媒体技术再现英国资产阶级革命及美国独立战争的概况,创设情景再现知识,在此基础上引导他们将三者加以比较,既能了解各国的具体情况,也能较容易地归纳出资产阶级革命的一般规律,在获得新知识的同时加深了对原有知识的理解。

(3)反思总结,提高学生知识迁移的能力。利用多媒体技术能构建清晰、概括、包容的认知结构,使学生把新知识同化纳入自己的知识结构中,完成知识的迁移和运用。如学完《中国近代史》及时反思其内容,利用多媒体将材料按“屈辱史”“抗争史”和“探索史”的主要线索展示给学生,就很容易将其中知识点总结成一个知识网络,解决问题就容易得多,从而完成知识迁移。

(4)利用多媒体技术创设历史情景,激发学生的爱国主义情感。如在《血肉筑长城》的教学中,利用《南京大屠杀》和《南京、南京》中的部分片段,形象直观地再现战争给中国社会带来的灾难,激发学生的历史责任感、使命感,更好地发挥历史教育的德育功能,提高学生的素养。

三、材料分析题

29. 【参考答案】(1)关系:清末新政在一定程度上推动了辛亥革命的爆发(清末新政为辛亥革命的爆发创造了条件)。

说明:政治上,新政倡导君主立宪,冲击了封建君主专制;经济上,新政奖励实业,客观上推动了民族工业的发展和资产阶级力量的壮大,一些新政举措激起民愤;思想文化上,新政改革教育,有利于西学的传播,培养了更多具有新思想的知识分子。所以清末新政客观上为辛亥革命的发生准备了条件。

(2)根本区别:孙中山领导的辛亥革命结束了封建君主专制制度,建立了民主共和政体;颁布了《中华民国临时约法》,规定主权在民。

(3)观点一:同意。清帝和平逊位,是一场不流血的政变。南方革命党人和北方政府达成妥协合作,建立中华民国。

观点二:不同意。清帝虽然和平逊位,但是是情势所迫、高压所致的结果,南北合作没有为民国奠定坚实基础。

30. 【参考答案】(1)该案例是学校学业评价的真实写照,纸笔测试确实是比较简单、客观、方便的

评价手段,教师出好试卷,学生在规定的时间里完成,教师再花一些时间,按照统一标准批改就算完成了。其他评价手段确实很费时间,但这种纸笔测试也扼杀了学生学习的兴趣,抹杀了学生的个性。

(2)第一,教学评价主客体应该互动化,强调评价过程中主客体间的双向选择、沟通和协作,不仅仅是评价学生,还应该让学生进行自我评价,从而使学生最大限度地接受评价结果。第二,评价内容多元化,不能只关注学生的学业成绩,学生的课堂表现,包括听课的态度、发言的次数、交流的多少都是课堂教学设计评价学生的参数,应在教学活动的过程中对学生进行表现性评价,从多个角度看学生的成长,尊重主体差异,给予积极评价,发挥学生诸多方面的技能管理,使学生逐步建立并拥有自信,从而有利于课堂教学的成功。第三,评价过程动态化,在教学设计时不仅关注结果,更注重学生成长发展的过程,将结果性评价与形成性评价相结合;并给予多次评价机会,将评价贯穿于平时课堂教学设计中,如上课的口头评价、作业评价、成长记录袋等,其目的在于促进学生转变与发展。

31.**【参考答案】**(1)不足:该教师忽略了三国至隋唐五代文化成就的教育价值。

改进:重视文化成就的教育价值。首先,学习文化成就是历史之旅,中华优秀传统文化需要继承与发扬。其次,学习文化成就也是审美之旅,可以提升学生的审美情趣。最后,从更深层次来看,文化的借鉴与融合是三国至隋唐五代文化成就卓著的重要原因,因此,兼容并蓄、开放合作是我们今天应该持有的文化态度。

(2)①对课程标准的理解。

②教科书中本单元的主题及课文安排。

③本课的内容结构。

④初中教科书中的相对应内容。

⑤旧版教科书的处理方式及相关研究资料。

四、教学设计题

32.**【参考设计】**

环节一:导入新课

师:同学们知道现任的法国总统和德国总理吗?

生:法国总统是马克龙,德国总理是默克尔,他们都曾来到中国进行友好的访问。

师:很好!法国和德国是欧盟的重要成员国,与中国关系密切,两国元首曾到中国进行友好访问。大家知道这两国的国体和政体是什么吗?它们又是怎样形成的呢?

生:法国和德国都是资产阶级共和国,实行的都是资产阶级代议制。

师:看来大家对法德两国的国体和政体是如何形成的并不清楚,那么今天就让我们来一同学习,从而了解、认识这一问题。

【设计意图】时政问题导入促使学生从现实来思考历史,将历史与现实架构联通起来,从而激发学习兴趣,增强学习效果。

环节二:新课讲授

(一)艰难的法兰西共和之路

师:法国历史上有一个名人,他不仅是法国的名人,也是世界历史上的一个名人,他就是拿破仑。因为他推翻了法兰西第一共和国,曾于1804年在法国建立了法兰西第一帝国。那么,法兰西第一共和国是怎样建立的呢?

生:1789年,法国爆发了资产阶级大革命,推翻了波旁王朝的统治,从此法国步入了共和国的历程。

师:但法国共和之路并不平坦,其间共和制与帝制经过多次反复,真可谓是艰难的法兰西共和之路。

师:请同学们阅读课文,说说为什么法兰西共和之路如此艰难?总结一下法兰西共和之路的艰难历程。

学生回答后归纳共和之路艰难的原因:

(1)资本主义发展相对薄弱,工业资产阶级力量弱小;(2)法国是典型的封建专制国家,君主思想作为封建残余长期存在;小农经济发达;(3)周围君主制国家的阻挠、干涉。

历程:1789年革命爆发——第一共和国(1792年)——第一帝国(1804年)——第二共和国(1848年)——第二帝国(1852年)——第三共和国(1870年)。

师:1870年的普法战争使法国损失惨重,第二帝国的皇帝路易·波拿巴被俘,巴黎人民发动起义,推翻第二帝国统治,建立了法兰西第三共和国。共和国成立后,共和派和保皇派继续进行激烈的斗争,直到1875年,国民议会才以一票多数的微弱优势通过了《法兰西第三共和国宪法》,确立了共和制度。

(二)法国共和政体的确立

师:1875年,法国国民议会以一票的微弱优势通

过《法兰西第三共和国宪法》。下面我们一起来看一下这部《法兰西第三共和国宪法》包含了什么内容？它的颁布有何意义？

1. 确立标志：1875年，《法兰西第三共和国宪法》颁布。

2. 主要内容：

（学生阅读课文，两位学生来回答并完成下表立法权和行政权的归属、产生及权限）

	归属	产生及权限
立法权	两院制议会	众议员由普选产生，任期4年；参议员由间接选举选出，任期9年，每3年改选其中的1/3，参议院有权否决众议院的决议案，议会有立法权；两院联席会议可以选举总统
行政权	总统	由参议院和众议院联席会议选出，任期7年，可连选连任，是国家元首和最高统帅，有权任命部长等高级官员、缔结条约和实行特赦，经众议院同意有权任命内阁，经参议院同意有权解散众议院

3. 意义：(1)共和派掌握了政权，共和政体最终确立；(2)为法国资本主义的进一步发展奠定基础。

合作探究：小组讨论法国共和制与美国共和制的异同，并派代表发言。

提示：

同：都是两院制代议制，立法权都归两院制议会，行政权都归总统，总统都是国家元首和军队最高统帅，权力都很大。异：美国总统是选民间接选举产生，不经国会选出，不向国会负责，而法国总统由两院选出，因此要对议会负责，参、众议员及总统任期不同

师：与法国同时期、同属于欧洲大陆国家的德国在资产阶级民主政治的征程中又有何建树呢？

（三）德意志帝国的君主立宪制

1. 背景：帝国建立（1871年）

(1)原因和条件

①四分五裂的局面严重阻碍了资本主义经济的发展；②普鲁士经济发达，军事力量强大；③俾斯麦推行“铁血政策”。

(2)方式：王朝战争

德意志帝国于1871年完成统一后，不久就制定了《德意志帝国宪法》。与法国一样，德国也确立了资产阶级的代议制。

2. 帝国宪法

师：请同学们结合教材内容来回答：德意志君主立宪制和法国民主共和制、英国君主立宪制之间分别有何异同？

学生回答后教师归纳：

德意志君主立宪制和法国民主共和制的异同：

相同点：都属于资产阶级代议制，都代表资产阶级的利益。

不同点：

比较项	法国民主共和制	德意志君主立宪制
国家元首产生的办法不同	总统由选举产生，任期7年，连选连任，对议会负责	皇帝世袭，凌驾于议会之上
行政权与立法权关系不同	行政权属于总统，总统对议会负责；总统可以控制众议院的议案	皇帝拥有巨大权力，可以召集解散议会，而议会无法制约皇帝的行政权

德意志君主立宪制与英国君主立宪制的异同：

相同点：都是资产阶级代议制；君主都是世袭，终身制。

不同点：

比较项	英国君主立宪制	德意志君主立宪制
权力中心	在议会	在皇帝
君主权限	统而不治，无实权	皇帝凌驾于议会之上，掌握国家实权
内阁产生的途径	议会产生，对议会负责	皇帝任命，对君主负责

3. 评价

(1)国家统一和君主立宪政体的确立，使德国迈入了发展资本主义历程，这推动了德国资本主义的迅速发展。到19世纪末，德国成为资本主义世界强国。

(2)普鲁士的专制传统造成了改革的保守和不彻底,普鲁士的军国主义传统得以延续,这一切阻碍了德国资产阶级民主改革。

环节三:巩固练习

教师出示课前准备的有关本课重难点知识的练习试题,请学生在规定时间内作答。作答时教师予以巡回指导。

【设计意图】通过演练试题了解学生对本课内容的掌握情况,做到查缺补漏。

环节四:课堂小结

师:虽然当时欧洲大陆的代议制存在着这样那样的不完善性、不彻底性,但这毕竟是人类在追求民主制度过程的一大成果,是历史发展的必然,为人类民主的进一步发展奠定了基础。随着法国资产阶级各个集团在国家政权中占据自己的席位,随着德国的统一,具有资产阶级性质的帝制国家的建立,两国的资本主义工业迅速发展,德国到19世纪末已跻身于世界强国之林。

【设计意图】回顾本课知识要点,加深记忆,巩固理解。

环节五:课后作业

请同学们课后阅读有关拿破仑的生平事迹,试着以文字、诗歌、散文等形式表达自己对拿破仑的看法。

【设计意图】拓宽学生的知识视野,增强语言表达能力。

教师资格考试预测试卷(三)

答案速查:

1	2	3	4	5	6	7	8	9	10	11	12	13	14	15
A	B	D	C	C	D	A	A	B	B	C	B	C	B	A
16	17	18	19	20	21	22	23	24	25					
D	A	D	A	D	C	B	B	C	D					

一、单项选择题

1. A **【解析】**“人善治之,则亩益数盆,一岁而再获之”是强调通过“人力”提高土地的利用率,即通过精耕细作提高单位面积产量,A项正确。B、C、D三项在材料中没有体现。

2. B **【解析】**材料反映出汉高祖根据秦朝的商业领域出现的弊端和汉朝建立以后的情况,因势调整商业政策,B项正确。A项在材料中没有体现,排除。C项在材料中没有体现,排除。D项因果倒置,排除。

3. D **【解析】**材料的大意是地主(“民庶之家”)把土地租给佃农耕种,是为了收租,并非为了同情别人(“行仁义”),当遇到灾荒之年还要减免地租、借给他们种子粮的原因,是因为他们(指地主)心里害怕佃农不再租种他们的土地而离开,导致土地荒芜,那样的损失一定会比现在减免地租带来的损失高几倍。这说明佃户在于己不利情况下可放弃田地的租种,D项正确。

4. C **【解析】**材料表明,汉武帝时期实行内外朝制度,少府尚书参与内朝事务,削弱了丞相的权力,魏晋到隋唐时期尚书省的权力逐渐扩大,丞相权力扩大,这一变化体现出相权被君权侵夺与复位,C项符合题意。材料涉及的是中央机构的调整,与地方问题无关,A项错误,排除。B项不符合材料主旨,排除。材料表明隋唐时期尚书省权力较大,D项尚书“位高权轻”说法错误,排除。

5. C **【解析】**从材料中“彼此颉颃,不敢相压,事皆朝廷总之”这一关键信息可以看出,明太祖的用意是让各机构互相制约,便于皇帝独揽大权。故本题答案为C。

6. D **【解析】**清代军机大臣只是跪受笔录,完全听命于皇帝,军国大事由皇帝一人裁决,因此军机处的设立是皇权加强的重要标志。

7. A **【解析】**明清商帮的出现是商品经济繁荣的产物,即跨区域贸易日益繁荣推动了商帮的出现,A项正确。“商业竞争日益激烈”是材料反映的现象,不是背景,B项错误。“地缘意识更加突出”是导致商帮出现的历史背景之一,但不是主要历史背景,C项不符合题意。D项在材料中没有体现。

8. A **【解析】**本题考查学生的读图分析能力,结合表中的时间可判断③不正确,近代民族工业兴起于19世纪六七十年代;该表只说明了茶、生丝的出口数额,体现不出贸易顺差,排除④。

9. B **【解析】**本题考查学生的理解分析能力,由

"由国库支付其开销"可知该企业是洋务派创办的官办企业。再结合其产品不投放市场,可判断该企业是军事工业,故选B。

10. B 【解析】由材料信息"1927年"及漫画中的文字"锄列强,倒军阀,灭尽世上压迫人"和拿着锄头的农民形象可知,该漫画反映出农民积极参与国民大革命,B项符合题意。北伐战争并未完成反帝反封建任务,A项排除。C、D两项在漫画中没有体现,排除。

11. C 【解析】由题干材料"1937年9月3日""持久战""做屡败屡战之准备"等信息可知,当时全面抗战爆发,国民党军队处于劣势,C项正确。毛泽东的《论持久战》发表于1938年,A项错误。"1937年9月3日"时淞沪会战正在进行,还没有结束,B项错误。材料来源于陈诚的日记,不代表国民政府早已做好了进行持久战的准备,D项错误。

12. B 【解析】本题考查解放战争时期的相关知识,旨在考查考生甄别历史现象的能力。根据材料信息"渡江战役即将发起""英国军舰擅自闯人""要求英、法、美……'迅速撤离'"可知,人民解放军的这一行动是对中国主权的维护和列强在华特权的否定,B项正确。A、D两项与题干信息时间不符,排除;材料信息并未表明西方国家对国民党的军事援助,C项错误,排除。

13. C 【解析】此题针对我国各个时期的建设成就进行命题,其中沈阳第一机床厂、鹰厦铁路是在"一五"计划时期建设的,其余的是改革开放后的建设成就。

14. B 【解析】雅典民主政治具有公民政治的特点,在伯利克里当政时期达到顶峰。材料说明雅典公民享有社会上其他人所没有的特权,B项正确。A、C两项在材料中没有体现。材料中雅典是民主制,D项说法错误。

15. A 【解析】启蒙运动发生于17—18世纪,A项说法错误。故答案选A项。

16. D 【解析】新航路开辟打破世界孤立隔绝的状态不能从材料中得出,材料所述的是新航路开辟的原因,故D错误,符合题意。

17. A 【解析】促进人们思想解放与材料中"不只是技术上的""'人定胜天''人是自然界的主宰'的思想日益增强"相符,故A正确;带来技术突飞猛进与材料中"不只是技术上的"不符,故B错误;增强改造自然能力与题中作者主要想说明的不符,故C错误;材料中没有涉及科学奖项设立,故D错误。

18. D 【解析】本题考查美国1787年宪法的影响。"没改一个字,只有一个一个的修正案"表明美国宪法稳定性强并得到健全完善,宪法的稳定体现了国家发展的持续稳定。A项说法依据不足,也不符合史实;美国两党制最终形成于19世纪50年代,两党本质上都是资产阶级政党,而在此前后美国国会都通过了修正案,B项不符合史实;C项在材料中不能体现。

19. A 【解析】可把选项中的四小项依次验证于题干中的两次工业革命进行比较。较明显地,①②③是第二次工业革命的特点,④较有迷惑性,但经分析可知,④所述的是第一次工业革命引起的结果,而非第二次工业革命的特点,所以应选A。

20. D 【解析】本题中"主要"是程度性的限定语,A与D项都是重要原因,但是导致二者关系分裂的根源是国家利益,国家利益决定外交政策。D项更能反映美国对苏联态度从战时盟友变为"遏制"的主要原因。

21.C 【解析】根据所学知识可知,旅游业属于第三产业,对开办旅馆者给予补助有利于促进第三产业的发展,增加就业,A、B两项正确。题干中英国政府的做法体现了通过国家干预促进经济发展,是国家垄断资本主义进一步发展的具体表现,D项正确。旅游业的发展不能推动第三次科技革命的发展,C项错误。

22. B 【解析】本题主要考查罗斯福新政期间国家直接干预经济生活。罗斯福新政通过《工业复兴法》要求各地工业企业遵守公平经营章程,实质上是国家对经济生活的直接干预,B选项正确。限制工业企业进行自由竞争是为了寻求经济上的稳定,是国家对经济进行干预的手段,A项排除。材料中的措施只是加强政府对工业企业的计划指导,并没有利用国家计划指导工业企业生产,C项错误。罗斯福新政不能从根本上解决经济危机产生的根源,D项说法错误。

23. B 【解析】本题考查的是德意志统一的历史局限性。从题干中可知,德国在19世纪六七十年代的胜利是指德国的统一,20世纪上半期的两次失败是指两次世界大战。德国统一后,继承了普鲁士的旧制度,保留了大量的军国主义残余,因此在20世纪德国发动了两次世界大战,最终失败。故答案为B。

24. C 【解析】材料主要反映的是《旧唐书》和王夫

之对唐太宗的不同评价，说明学者的立场不同影响历史评价，C项正确。A项结论无法从材料中得出。根据历史唯物主义的观点，对历史人物的评价也是有定论的，B项错误。材料不涉及对历史本质的揭示，D项错误。

25. D 【解析】在对学生进行学习评价的方法中，历史教师根据学生长时段历史学习的具体表现，有针对性地为每位学生建立历史学习档案，有利于对学生进行长期、稳定的综合考查和较为全面的评价。

二、简答题

26. 分析新航路开辟的原因和影响。

【参考答案】原因：(1)《马可·波罗行纪》的广泛流传引起欧洲人对东方的向往；(2)东西方传统的陆路商路因奥斯曼帝国的控制而受阻；(3)高额利润使西欧的贵族和商人渴望另辟蹊径，通往东方；(4)动乱中的欧洲各国君主强化王权，积极向外扩张；(5)基督教会为向外传教，进行“圣战”，成为重要推动力。

影响：(1)引起商业革命；(2)引起了“价格革命”；(3)随着新航路的开辟，葡萄牙和西班牙最早开始了殖民扩张、掠夺；(4)证明了地圆学说的正确性；(5)打破了世界各地相对隔绝的状态，为世界市场的形成创造了条件；(6)导致亚非拉殖民地的贫困与落后；(7)导致贩卖黑奴的兴起，致使非洲失去了至少一亿的精壮人口；(8)为人口的迁徙提供了方便，促成了新民族的产生。

27. 在选择教学模式时，教师要重点考虑哪些问题？

【参考答案】(1)依据教学目标选择合适的教学模式。当历史教学的核心目标是知识掌握时，可以更多采用以教师活动为主的教学模式，突出系统讲授和系统训练；如果教学的核心目标是实际能力或方法的培养，那就要在历史教学中更多采用以学生活动为主的教学模式，突出学生的自主学习和主动探索；如果历史教学的核心目标是让学生形成某种态度或价值观，那就要更多采用突出社会活动、情感体验的教学模式。一个单元、一节课的教学往往同时会涉及多个目标，所以，要在历史教学中适当对不同模式加以组合。

(2)依据学生的认知发展水平选择合适的教学模式。教学模式必须符合学生的认知发展水平。如果所要进行的学习活动具有较高的认知复杂性，就需要选择采用结构较松散的教学模式，即教师及教学程序的控制性较低，允许学生进行更主动的、更开放的探索性活动的教学模式，如发现学习的模式、基于问题式学习的模式、非指导性教学等；相反，如果所要进行的学习活动主要依赖于较低复杂性的认知活动，那就可以选择结构更严格的教学模式，即教师对学生的学习过程做详细严格的规定，如程序教学等。另外，在选择教学模式时，也要考虑学生的学习能力和学习习惯，而且应该在教学中有意识地培养学生的独立学习能力。

28. 简述导学案的设计内容。

【参考答案】导学案的设计内容并没有严格的规定，应根据教学实际的需要设计相关内容。但正常的新课教学或者是完整的复习课型一般应包含课前导学、课堂突破、课堂巩固和知识拓展。

(1)课前导学：课前导学意在促进学生初步了解本课学习的基本内容，激起学生发现问题和探究问题的兴趣和欲望，以强烈的期待感对待课堂学习。因此，教师可以设“本课综述”和“知识初探”等版块，由学生课前阅读教材、研读问题，通过自主学习与合作学习的方式完成。其中“本课综述”可以是对本课的学习目标、学习重难点、基本概念、学习本课涉及的理论和现实意义做基本的介绍；“知识初探”更注重学习兴趣的激发与核心知识的初步了解，应对核心知识进行梳理，并以较为灵活的方式呈现问题。

(2)课堂突破：课堂突破则是课堂教与学的主要素材。教师根据教学的内容设计教学方案与教学步骤，按步骤逐个突破各知识点。例如，教师设置“思路点拨”，对教学内容进行适当设问、激疑，或者通过呈现史料的方式，指导学生通过自主阅读和思考体会，或小组讨论与展示等各种学习方式，达到解决问题的目的，同时也培养学生知识迁移、合作探究的能力。课堂突破中应包含一些重难点问题的引导与解决。这是对相关知识点的理性升华，往往具有较大的思维含量和较高的难度，对学生形成问题意识、生成学习方法特别是形成总结、归纳和迁移等能力以及掌握历史发展规律具有重要的作用，是不可或缺的部分。另外，课堂突破中还可以设计一些类似“即时体验”的问题，主要指一些较为灵活的选择题，考查学生对所学知识的掌握情况，便于及时了解与反馈。在课堂突破过程中，师生间、生生间的合作探究是基本要求。

(3)课堂巩固：课堂巩固是对学习过程的评价，

也是对学生学习程度的检测，还是为了寻找学生学习的薄弱环节以进行补偿教学的重要环节。这一环节不仅要突出基础性、适量性、层次性，而且需重视"新材料""新情境"的创设与运用，鼓励学生独立思考和创造性地解决问题。

(4)知识拓展：知识拓展主要用于学生根据情况自主安排学习或探究活动。由于教材篇幅和课堂教学时间的限制，教师可以在导学案中呈现相关资料，让感兴趣的学生或者学有余力的学生课后自主阅读或深度研讨，拓宽知识面，掌握历史学习的一些技能与技巧。这样不仅能够激发学生的学习兴趣，而且可以进一步提高学生的人文素养、史学修养。

三、材料分析题

29.**【参考答案】**(1)作用：促进宋金之间的经济贸易往来，密切了两国的联系，促进了宋金间的文化交流和民族融合；有利于控制边境贸易，增加两国财政收入。

(2)措施：效仿中原王朝的政治制度，效仿汉字创制女真文字，学习以儒家思想为中心内容的汉文化。效果：促进了女真族的封建化，有助于女真族和汉民族的民族交融，促进了女真政权的发展。

(3)认识：少数民族的融入丰富了中华民族共同体的内容，加速了中华民族共同体的形成。

30.**【参考答案】**(1)①该教学设计以学生的发展为主旨。历史新课程改革把学生的发展作为基本理念，要求教师的教学设计要以学生的发展来设计教学过程，考虑学生的全面发展、持续发展与和谐发展。

②该教学设计具有极强的趣味性与新颖性。以学生为主体，能够激发学生的学习兴趣，学习方法多种多样，灵活多变。

③该教学设计结构合理、层层深入，多角度、多层次、多形式地为学生学习历史知识提供空间。教师充分把握课堂教学内容，合理安排教学时间。

④该教学设计将学生的自主探究与教师的讲授进行有效结合，充分培养了学生的合作能力、自主探究能力，同时也提高了教师的教学水平。

(2)讲授与探究是两种不同的学习方式，二者在知识获得方式、心理机制、思维过程等方面都存在着明显的差异。正是这些差异决定了它们之间相互制约、相互促进和互相补充的关系。因此，教师在教学中要努力达到不同学习方式之间的整合、平衡和最佳结合状态，根据教学的实际需要和学生学习方式的多样性、差异性和选择性等特点，在讲授中引入探究方法，在探究过程中融进讲授，从而使传统的演讲法、实验法、启发分析法、讲练结合法、模仿记忆法等常用的讲授方法与新课程改革倡导的自主、合作、探究学习方法有机、高效地结合起来，优势互补，取长补短，以求更好地促进学生的发展。两种教学方法交替使用，学生既掌握了知识，也锻炼了能力。

31.**【参考答案】**(1)国外：

经济：第一次工业革命完成，资本主义世界市场初步形成。

政治：资本主义制度的完善和发展。

思想文化：自由资本主义的蓬勃发展，马克思主义的诞生和发展。

国内：

幕府政权(幕藩体制、等级制度)，实行闭关锁国、重农抑商等政策阻碍了日本资本主义的发展，幕府政权孕育着危机。

农民的反抗斗争此起彼伏(领导阶层：下级武士)。

1853年佩里叩关，结束了日本闭关锁国的状态，日本陷入半殖民地的危机中。

倒幕运动的发展和胜利(获得明治天皇的支持)。

(2)①试比较明治维新与俄国1861年改革的异同点。

②为什么明治维新能使日本走上资本主义道路而中国的戊戌变法却不能？

(3)课堂提问的类型主要有：直接提问式、兴趣启发式、问旧启新法、情境启示法、设疑置难法、讨论式、比较式等。

四、教学设计题

32.**【参考设计】**

环节一：新课导入

教师：一位近代英国的宪法权威人士曾经说过，"上下两院如果做出了决定，就是把女王本人的死刑判决书送到她的面前，她也不得不签字"，大家考虑一下，这位权威人士说的是否有道理？学生进行讨论和回答，教师顺势导入新课。

【设计意图】教师用案例设问导入可以激发学生进行思考，引起学习兴趣。

环节二：新课讲授

(一)制度之初创——从《大宪章》到《权利法案》

1.历史传统:《大宪章》

教师在多媒体课件上出示图片《1215年英王约翰被迫签署<大宪章>》和《大宪章》的部分内容,提问:《大宪章》签署的目的是什么?从它的部分内容你可以看出它主要表达了什么思想?

学生阅读教材后回答,教师总结:签署《大宪章》主要是为了限制王权,保障贵族特权和保护部分骑士与市民的利益。《大宪章》第一次明确国王也必须服从法律,没有人可以凌驾于法律之上,这是后来《权利法案》的先声,之后英国逐渐形成了召开议会决定重大事宜的制度。

2.宪政确立:《权利法案》

教师通过多媒体课件展示查理一世、克伦威尔、詹姆士二世、威廉三世的图片,请学生阅读教材,并依据四幅图片概括英国资产阶级革命的过程。

学生回答,教师总结:斯图亚特王朝时期,查理一世继续推行君主专断政策,引发了资产阶级和新贵族的不满。1640年,英国资产阶级革命爆发,克伦威尔成为领导者,内战结束后,大权在握,成为独裁者。克伦威尔死后,政局混乱,查理二世回国,斯图亚特王朝复辟,反攻倒算,激化了矛盾。1688年,辉格党和托利党邀请荷兰执政威廉、玛丽入主英国,史称"光荣革命",标志着英国资产阶级革命的完成。

教师用多媒体展示《权利法案》部分内容,提问:材料限制了国王哪些权力?保障了议会哪些权力?它有什么意义呢?

学生回答:《权利法案》限制了国王的立法权、征税权、军事权,保障了议会的立法权、选举权、财政权等权力。《权利法案》的颁布,结束了英国的君主专制统治,标志着英国君主立宪制的确立,英国政体成为以后很多国家资产阶级效法的样板。

3.代议制

教师指导学生阅读教材,提问:什么是资产阶级代议制?这种制度有什么好处?

学生回答,教师总结:议会由选举产生的议员组成,代表选民行使国家权力,这就是所谓的代议制。在代议制下,资产阶级通过议会对国家实行集体统治,以防止专制独裁。通过实行代议制,资产阶级不同集团的权益之争,在议会中得以和平的方式实现,这有利于避免暴力冲突。

4.议会改革

教师播放英国议会改革的纪录片,提问:工业革命以后,英国议会有什么重大改革?

学生回答:1832年,英国议会进行了选举改革,工业资产阶级获得了更多的议席,大大加强了在议会中的作用,为工业资本主义的进一步发展提供了保障。

教师补充:英国君主立宪制度确立之初,只有那些拥有一定地产的成年男性才有资格当选为议员。随着社会经济的发展,英国进行了多次议会改革,逐渐完善了议会制度。直到1969年,英国才规定,凡是年满18周岁的公民,不论男女,都可以参加下院的选举。

(二)制度之完善——责任内阁制的形成

教师过渡:虽然《权利法案》使英国确立了君主立宪政体,但是它没有解决国家行政的决策和执行问题,这是《权利法案》的一个局限性,为了解决这个问题,责任内阁制逐渐发展成熟。

教师指导学生阅读教材,归纳概括责任内阁制形成的过程,学生回答后教师进行总结:光荣革命前,国王挑选少数贵族分管政府各部门的工作,逐步形成内阁会议,成为国家的最高行政机关。1721年,罗伯特·沃尔波尔成为英国历史上第一任内阁首相。

教师通过展示一系列漫画"英国首相卡梅伦的一天",引导学生认识责任内阁制的特点,提问:卡梅伦为什么要向女王请安呢?为什么内阁成员都支持他呢?如果议会不再信任他,首相大人该怎么办?

学生回答,教师总结:女王是国家元首,首相名义上由国王任命,所以卡梅伦要向女王请安。内阁成员与首相在政治上共进退。首相是国家的最高决策者和领导者。如果议会不信任他,内阁下台或解散议会,重新选举。

【设计意图】教师通过展示图片、漫画和播放纪录片,能够激发学生参与课堂的兴趣,让学生迅速融入历史情景,同时能够更有趣味性和形象性地展示知识内容,提升自主思考的能力。

环节三:小结作业

1.小结:师生共同回顾英国政治发展的历史。

2.作业:课下收集英国首相的故事,下节课分享你最喜欢的一位英国首相。

【设计意图】开放性作业的布置,能充分调动学生课后学习的积极性,同时也能让他们通过进一步的学习,对英国内阁的发展有进一步思考和了解。

教师资格考试预测试卷(四)

答案速查:

1	2	3	4	5	6	7	8	9	10	11	12	13	14	15
A	D	B	D	C	D	D	D	B	C	B	B	A	B	A
16	17	18	19	20	21	22	23	24	25					
D	B	B	B	D	C	A	B	C	B					

一、单项选择题

1. A 【解析】根据材料“遗址中有宫殿建筑……各种礼器”“社会贫富分化悬殊,形成了特权阶层”并结合所学知识可知,陶寺遗址当时已具备国家的初始形态,A项正确。B项“开始产生”由材料无法得出,排除。陶寺遗址尚未进入奴隶社会,C项排除。农耕经济的发展情况在材料中未体现,D项排除。

2. D 【解析】根据史实可知,西周实行分封制,分封同姓及功臣的同时,也分封了先代包括殷商的贵族,如宋国。结合材料和地图来看,西周的政治中心在西部,其都城镐京东北方向和东南方向的诸侯国以及宋周围的诸侯国对殷商遗民所在地宋形成怀抱之势,说明西周重视对殷商遗民的防范。D项符合题意。

3. B 【解析】材料中东汉光武帝由于要祭祀未当过皇帝的祖先而遭到大臣们的激烈反对,体现出儒家“名正言顺”的思想观念的影响,即儒家思想影响政治行为,B项符合题意。光武帝的目的是祭祀祖先,不是强化皇权,A项错误。材料不涉及君权与相权之争,C项错误。材料体现的是东汉君臣重视皇权继承的合法性,而非统治的合法性,D项错误。

4. D 【解析】材料反映的是君权与相权相互制约的问题。明朝废除丞相制度,清朝君权高度强化,不存在君权与相权相互制约的问题。故答案选D。

5. C 【解析】由题干可知,在科举考试中不同的科目考试内容均不相同,而且考上之后只在和专业相关机构任职,说明唐朝科举制注重专业人才的选拔与任用。故答案选C。

6. D 【解析】京剧是清代才出现的戏曲艺术,排除③;①②④都符合宋代文化的表述,故选D项。

7. D 【解析】从材料中可以看出,雍正年间制定的“冲繁疲难”制度,使省督抚可以在属员中选授满足一定条件的州县地区的地方官吏,这不仅打破了州县官吏都由吏部选用的权力格局,还有利于德才兼备人才的选拔,D项正确,C项错误。材料中反映的是地方官员的选用制度的变化,没有体现出区域经济发展或地方行政机构划分的情况,A、B两项错误。

8. D 【解析】本段话选自顾炎武的《日知录》,在这个文章里顾炎武特别强调了经世致用之学,反对空洞的理学理论。所以本题选D。

9. B 【解析】结合所学知识可知,在天朝上国体制下,清政府以宗主国自居,其他国家均是中国的藩属国,给中国的信函要使用“禀”等带有下级向上级请示意味的文体。清政府同意此后英国给中方的信函不再使用“禀”文体,说明清政府面对英国不再以天朝上国自居,表明天朝体制逐步崩溃,B项正确。材料中的变化与中国主权无关,A项不符合题意,排除。C项不符合史实,排除。D项不符合材料主旨,排除。

10. C 【解析】南洋烟草公司是我国民族企业的代表,英美烟草公司诬告其侵权并勾结香港殖民当局对其进行打击,说明外国资本主义的压迫是民族企业发展的巨大障碍。故答案选C。

11. B 【解析】洋务运动虽然促进了中国经济、文化教育、国防等方面的近代化,但是其最终目的是维护封建统治,故“守旧”指维护封建统治,“创新”指促进了中国的近代化。洋务运动引进了西方先进科技,故①错,可排除;④错在“全面变革”,可排除。

12. B 【解析】抗战结束后,抗日民族统一战线的任务完成,因此“和平、民主、团结”口号的提出不是为了巩固统一战线,A项应排除。C、D两项只是抗战后中共面临的新形势和新任务,所以也应排除。

13. A 【解析】我国近代化最初是由封建地主阶级领导开始的,所以④是错误的;中国的近代化从轻工业开始,欧美国家的近代化也是从轻工业开始,所以①是错误的。故选A。

14. B 【解析】国民大革命失败后,中国共产党在城

市发动了三次起义均失败,毛泽东等人认识到走城市革命的道路难以取得胜利,进而转移到农村,建立农村革命根据地,形成了工农武装割据的革命新局面。

15. A 【解析】这两次会议都对我国社会主要矛盾进行了科学分析,因此体现了实事求是的精神,都提出了党的中心任务是发展社会主义经济。十一届三中全会的有关内容实际上继承和发展了中共八大的有关决议,因此二者之间有一定的继承性。但中共八大上没有提出改革开放。

16. D 【解析】材料中"三包一奖"制度的推行能够充分调动合作社社员的生产积极性,D项符合题意。材料中的做法不涉及对农业中的生产关系进行调整,A项错误,排除。家庭联产承包责任制的推行是在1978年党的十一届三中全会以后,B项和材料无关,排除。经济建设中出现"左"倾错误是在1958年,C项错误,排除。

17. B 【解析】由材料信息"发源于沙漠""到750年,它统治了从比利牛斯山到信德,从摩洛哥到中国边境的广大地区"可知该帝国为阿拉伯帝国,B项正确。罗马帝国于395年已分裂,A项错误。拜占庭帝国即东罗马帝国,750年拜占庭帝国并未统治材料所述地区,C项错误。750年奥斯曼帝国尚未形成,D项错误。

18. B 【解析】材料中罗马统治者根据是否享有市民权或享有市民权的多少将罗马境内的人分为罗马市民、拉丁人、外来人和奴隶,体现了罗马法形式主义的特征,B项正确。A项不符合材料主旨,排除。公元前3世纪罗马已出现万民法,C项不符合史实,排除。D项在材料中没有体现,排除。

19. B 【解析】所谓"拷问世界",就是对世界的思考和疑问,也就是德国对世界思想文化生活的贡献,故本题选B项。

20. D 【解析】19世纪中期,英国完成了工业革命,成为"世界工厂"。这是它的"自由贸易"政策的基础和主要原因。

21. C 【解析】本题考查战后资本主义的新发展。依据所学,二战后,由于第三次科技革命的进行和资本主义经济政策的调整,欧美的经济结构和生产方式发生了巨大变化,这又引起了欧美阶级结构的变化。故选C。

22. A 【解析】马克思的设想是在生产力高度发达的资本主义基础上建立社会主义。"战时共产主义"政策是在物质匮乏的情况下实施的。

23. B 【解析】本题考查全球化对"国家"概念的影响。材料中认为随着全球化浪潮的发展,"国家"概念将会被淡化,B项符合题意。A项说法本身错误,全球化不能等同于现代化。C、D两项与题干不符,错误。

24. C 【解析】根据所学知识可知,《通典》是我国古代保留至今的第一部典章制度通史,记载了上起黄帝,下迄唐玄宗天宝末年历代典章制度,C项正确。

25. B 【解析】对于历史上的政治制度、经济结构、法令条约和科技文化等内容,一般采用讲解法。这些内容知识性强,情感因素少,比较枯燥,因此在教学中,需要教师以简明通俗的语言,配合图表等辅助手段,进行清晰的讲解和论证,帮助学生理解和掌握。

二、简答题

26. 请简述中国与三次工业革命之间的关系。

【参考答案】(1)第一次工业革命中国未能把握住发展机遇的原因及对中国产生的影响

原因:经济上,自给自足的自然经济占统治地位,资本主义未能充分发展。

政治上,封建制度走向衰落,专制主义中央集权空前强化。

思想上,统治阶级推行的重农抑商政策阻碍商品经济的发展。

文化上,文化专制统治阻碍科技和思想的自由发展。

外交上,闭关锁国阻碍了中西经济文化的正常交流。

影响:英国发动对中国的鸦片战争,中国开始沦为半殖民地半封建社会,政治上主权丧失,经济上自给自足的自然经济开始解体,被卷入资本主义世界市场;冲击了中国落后的经济体制和思想观念。洋务派开始引进西方先进的科学技术和机器,创办中国第一批近代企业。思想界掀起了一股向西方学习的新思潮,促使中国人关注现实,探索救国救民之路。

(2)第二次工业革命中国未能把握住发展机遇的原因及对中国产生的影响

原因:内因是清政府腐败无能,国家主权不断沦丧,洋务运动只引进西方先进的技术和机器,没有改变落后的封建制度。外因是甲午战争中国战败,半殖民地半封建社会的性质大大加深;帝国主义列强掀起了瓜分中国的狂潮,加大了对中国的侵略。

影响:①帝国主义列强加大了对中国的侵略,经济上资本输出,政治上掀起了瓜分中国的狂潮,使中国社会的半殖民地半封建社会程度大大加深。

②民族资本主义有了初步发展,民族资产阶级开始登上历史舞台,掀起了戊戌变法和辛亥革命。

(3)①20世纪四五十年代至1978年,第三次科技革命中国未能把握住发展机遇的原因及对中国产生的影响

原因:中国处于解放战争和新中国成立初期,由于战争的破坏和建国后帝国主义的封锁包围,中国没有发展先进科技的环境。建国后不久,“左”的思想日渐严重,没有落实知识分子政策,对教育没有高度重视,失去了发展机会。

影响:新中国成立后,各个时期我国的经济都有一定程度的发展。但在50年代发展缓慢,“文革”期间受到严重破坏。

②1978年至今,第三次科技革命中国把握住发展机遇的原因及对中国产生的影响

原因:十一届三中全会以后,中国坚持以经济建设为中心,实行改革开放,大力发展科技,重视人才,引进先进技术,抓住机遇,迎接挑战。

影响:在改革开放之后的四十多年来,我国的基础科学研究已经与世界前沿的水平接近或持平,有的甚至领先,在材料学、计算机、通信、制造业等方面,已经领先于世界水平。我国的经济实现了腾飞,创造了世界经济史上的奇迹,国防实现现代化,国际地位提升,引起我国人民劳动方式和生活方式的变革,使人的观念、思维方式、行为方式、生活方式逐步走向现代化。

27. 从组织方式上看,课堂讨论有哪些主要形式?

【参考答案】(1)对谈式的讨论。教师提出问题,由学生来回答,然后教师再提问,学生再回答,由此形成一种师生之间不断反复的问答活动,使对问题的探讨逐步深入。

(2)群体式的讨论。教师提出讨论的议题,让班上的学生都来思考如何解答,以使更多的学生参与到讨论之中,这样对一个问题的解答就可以有多个学生来作答,师生也可以从各种答案中确认哪些回答是比较正确的。

(3)分组式的讨论。把学生分成若干小组,在问题提出后,由各小组先进行组内讨论,然后各组代表发言,进而形成班上各组之间的大讨论。

28. 简述试题命制的一般原则。

【参考答案】(1)试题要符合测验目的,试题的取样要有代表性;

(2)试题的文字要力求浅显简短、简明扼要,但又不可遗漏必要的条件;

(3)各试题应彼此独立,不可含有暗示本题或他题正确答案的线索;

(4)试题的正确答案应是没有争议的;

(5)试题不要照抄课本、公开出版的复习资料中的题目;

(6)试题要有一定的覆盖面;

(7)试题要具有一定的难度和区分度。

三、材料分析题

29.**【参考答案】**(1)德国投降,欧洲战场的反法西斯战争胜利结束;亚洲战场,日本仍负隅顽抗;争取苏联尽快加入对日作战;讨论德国问题以及战后欧洲的安排。

(2)对战后重大问题达成共识,明确了战后世界的安排;使战时同盟维持,加速取得反法西斯战争彻底胜利的进程;会议使苏联与美英的关系开始恶化,尤其是美苏的矛盾。

30.**【参考答案】**(1)课堂提问是教学过程中的双向交流,它可以提高学生思维的积极性,培养学生分析、综合、归纳、比较、概括等能力,促进学生历史思想能力的提升,提问是否有效也就成为衡量一堂课质量高低的重要标准。本堂课提出的问题需要学生阅读教材、查找资料,才能很好地回答,而教师在学生未阅读教材,也不给学生思考的情况下提问,因此,本堂课的提问成了无效提问。

(2)要想避免发生“无效提问”的现象,就要采取一定的策略:第一,教师对课堂中即时提出的问题要善于运用“第一等待时间”和“第二等待时间”,特别是一些具有一定思维含量的问题;课堂要求学生即时回答的问题,则应课前布置相关预习。第二,应该提供相应思考的“载体”,实现“论从史出,论从证出”。第三,提问要遵循学生的思维规律,课堂要求学生即时回答的问题,其设问应从教学和学生的实际出发,层层递进,并允许学生可以置换一个问题作答。第四,不要先请学生起立,再提出问题,人为制造紧张气氛,会影响课堂教学氛围和质量。

31.**【参考答案】**(1)上述调查反映了目前高中学生的历史意识还比较薄弱。学生历史意识薄弱的原因是多方面的,其中有的是因为历史知识的贫乏,有的是因为历史观点的错误,有的是因为历史评价和分析能力的低下,有的是因为缺乏历史学基本概念的学习。这些问题都说明在历

史教学中，应该重视学生历史意识的培养。目前，中学生历史意识的培养日益引起各国历史教育界的重视。

(2)要培养学生的历史意识，关键是要使学生形成历史学科核心素养，即唯物史观、时空观念、史料实证、历史解释、家国情怀。历史知识的教学是基础，但是，学生学习历史决不能仅仅停留在记住一些年代、人名、地名和事件上，因为历史教学并不是单纯地传递知识，还要透过历史教学活动，通过对历史因果的分析、历史人物的介绍和评价，培养学生分析、批判的能力，帮助学生获得正确的历史观念，从而产生所谓的"历史意识"。此外，历史教学中应该注意向学生传递一些历史学的核心概念，如历史的真伪、史料的价值及研习历史的探究精神等。

四、教学设计题

32.**【参考设计】**

环节一：课堂导入

教师：1911年10月4日，清廷谕令内阁，典礼院会同礼部各衙门创作"国乐"，声词壮美，定为"国乐"。其歌曰："巩金瓯，承天帱，民物欣凫藻，喜同袍，清时幸遭，真熙皞，帝国苍穹保，天高高，海滔滔。"同学们想一下，这首国乐表达的是什么意思？

学生回答。

教师：当时百姓倒悬，歌词却说其乐融融；天下大乱，歌词却说歌舞升平；清廷覆亡在即，歌词却说固若金汤。这段材料出现在武昌起义前一周，又是以国歌的形式出现，具有强烈的讽刺意味。那么当时的时代背景到底如何？又会导致什么样的结果呢？接下来我们一起学习《辛亥革命》。

【设计意图】通过对清朝"国乐"的分析，引出时代背景，进而导入课文，有助于学生了解辛亥革命所处的时代背景，提升学生的兴趣并对清朝的腐朽有更深刻的认识。

环节二：新课讲授

(一)武昌起义

教师过渡：一次大的革命行动往往要有一定的时间来积累能量，辛亥革命的酝酿是一个长达20年的较长过程。辛亥革命由武昌起义开始，它又是怎样爆发的呢？我们一起通过一些史料来寻找答案。

1.背景

教师通过多媒体课件展示辛亥革命爆发前约二十年的历史材料，并提问：辛亥革命前，面对空前严重的民族危机，当时中国的三种政治力量，清政府、立宪派和革命派分别做出了哪些努力？学生阅读材料，思考并回答问题。教师适时进行引导，并总结辛亥革命爆发的背景：

(1)政治条件：《辛丑条约》签订后，中华民族危机空前严重，推翻清朝统治成为大势所趋。

(2)经济和阶级基础：清政府推行"新政"、"预备立宪"，客观上促进中国民族资本主义经济的发展，民族资本主义力量不断壮大。

(3)思想基础：资产阶级民主革命思想的传播。

(4)组织基础：资产阶级革命团体和政党的建立。

(5)军事基础：革命党人发动了一系列武装起义(黄花岗起义等)。

(6)有利时机：四川的保路运动。

教师过渡：于是一场革命蓄势待发，接下来我们便简单了解武昌起义爆发的大致经过。

2.爆发

教师出示武昌起义的相关图片，简单介绍起义过程和结果以及各省纷纷独立的情况。指导学生整理武昌起义的过程。

(二)中华民国成立

1.中华民国成立和《中华民国临时约法》颁布

教师出示图文材料，学生阅读课本完成中华民国成立基础知识的填写。

教师出示《中华民国临时约法》节选内容，提问：《临时约法》规定中华民国实行哪种政体形式？主要内容是什么？有何意义？

学生回答，教师总结：约法规定中华民国实行责任内阁制。主要内容有：中华民国主权属于国民全体；国内各民族一律平等；国民有人身、居住、财产、言论、出版、集会、结社、宗教信仰等自由；国民有选举权和被选举权；确立行政、立法、司法三权分立的政治体制；内阁总理由议会的多数党产生，总理可以驳回总统的意见；总统颁布命令须由总理副署才能生效。这部约法是中国近代史上第一部资产阶级性质的民主宪法，具有反对封建专制制度的进步意义。

2.清帝退位

教师用多媒体展示辛亥革命爆发后的报纸报道材料，提问：辛亥革命爆发后，清政府、帝国主义列强、以及革命营垒中的立宪派和旧官僚都做出了什么反应？孙中山作出了什么选择？

学生回答，教师总结：辛亥革命爆发后，清廷任

命袁世凯为内阁总理大臣，主持军政，企图挽救危局。袁世凯一面命令北洋军猛攻汉口、汉阳，一面向南京临时政府提出议和。列强以军事威胁、外交孤立和经济封锁为手段，向革命政权施加压力，并制造舆论，替袁世凯撑腰。革命营垒中的立宪派和旧官僚，乘机攻击革命党人。孙中山被迫妥协，表示如果清帝退位，袁世凯赞成共和，就保举袁世凯为临时大总统。就这样，辛亥革命的胜利果实落入袁世凯手里。

(三)民主进程的丰碑

教师提问：对于辛亥革命，我们有不同的评价，有人认为它是伟大的胜利，有人认为它使中国更加混乱，那么我们究竟该如何来评价辛亥革命，他的意义又如何呢？

教师将学生分成两组进行讨论。学生代表陈述各自小组的观点，教师总结：

成功：

(1)政治：推翻了清王朝，结束了中国两千多年的封建君主专制制度，打击了帝国主义侵略势力。

(2)经济：为民族资本主义的发展创造了条件。

(3)思想文化：民主共和观念逐渐深入人心；对中国的教育改革、社会习俗进步具有积极作用。

失败：

(1)资产阶级具有软弱性和妥协性。

(2)袁世凯窃取了革命果实。

(3)没能完成反帝反封建的任务，未能改变中国半殖民地半封建社会的性质。

【设计意图】通过丰富的史料探究，锻炼学生阅读史料、分析史料、自主解决问题的能力，有利于培养学生的史料实证和历史解释素养。小组讨论有利于调动学生学习的积极性和主动性，培养学生合作探究的能力。

环节三：小结作业

1.小结：师生共同总结回顾本课所学知识。

2.作业：结合《中华民国临时约法》的内容，分析它所体现的民主精神。

【设计意图】课后作业的布置，能够巩固学生对本课所学知识的记忆，认识辛亥革命使民主共和观念逐渐深入人心的历史作用。

教师资格考试预测试卷(五)

答案速查：

1	2	3	4	5	6	7	8	9	10	11	12	13	14	15
D	B	A	C	A	B	B	B	D	A	C	A	D	B	C
16	17	18	19	20	21	22	23	24	25					
C	D	C	D	A	B	C	A	C	C					

一、单项选择题

1. D **【解析】**从材料信息可以看出，藏书从周天子的官府行为下移到诸侯，再下移到士大夫甚至私人，这促进了书籍的流动及文化的传播，有利于文化传播与学术繁荣，D项正确。材料与私人讲学没有必然的联系，排除A项。“具体反映”的说法表述有误，排除B项。材料与诸侯的富国强兵无关，排除C项。

2. B **【解析】**根据材料和所学可知，汉武帝时董仲舒提出宗庙居郡国非礼主张，汉元帝废除郡国庙制，郡国庙制的兴衰反映了西汉加强中央集权的历程，故B项正确。儒家独尊地位在汉武帝时期已确立，A项错误。宗法制在春秋战国时期已经瓦解，C项错误。废除郡国的宗庙与神化刘氏家族的统治不符合，D项错误。

3. A **【解析】**根据“城隍神成为官府所规定祭祀的神祇。各座城市的行政首脑每年按时举行祭祀城隍的仪式”可以看出，政府在城隍信仰方面起到了很重要的引导作用，故A项符合题意。材料与儒学正统面临挑战无关，排除B项。从材料中看不出土地财富作用削弱，排除C项。宋朝时期，城市商业打破了原有的时间空间限制，城市经济功能凸显，排除D项。

4. C **【解析】**从材料“自大街及诸坊巷，大小铺席，连门俱是”“大抵杭城是行都之处……自和宁门杈子外至观桥下，无一家不买卖者”获得信息。杭城应该指杭州，故A、B两项可以排除。材料强调的是商业突破空间限制，故C项正确。

5. A **【解析】**据材料“诸大小机务，必由中书……不由中书而辄上闻，既上闻而又不由中书径下所司

行之者,以违制论"可以得出中书省的权力比较集中,故选A项。

6. B 【解析】本题旨在考查对材料意思的解读能力和获取有效信息解决问题的能力。解题关键是理解明清时期社会经济领域里所出现的农业和工商业从业人员比例的变化是当时工商业的发展所致。故答案选B。

7. B 【解析】根据材料所表述的清代内阁官员"依样画葫芦"的做事流程,可知当时的政治体制比较僵化,官员拘泥于规制。故答案选B。

8. B 【解析】牛郎织女依赖的传统经济是自然经济形态,这种形态开始解体于鸦片战争后。

9. D 【解析】这四个选项,全都反映了我国古代商业的发展情况。

10. A 【解析】根据所学知识可知,19世纪中叶,随着西方侵略不断加深,我国的知识分子开始逐渐认识到经济发展的重要性,提出发展经济,与外国进行商战,因此出现了诸如"商务""商战""商业"等新名词,是重商思想的体现,说明了现代化问题受到关注,A项正确。实业救国思想此时尚未出现,B项不符合史实,排除。"重农抑商"政策与题意无关,C项排除。材料中"商+"思维反映的是当时重商的思想,并不是"民族资产阶级的政治经济诉求",D项排除。

11. C 【解析】从咸丰皇帝的"自古要盟不信,本属权宜",即不尊重所签条约,到恭亲王奕䜣的"以守约为主,以践言为先",说明清政府认识到遵守条约的重要性,逐步接受近代国际规则,C项正确。A、B两项在材料中没有反映,排除。D项"维护权益"材料没有涉及,排除。

12. A 【解析】材料中"胡适仍然抨击国民党思想体系的传统主义成分,号召把科学才智用于国家管理,提倡立宪制度和公民权利",说明即使南京国民政府已经建立,国民党思想体系中仍然有不少不利于民主的传统主义成分,民主进程在当时的中国仍步履维艰,A项正确。材料没有涉及国民政府思想改革,B项排除。材料中讲的是"把科学才智用于国家管理",而非科学思想,C项排除。D项在材料中没有体现,排除。

13. D 【解析】根据材料提供的时间信息"1937年底",可知当时的中国正处于抗日战争时期,中日民族矛盾是中国社会的主要矛盾,为了抗击日本的侵略,国民政府积极接受苏联的援助,说明意识形态分歧让位于国家安全战略,D项正确。A、B、C三项均与史实不符,排除。

14. B 【解析】从材料反映的召开华北临时人民代表大会,以及大会代表和华北人民政府委员会委员中均有一定的民主人士等信息来看,这次会议实践了新民主主义政治路线,即在中国建立一个以无产阶级为领导,以工农联盟为基础的,一切反帝反封建的人民联合专政的民主共和国,B项正确。三大战役的胜利标志着解放战争已取得基本胜利,A项排除。1949年第一届全国政协的召开标志着中国共产党领导的多党合作和政治协商制度的初步确立,C项排除。1954年宪法体现了鲜明的社会主义原则,D项排除。

15. C 【解析】材料中"25万工人迁出上海到全国各地"是在支援其他地方的工业建设,这是计划经济体制优势的体现,C项符合题意。上海作为新中国最大的经济城市,支援其他地方的工业建设,自身的经济地位不会下降,A项错误,排除。B项在材料中没有明确的表述,不符合题意,排除。一五计划时期经济发展不平衡的局面并未得以改变,D项不符合史实,排除。

16. C 【解析】"农村实用技术人才培训工程"和"农村劳动力转移培训阳光工程"等举措旨在提高农村劳动力的专业技术能力,以适应产业结构的不断调整,C项正确。材料没有涉及乡镇企业的发展问题,A项排除。农村劳动力的培训与市场经济体制无关,B项排除。农村劳动力的培训主要是提高他们的技术水平,与农村劳动力的转移无关,D项排除。

17. D 【解析】随着古代雅典工商业的发展,雅典城邦中出现了工商业奴隶主阶层,他们对旧贵族的政治专权十分不满,要求分享政治权利,并最终取得胜利。

18. C 【解析】依据题干和所学知识,当时西班牙开创了在菲律宾马尼拉和墨西哥阿卡普尔科之间的大帆船贸易,这些帆船满载中国商品,从马尼拉(位于菲律宾)横渡太平洋,前往墨西哥的阿卡普尔科,沟通了亚洲与美洲之间的经济联系,有利于世界经济联系的进一步加强,C项正确。新航路开辟后,以欧洲为中心的世界市场的雏形开始出现,A项错误。当时的美洲墨西哥等地是西班牙的殖民地,这种帆船贸易服务于西班牙的殖民利益,B项错误。仅凭亚洲与美洲之间的贸易往来不足以说明作为欧洲国家的西班牙主宰亚洲经济贸易,D项错误。

19. D 【解析】本题考查垄断资本主义。垄断资本主义的出现是资本主义生产关系的内部调整,

这种调整符合第二次工业革命以来资本主义经济发展的历史趋势,适应了生产力的发展要求。

20. A 【解析】印刷术传到欧洲后,为欧洲走出黑暗的中世纪及文艺复兴运动的出现准备了条件;火药成为新兴资产阶级战胜封建势力的有力工具;指南针为资产阶级开辟广阔的活动天地提供了条件。总之,这三大发明从政治、经济、思想三个方面推动了欧洲从封建社会向资本主义社会的转变。

21. B 【解析】本题解题的关键是要准确理解材料。材料中"人类的集合体"说明通过社会契约把人结合在一起,个体"听从自己的意志",说明通过社会契约保障了个人的自由,故正确答案为B。

22. C 【解析】罗斯福新政中的某些措施表面上看是损害了一些大财团的利益,所以遭遇他们的集体反对,由此才出现了罗斯福在竞选中支持率下降的现象。罗斯福签署《全国劳工关系法》,通过立法保障了工人的权益,所以遭到了大财团的反对,故答案选C。

23. A 【解析】根据所学知识可知,欧洲联盟和东南亚国家联盟的国家之间的经济实力差距不大,故B、C两项不符合题意;世界贸易组织是全球性的国际组织,故D项也不符合题意。北美自由贸易区的成员国有美国、加拿大和墨西哥,符合题干中的意思,故本题选A。

24. C 【解析】本题考查历史唯物主义的研究视角。材料中的结论认为,中国两千余年的专制官僚政治局面开端于秦国,原因在于秦国立下中国两千余年地主经济制度的基础。该结论运用了经济基础决定上层建筑的原理,体现了历史唯物主义的研究态度。

25. C 【解析】历史学科核心素养包括唯物史观、时空观念、史料实证、历史解释、家国情怀五个方面。以德树人是历史课程的根本任务。

二、简答题

26. 简述罗马法的特点。

【参考答案】(1)从地位上看,罗马法是欧洲历史上第一个比较系统完备的法律体系,是西方政治文明的起源之一。

(2)从形成上看,罗马法体现出适应时代和形势需要而演变的特点。

(3)从内容上看,罗马法维护了罗马公民和自由民的社会地位,调整了财产关系,规定奴隶制度和私有财产神圣不可侵犯,具有时代性的特征;内容丰富、体系完善,涉及政治、经济等许多领域。

(4)从作用上看,罗马法是维系帝国和巩固统治的强有力工具,对后世影响深远。

(5)从局限性上看,罗马法体现出统治者的意志和要求,对于被统治者而言,不可能真正实现法律面前人人平等。其实质是维护少数奴隶主利益的工具,属于奴隶制法律体系。

27. 说一说如何进行历史教学内容设计的创新。

【参考答案】(1)研究教材,找出各部分内容之间的逻辑关系,进行知识架构,为学生呈现知识结构,有结构的知识便于学生总体把握,将死的知识变成有机联系的知识。例如在学习重大历史事件中要注意把握五要素(时间、地点、领导人、事件、影响或意义)和三步曲(原因、经过、结果),训练系统、有序地掌握知识,逐步养成良好的思维习惯。

(2)历史教学的任务绝不仅仅是描述历史。教师在进行历史教学设计时,还应该注重引导学生对历史进行解释,只有对历史进行解释,历史才能成为一门学科。

(3)在进行历史教学内容设计创新时,要依据教材内容所呈现的历史现象,发掘内涵,设计问题。

(4)高中学生在学习历史时,很容易认为历史是过去发生的事情,是"死"的,不变的。教师在进行教学设计时,要运用联系的方法,使学生认识到历史展现社会的变迁,是动态的发展;注重历史与现实的联系,探求现实问题的历史渊源,进行历史反思,为解决现实问题提供思路。

(5)历史事件浩如烟海,教师在进行教学设计时,应精选教学内容,明确一节课的重点,围绕重点,设计问题,根据问题,设计探究程序,提升学生对历史问题的认识。

(6)整合素材,创设情境,吸引学生,使学生深入历史。进行师生之间、学生之间的交流,不断丰富、完善学生的认识。

28. 简述中学历史教学评价的作用。

【参考答案】(1)历史教学评价通过了解分析教学情况,对其成效和缺陷、矛盾和问题作出判断,可以为教学的决策和改进指明方向。

(2)通过历史教学评价,能使教师和学生知道教学过程的结果,及时地提供反馈信息,调节教学活动。

(3)历史教学评价对教学过程有监督和控制作用,对教师和学生则是一种促进和强化,能够反映教学的教学效果和学生的学习成绩。

三、材料分析题

29.【参考答案】(1)经济思想:前者主张重农抑商,后者主张工商皆本。

社会根源:战国时期封建社会形成;明清之际商品经济发展,资本主义萌芽产生。

(2)变化:由贸易保护主义政策发展为贸易自由主义政策。

原因:工业革命基本完成;工业资产阶级分享国家政权;工人群众的支持。

30.【参考答案】(1)学生在学习中有个性化需求;在信息社会中,学生有获得历史知识的多种途径。

(2)原因:该教师遵循突出学生在学习过程中的主体地位的课程实施理念,在授课过程中善于利用教育机智和学生已掌握的教学资源,做好相关知识的拓展工作。

作用:培养民主、平等的学习氛围;鼓励学生独立思考,学会提出问题;适时利用学生资源;发挥非正式评价的激励、导向作用;引导全体学生学会正确学习。

31.【参考答案】(1)第一阶段:学生通过浏览专题网站"基础知识区域"的内容,了解本课的重难点、结构线索,然后以教师设计的导读问题为学习目标对教材进行自主学习,从中由浅入深理解本课要掌握的历史知识点。学生在自学的同时,在网上发布自己一时无法解决的问题,请求老师帮忙解决。最后通过教师的启发和引导,学生构建基本的知识结构体系和基本理论,为下一阶段的学习打下基础。

第二阶段:在教师的主导和调控之下,学生进行小组合作探究学习。

第三阶段:学生围绕"活动内容",在"作品展示区域"展示活动成果,分组进行发言,阐述自己的观点,教师注重启发引导,并适时予以点评。

第四阶段:教师对学生的学习成果进行多元评价。一是对学生的学习态度、学习方式以及学习效率进行评价。二是学生在完成各任务模块后,通过解答教师布置的习题来对学习结果进行评价。三是学生在专题网站上的"作品展示区域"和"交流讨论区域"上发表的作品和交流的内容都可以作为学习的结果,纳入评价范围,根据教师提供的评价标准,学生互相之间或师生共同通过讨论区对此进行评价。

(2)网络交互式教学的设计和实施,运用的是现代化的教学手段,对教师提出了更高层次的教育教学能力要求:①要懂得计算机的基本理论和基本操作,要懂得网络课件和专题网站的开发和使用,要能适时调控课堂教学节奏。②教师的功能更集中体现在如何把"信息"转化为"知识",把"智能"转化为"智慧"。③教师要不断学习,更新教育观念,了解最新的科技成果,掌握最先进的教学手段,成为学者型、科研型、交流型、特色型的复合教师,成为学生学习的促进者。

四、教学设计题

32.【参考设计】

环节一:导入新课

教师用多媒体课件展示李大钊的《法俄革命之比较观》和《庶民的胜利》的部分内容,提问:这两篇文章都提到了哪个历史事件?

学生回答:十月革命。

教师提问:社会主义革命为什么会在俄国首先成功?十月革命是如何演变发生的?十月革命后苏俄是如何巩固政权的?我们今天来学习十月革命的有关情况。教师顺势导入新课。

【设计意图】教师通过学生耳熟能详的历史人物及其作品导入新课,能够激发学生的学习兴趣。教师设置的问题增加了悬念,有利于教学活动的展开。

环节二:新课讲授

(一)十月革命发生的历史条件

教师提问:为什么社会主义革命不是发生在高度发达的资本主义国家,而是发生在相对落后的俄国?请大家回忆我们已经学过的俄国1861年改革和一战的内容,总结十月革命发生的原因。

学生回答:1861年农奴制改革后,俄国资本主义经济有了一定发展,这是俄国发生十月革命的根本原因。一战使俄国的各种矛盾激化,这是革命发生的直接原因。

教师补充:革命发生的重要原因是俄国成为帝国主义链条上最薄弱的环节。俄国经济的发展比较缓慢,远远落后于其他资本主义国家,参加一战进一步激化了各种社会矛盾。主观原因是俄国无产阶级及其政党的成熟。

(二)十月革命的胜利

1.二月革命的爆发和革命后的复杂形势

教师指导学生阅读教材,提问:二月革命是怎么一回事?

学生回答:1917年3月俄国爆发了二月革命,推翻了统治俄国长达三百多年的罗曼诺夫王朝。

教师提问:二月革命后,面临怎样的复杂形势呢?

学生回答:二月革命后,在俄国形成了两个政权

并存的特殊局面,一个是彼得格勒工兵代表苏维埃,一个是资产阶级临时政府。

教师补充:彼得格勒工兵代表苏维埃,是武装起义的领导机关,革命后是革命权力机关,它是革命新政权的萌芽。苏维埃得到工农群众和革命士兵的支持。掌握苏维埃多数的孟什维克和社会革命党人反对社会主义革命,完全支持临时政府。而资产阶级临时政府在当时是主要政权,但一时还没有掌握镇压工农革命的武装。

教师过渡:两个政权并存局面只是一个过渡现象,不可能长期维持。到底由谁来掌权?是让资产阶级掌权,还是建立无产阶级专政?这是革命与反革命斗争的焦点,是关系到把革命进行到底,还是半途而废的严肃问题。

2.《四月提纲》的制定

教师提问:针对两个政权并存的复杂情况,列宁向布尔什维克党提出了什么样的任务呢?

学生回答:列宁发表了著名的《四月提纲》。

教师补充:《四月提纲》提出将俄国革命从资产阶级民主革命转变为社会主义革命的任务,明确提出"全部政权归苏维埃"的口号,争取以和平方式取得政权。

3.七月流血事件

教师提问:七月流血事件是怎么发生的?

学生回答:1917年7月,俄军在前线出击遭到惨败。彼得格勒50万工人和士兵举行示威游行,遭到临时政府血腥镇压。

教师补充:七月流血事件标志着两个政权并存局面的结束,政权完全落入资产阶级临时政府手中,社会主义革命不可避免。

4.十月革命的胜利

教师播放十月革命的纪录片片段,提问:十月革命是怎样取得胜利的?

学生回答:11月7日,布尔什维克党领导彼得格勒的工人赤卫队、革命士兵推翻了资产阶级的临时政府。接着,召开了全俄工兵代表苏维埃第二次代表大会,成立了苏维埃政府,通过了《告工人、士兵和农民书》、《和平法令》和《土地法令》。

(三)十月革命胜利的历史意义

教师提问:十月革命对俄国历史、世界历史进程、人类历史产生了哪些重大影响?

学生回答,教师总结:十月革命是人类历史上第一次取得胜利的社会主义革命,它由无产阶级领导,以建立体现社会公正和平等的社会制度为目的。十月革命成功地在资本主义世界体系上打开了一个缺口,沉重地打击了帝国主义的统治,鼓舞了国际无产阶级和殖民地半殖民地人民的解放斗争。十月革命将社会主义理论变为现实,开创了国际社会主义运动的新局面,也为俄国的社会发展开辟了一条新的道路。

【设计意图】教师播放纪录片能够营造具体的历史情境,帮助学生在具体的历史情境中学习历史、思考问题。

环节三:小结作业

1.小结:师生共同总结回顾本课所学知识。

2.作业:俄国十月革命有哪些特点?

【设计意图】课后作业的布置,能够提高学生学习兴趣,培养学生自主地解决问题的能力,深化对十月革命的历史认识。

教师资格考试预测试卷(六)

答案速查:

1	2	3	4	5	6	7	8	9	10	11	12	13	14	15
A	A	C	D	B	C	B	C	D	C	B	D	A	B	C
16	17	18	19	20	21	22	23	24	25					
A	A	B	C	B	C	C	C	B	A					

一、单项选择题

1. A 【解析】根据材料"周天子作为封国主权持有者以'册封'的形式'委任'诸侯作为地方封国统治的代理人",表明周王和诸侯形成君臣关系,西周已成为主权统一的国家,A项正确。周王是西周最高统治权威,B项错误。诸侯在自己的封国内拥有较大的自主性,而非"独立实行统治",C项错误。D项与材料主旨无关。

2. A 【解析】依据题干材料"进则救世退则救民""不为良相,便为良医""医,仁术也,爱之道也"可知,古代医学的发展受到了儒家济世利天下、仁爱思想的影响,A项正确。材料未体现大一统的

政治体制对医学发展的影响,排除B项。材料未体现国家政权对医学发展的支持,排除C项。从材料中无法得知小农经济和医学发展的关系,排除D项。

3. C 【解析】根据题干材料可知,唐朝国家财政收入的重点由租庸调转为田亩税,结合所学可知,这是由于天宝年间土地兼并之风盛行,均田制遭到破坏,国家掌握的土地和人口大幅减少,按人丁征税的标准已不合时宜,故C项正确,A项错误。唐朝的赋税制度改革发生在唐末农民战争之前,B项错误。由于土地兼并的加剧,国家掌握的土地和人口大幅减少,而不是国家失去对土地和人口的控制,D项错误。

4. D 【解析】北宋初期,越南的占城稻传入中国,不是通过丝绸之路进行传输的,排除⑤,故答案为D项。

5. B 【解析】从材料反映的元朝历代皇帝经常征召包括南人儒士在内的有名的汉儒学者进入政治上层,但他们大多进入无实权的机构来看,元朝政府一方面作出信任汉人的态度,另一方面又保持戒备,表明元朝政府表面上积极缓和民族矛盾,B项正确。A项材料不能反映,排除。C项不能反映材料主旨,排除。D项材料不能反映,也不符合史实,排除。

6. C 【解析】材料所说的冶炼方法为灌钢法,这一冶炼技术出现在魏晋南北朝时期。

7. B 【解析】材料中"无日不走分水岭及浦城之小关,下吴越如流水。其航大海而去者尤不可计"涉及水路交通,但未能反映其发达,故排除A项;要反映"成为全国经贸中心",必须要有全国范围内的横向比较,材料显然没有体现,故排除C项;要体现"资本主义萌芽",就要有雇佣关系,材料显然没有体现,故排除D项。材料主要反映的是明代福建商品经济活跃。

8. C 【解析】题意可以解释为国家当前的形势下,"小己自由"即民主权利,不是迫切必行的,由于异族入侵,所以"国群自由"即国家和民族利益是最迫切需要维护的,故C项正确;A、B、D三项是民主权利的内容,是"小己自由"。

9. D 【解析】从材料中"光绪二十七年""入都,本署即被占据,迨洋兵撤退"等信息可分析出,该侵华事件发生于光绪年间并占据北京,符合这两个条件的只有八国联军侵华战争。第一次鸦片战争与甲午中日战争,外国军队并没有侵入北京,第二次鸦片战争发生在咸丰年间。

10. C 【解析】依据材料可知,"公历一九一一年十月十日产生的"事件是武昌起义,该起义使清政府政权土崩瓦解,故材料中,国民独立做"人"是指摆脱了清朝的统治,C项正确;A不符合题意;当时并未完全摆脱封建束缚,故B错误;材料中没有提到民主共和观念,故D错误。

11. B 【解析】依据题干和所学知识,革命艺术家彦涵创作的新门神年画将传统门神形象置换为八路军和民兵,生动地反映了八路军和民兵的英雄气概,有利于倡导军民广泛开展敌后游击战争打击日寇,B项正确。依据题干年画上"抗战胜利""军民合作"等信息可知该作品宣传军民合作抗日,没有体现国共合作抗日,A项排除。题干信息没有体现鼓励军民效法古人保家卫国或动员民兵参加八路军抗战,C、D两项排除。

12. D 【解析】1974年,毛泽东提出的"三个世界"理论有利于美、苏阵营的分化,利于团结亚非拉广大发展中国家共同反对苏、美超级大国,即反对霸权主义,故选D项。A项错在"开始",B、C两项与材料不符。

13. A 【解析】1971年4月,毛泽东亲自批准中国乒乓球队邀请美国乒乓球队正式访问中国,以小球影响大球的"乒乓外交"轰动了世界。美国乒乓球队是民间组织,由此可知当时中美关系解冻的特点是以民促官。

14. B 【解析】材料信息反映的是智者学派。在雅典,公民参与城邦的政治生活,需要提高文化素质和能言善辩,于是,出现了一批有偿传授辩论、演说、修辞的技巧和参政知识的职业教师。这些职业教师自称为"智者",形成了智者学派。普罗泰格拉是智者学派的代表人物。

15. C 【解析】百科全书派是18世纪法国启蒙思想家在编撰《百科全书》的过程中形成的派别,主张理性主义。法国当局曾在最高法院对百科全书派提出公诉,从罪名"他们形成一个集团,为拥护唯物主义,摧毁宗教,鼓吹独立自由和败坏风俗"可知百科全书派的理性思想冲击了法国旧社会,C项正确。A项在材料中没有体现,排除。B项"百科全书派都是唯物主义者"说法过于绝对,排除。D项结论无法从材料中得出,排除。

16. A 【解析】在英国君主立宪制下,君主权力受到限制,不掌握实权,"统而不治",但英王仍旧是国家的象征,并非没有作用。

17. A 【解析】从材料中可以知道这一时期强调人的价值,反对"神赐"观点,所以本题选择A。

18. B 【解析】材料反映的是新航路开辟引起的价格革命,它使征收固定地租的封建领主财富急剧减少,而使工商业者的经济实力增强,B符合题意,正确;黄金、白银大量流入欧洲不是价格革命的结果,A不符合题意,排除;封建领主的财富是急剧减少,C不符合题意,排除;D属于商业革命的影响,不符合题意,排除。故本题选B。

19. C 【解析】三权分立是西方资本主义国家基本政治制度的建制原则。其核心是立法权、行政权和司法权分属三个不同的政府机构,相互独立、互相制衡。"石头、剪刀、布"的游戏只是一种单向制约,故答案选C项。

20. B 【解析】根据材料"罗斯福新政一开始就引起中国政论界的关注,有人指出:'此项试验如能成功,则非但美国之经济组织将有极重要之转变,即世界各国之经济政策亦必受其影响'"可知,中国的有识之士在罗斯福新政伊始就已经预见到了其可能产生的世界影响,故答案选B。

21. C 【解析】斯大林认为"基本农民群众在新经济政策时期一直在走'旧的资本主义发展道路'",说明他不赞同新经济政策,预示着苏联经济政策即将转变,C项正确。A项在材料中无法体现,且不符合史实,排除。"个体农民是最后一个资本主义阶级"只是斯大林个人的错误认识,体现不出苏联阶级斗争形势严峻,B项错误,排除。材料主要是讲斯大林对新经济政策中农民问题的认识,与苏联的工业化建设无关,D项排除。

22. C 【解析】由材料信息"反全球化反精英主义的'民粹主义'再次掀起高潮",结合所学知识可知,20世纪80年代以来剧烈的全球化虽然造就了巨大的社会财富,但财富和收入分配的不平等达到了前所未有的程度,西方社会阶层分化加剧,遂使民粹主义取得了空前广泛的民意基础,C项符合题意。材料没有涉及民主政治,A项排除。材料反映的是民粹主义再次掀起高潮,不能说明西方社会心理上普遍反对全球化,B项排除。西方发达国家民主政治比较完善,公民意识较强,"开始觉醒"表述错误,D项排除。

23. C 【解析】从材料信息来看,欧盟在发展过程中面临挫折,特朗普推行"美国第一"的贸易保护主义,反映出经济全球化的发展受到挑战,C项正确。特朗普的主张不能反映出对区域经济集团化的影响,A、B两项对材料信息概括不全面,排除。D项与材料信息无关,排除。

24. B 【解析】史志目录是正史中编撰的"志"的一种,它专门记载图书典籍,通常以"艺文志""经籍志"相称。《汉书·艺文志》是我国古代第一部史志目录,也是第一部正史目录。

25. A 【解析】本题考查史论结合的教学原则。历史教学重在将历史事实同相关理论结合起来探索历史演进的规律,A项符合题目要求。

二、简答题

26. 简述五代十国时期的政权更迭与历史概况。

【参考答案】(1)政权更迭:唐朝末期,藩镇割据势力进一步发展。907年,唐宣武节度使朱全忠废唐哀帝自立,国号梁,建都开封,史称"后梁"。唐朝灭亡后,在中原一带相继出现了后梁、后唐、后晋、后汉、后周五个朝代,史称"五代";在南方和河东地区,存在过吴、南唐、吴越、前蜀、后蜀、楚、闽、南汉、南平、北汉十个割据政权,史称"十国"。

(2)历史概况:五代十国是唐末以来藩镇割据局面的延续。它们的开国君主都是掌握兵权的武将。北方政权更迭,战事不断,政局动荡不安。当时的南方地区,由于受战乱影响较小,政局相对稳定,经济在原有的基础上也有一定的发展。五代十国时期,虽然政权分立,但长期政治统一的历史影响和各地经济发展的密切联系,使统一始终是一个客观存在的必然趋势。

27. 简述问题探究教学模式的教学策略。

【参考答案】(1)提出的问题要有不确定性,能够引发思考,激活思维。

(2)以学生的讨论为主,鼓励学生各抒己见,畅所欲言。

(3)注意引导不同观点的交锋,在比较中使问题的探讨更加深入。

(4)引导学生在同中求异,在异中求同。

(5)注意在论证问题时所使用的方法。

(6)问题本身及其结论都可以是开放性的,不强求达成一致的结论等。

28. 简述历史学科教学设计的基本流程。

【参考答案】历史学科教学设计的基本流程应包括以下内容:

(1)全面理解历史学科核心素养,科学制订教学目标。

(2)深入分析课程结构,合理整合教学内容。

(3)有效设计教学过程。

三、材料分析题

29.【参考答案】(1)特点:医学理论与实践并举;关注社会,服务民生;注重实用性;继承与创新。

(2)背景：鸦片战争后，西学东渐；西医在实验医学及医学分科上的优势；外国教会、传教士的推动；适应西方列强殖民扩张的需要等。

(3)价值：中医药学是中华优秀传统文化的重要组成部分；中医中药至今仍在世界医学领域占有重要地位；有利于扩大中国文化的世界影响；有利于传承和弘扬中华优秀传统文化，有利于提升文化自信。

30.【参考答案】(1)图示教学法。这幅图示形象地反映了贩卖黑人奴隶的"三角贸易"。

(2)图示教学法最大的特点是把用文字来叙述的历史知识结构，运用图示法表现出来，达到浓缩教材、突出重点的目的。

(3)使用图示教学法的关键是要设计好图示。学历史既要形象思维，也要逻辑思维，使用图示时，必须配以教师生动具体的讲述，这样可以达到省时省力，并取得良好效果的目的。

31.【参考答案】(1)运用了讲解法、谈话法、情境实践教学法。我更喜欢情境实践教学法。情境实践教学法是在教师指导下，以历史问题为主线，以师生深入历史情境为前提，以学生自主探究为中心，以师生互动、生生互动为特征的一种教学方法。通过老师的适当引导，使学生积极思考，能够提高学生的参与度，更有兴趣地参与到课堂学习交流中，让学生在如临其境的感觉中，进行历史的体验和思维，激发求知欲和情感，培养各种学习能力，促进学生的智力发展。

(2)运用情境实践教学法要遵循以下原则：

①情境的直观性。创设的教学情境要直观，有很强的历史真实感，才能使学生有情境感。材料中运用的是情境实践教学法中的角色情境类，通过掌握历史人物的心理去掌握课堂内容。

②启发性。创设形式新颖，能激发学生求知欲，选择的内容要有讨论的价值，能启发学生的思考，培养学生的思维能力。材料中提出的问题过于单一，因而启发性不够。

③过程的灵活性。课上的环节过程在具体教学中往往是交叉进行或平行的。引导参与时，情境创设可能就在其中，实践探索的过程可能就是成果交流的过程，重要的是要将这些环节灵活地融合，使学生"身临其境"。

四、教学设计题

32.【参考设计】

环节一：导入新课

教师用多媒体课件展示近代中国外交的图片和音像资料，请学生谈谈自己的感受，教师顺势导入新课。

【设计意图】播放图片音像资料可以引起学生学习兴趣，把学过的知识和新课联系起来，有利于教学活动的展开。

环节二：新课讲授

(一)独立自主的和平外交方针

教师用多媒体课件展示《冷战示意图》，提问：新中国成立的国际背景是什么？

学生回答：第二次世界大战以后，世界形势发生深刻变化。以苏联为首的社会主义阵营和以美国为首的资本主义阵营的对立和激烈斗争，成为国际关系最突出的特点。

教师播放毛泽东主席向全世界宣告新中国建交原则的视频片段，提问：新中国的外交方针是什么？毛泽东是怎么概括新中国的外交方针的？

学生回答：新中国奉行独立自主的和平外交方针，毛泽东形象地把它概括为"另起炉灶""打扫干净屋子再请客"和"一边倒"。

教师将和平自主的外交方针内容补充成表格，展示出来。

内容	含义	意义
"另起炉灶"	不承认旧的屈辱的外交关系，而要在新的基础上同各国另行建立新的平等外交关系	使得中国改变了半殖民地的地位，在国际交往中独立自主
"打扫干净屋子再请客"	先清除帝国主义在华的残余势力和一切特权，再考虑与西方国家建立外交关系的问题	巩固了新中国的独立和主权，为与世界各国建立平等互利的外交关系奠定基础
"一边倒"	坚定不移地站在社会主义阵营一边	在保障人民革命胜利成果、捍卫和平以及维护独立与主权的斗争中，不致处于孤立地位

(二)和平共处五项原则的提出

教师用幻灯片展示毛泽东访问苏联、中印建交等图片，提问：新中国建国第一年里取得哪些外

交成就？有何意义？

学生回答：新中国在建国后的第一年里，就同苏联等17个国家正式建立了外交关系。突破了美国的外交孤立。

教师补充：1950年，《中苏友好同盟互助条约》签订，这对促进中国经济的恢复和发展，打破帝国主义孤立封锁中国的政策，具有重要意义。

教师指导学生阅读教材，提问：新中国奉行什么外交原则？

学生回答：和平共处五项原则。

教师：和平共处五项原则是怎么提出来的？内容有哪些？有何重要意义？

学生回答，教师总结：和平共处五项原则是1953年12月周恩来在接见印度代表团时第一次提出来的。1954年，周恩来访问印度和缅甸，与两国总理发表联合声明，一致同意以和平共处五项原则作为指导中印、中缅关系的基本原则。内容包括：互相尊重主权和领土完整、互不侵犯、互不干涉内政、平等互利、和平共处。和平共处五项原则在国际上产生深远影响，成为处理国与国之间问题的基本准则。

（三）步入世界外交舞台

教师指导学生阅读教材，提问：新中国首次以世界五大国之一的地位参加了哪次国际会议？这次会议的主要内容是什么？中国的表现如何？这次会议对中国有什么意义？

学生回答，教师总结：1954年的日内瓦会议。这次会议讨论恢复印度支那和平问题。中国代表团团长周恩来就印度支那停止敌对行动提出合理建议，推动会议达成了《关于恢复印度支那和平的日内瓦公约》。中国代表团在会议上的积极作用，提高了新中国的声誉。

教师用多媒体展示图片《周恩来在万隆会议上发言》，出示周恩来在万隆会议上的演说材料，提问：1955年，亚非29个国家在印尼的万隆举行国际会议。这次会议讨论了哪些问题？会议存在什么困难？中国有何表现？

学生回答：万隆会议讨论保卫和平、争取民族独立、发展民族经济等共同关心的问题。会议面临帝国主义破坏会议的阴谋和与会国家间存在矛盾和分歧的困难。周恩来提出“求同存异”的方针，促进会议取得圆满成功。

教师补充：万隆会议加强了中国同亚非各国的联系。会后，中国与更多的亚非国家建立了外交关系。

【设计意图】教师通过播放视频、展示图片，能够激发学生的学习兴趣，使学生迅速融入历史情境。通过自主阅读与归纳整理，提升学生对文字材料的分析理解与归纳能力。

环节三：小结作业

1.小结：师生共同总结建国初新中国的外交建树，指出经过这一时期的外交工作，新中国在国际上已经站稳了脚跟，为中国外交的进一步发展奠定了坚实的基础。

2.作业：搜集整理我国与美国的外交关系资料，整理成主题报告，下节课分享。

【设计意图】课后作业的布置，可以帮助学生巩固曾经学过的中美关系的知识，为新课教学做准备，同时培养学生整理材料、分析历史问题并进行解释的能力。

教师资格考试预测试卷（七）

答案速查：

1	2	3	4	5	6	7	8	9	10	11	12	13	14	15
D	C	C	C	B	C	C	B	B	B	B	A	B	D	A
16	17	18	19	20	21	22	23	24	25					
A	D	D	C	B	B	C	B	B	D					

一、单项选择题

1. D 【**解析**】从夏商“史巫合一”到周代“史巫开始分离”，史官角色意识的变化体现了周代政治理想化的趋势，D项正确。周代王权与神权没有分离，A项错误，排除。B、C两项在材料中无从体现，排除。

2. C 【**解析**】题目最后得出“秦制之得亦明矣”，这里的秦制指的是秦朝的郡县制，郡县制有利于加强对地方的控制，加强中央集权统治。因此选C。A、B都是材料中的一部分，不够全面。材料无法体现郡

县制取代分封制是历史的必然,因此排除D。

3. C 【解析】"世胄蹑高位,英俊沉下僚"指的是世家大族子弟依靠门第即可出任高官,而真正有才学,但出身低微的人,只能做地位卑下的小官。很显然造成这一状况的制度原因是九品中正制。故正确答案为C。

4. C 【解析】根据材料"南宋学者袁毂感叹:'昔之农者,今转而为工;昔之商者,今流而为隶。贫者富而贵者贱,皆交相为盛衰矣'"可知,社会流动冲击了原有的等级秩序,故C正确。

5. B 【解析】"元朝行省实际上是封建中央集权分寄于地方"说明行省制加强了中央集权,故A、C说法不正确。材料显示行省有处理境内政治、军事、经济等各类事务、聚集境内财富的权力,说明行省制下地方权力相当大,B正确。行省是元朝最高地方行政机构,故D说法不正确。

6. C 【解析】材料中提到的"军事斗争史、边疆史"等符合明朝末年的阶段特征,比如明朝末年已经有西方侵略和倭寇问题,所以将注意力倾注到军事斗争史等研究方向,符合社会现实的需要,是典型的"经世致用"思想,所以C正确。明朝的确实行思想专制政策,但材料说"开始摒弃传统的纯学术研究的路子",明显与思想专制相违背,故A错误。材料只是提到研究方向,并未提到具体的研究方法,所以无从体现"格物致知",故B错误。材料中的研究方向与"反对君主专制"并无关联,故D错误。

7. C 【解析】在"公天下"和"现代行政"的现代视角下重新审视中国古代中央集权体制,显然可以从中挖掘和探讨这一存在了两千多年的政治制度的时代合理性。故选C。

8. B 【解析】清政府当时的财政收入主要来源于税收,故A项错误;依据题干时间1862年以及"利用民间票号的资金和汇兑网络解决朝廷饷银的调度问题"说明当时的太平天国运动影响清政府财政运作,故B项正确;依据所学知识可知,洋务派办理的洋务,不可能控制国家金融体系,故C项错误;材料无法反映"清政府利用商人应对外国资本冲击",故D项错误。

9. B 【解析】戊戌政变后中国的政治生活并未走向崩溃,A项与材料信息不符,排除A项;辛亥革命推翻了2000多年的封建帝制,但之后的中国事实上陷入了军阀混战的泥潭,故B项符合题意;材料强调的是政治生活,C项与材料主旨不符;资产阶级民主共和无法实现的决定因素是民族工业的发展程度与资产阶级力量的大小,并不是由历史传统决定,D项表述错误。

10. B 【解析】结合材料信息以及所学知识,胡适为当时新文化运动的代表人物,新文化运动的主要目的是进行思想启蒙,以挽救民族危亡,故A项错误,B项正确;新文化运动中的文学革命把斗争矛头直指中国传统的文言文,提倡白话文,故C、D两项错误。

11. B 【解析】由材料信息"1942年""西洋人必须改变他们对于东方的观念""不应当再有谁是优秀谁是低劣的思想存在,应当人人平等",并结合所学知识可知,抗战时期,中国积极要求西方国家废除近代以来签署的不平等条约,B项正确。当时世界反法西斯联盟已经建立,A项错误。材料"中国当然也应该尊重西方国家"说明C项错误。D项在材料中无法体现。

12. A 【解析】观察图片,根据图中信息,可判断为解放战争的战略反攻,1947年夏,刘伯承、邓小平率晋冀鲁豫解放军主力渡过黄河,挺进大别山,揭开战略反攻的序幕,故选A项。B、C、D三项与图片信息不符。

13. B 【解析】材料提到1988年中国物价上涨,发生了抢购的现象,实际反映了我国由计划经济向市场经济转变过程中,某些商品定价权放开,供需关系导致价格波动大,说明了经济体制改革的阵痛与艰难,B项正确。A项是走计划经济的老路,排除。当时我国还没有建立社会主义市场经济体制,C项排除。改革开放以来,我国物质匮乏的情况逐渐得到解决,D项错误,排除。

14. D 【解析】印度是佛教的诞生地,佛教创始人悉达多在参悟了生死问题后大彻大悟,创立了佛教;这一时期,犹太人在历经磨难后建立犹太教,视自己为上帝选民,确立神人关系;公元前7世纪,随着自然哲学的诞生,希腊人开始了自主意识的觉醒,开始用理性来认识世界;而对人伦秩序的安排则属于中国的儒家思想。故答案选D。

15. A 【解析】题干材料反映出罗马皇帝的决定有法律效力的原因是"人民已把他们的全部权力通过王权法移转给他"来看,是罗马皇帝和人民之间的契约使得其决定有法律效力,说明罗马法蕴含一定的契约精神,A项正确。材料反映的是"君权民授",B项排除。C项材料没有反映,排除。材料没有涉及"罗马贵族意志"的法律效力,D项排除。

16. A 【解析】第一次工业革命主要发生在轻工业领域,第二次工业革命主要集中在重工业领域。

17. D 【解析】本题考查启蒙运动的指导思想理性主义。康德道出了启蒙的真谛，即运用自己的理智，对世间万物做出自己的判断，D项正确；康德是启蒙运动后期的代表人物，他的思想主旨在于人的思想自由，A项主要是启蒙运动前期的功绩；B项则是古希腊智者运动的主旨；C项可以轻松排除。

18. D 【解析】根据所学可知，20世纪两次世界大战和不断的经济危机带来了大动荡和大变化，使西方文学艺术产生重大变化，现代主义文学兴盛起来。

19. C 【解析】美苏两国领导人针对展品适用性针锋相对，说明经济文化的交流没有改变两国意识形态领域存在的对立情况，故C项正确。

20. B 【解析】可直接读取材料信息，五六十年代欧洲经济一体化进程加快，法国原子弹研制成功进一步增强了欧洲力量，从而对美苏两极格局造成有力的冲击，加速了世界多极化趋势的发展。故B项符合题意。

21. B 【解析】根据题目内容可知，日本政府企图借助自身的经济总量优势获得国际政治事务上的话语权，即谋求成为政治大国。

22. C 【解析】材料中丘吉尔的话说明了核武器的存在避免了新的世界大战的爆发，保障了世界的和平稳定，即核恐怖平衡维持了世界和平局面。

23. B 【解析】“三通”指的是唐代杜佑的《通典》、南宋郑樵的《通志》、宋末元初马端临的《文献通考》。

24. B 【解析】美国著名历史学家斯塔夫里阿诺斯提倡全球史观，所著《全球通史》正是其全球史观的代表作。

25. D 【解析】根据《普通高中历史课程标准》(2017年版)，学业水平考试命题的主要原则有：以历史课程标准为依据；以考查历史学科核心素养的具备程度为目的；以新情境下的问题解决为重心。

二、简答题

26. 简要谈谈你对雅典民主政治的评价。

【参考答案】(1)进步性：①民主的创举。提供集体管理的新形式、创造民主运作的新方式，对近代西方资产阶级民主政治有着深远的影响，成为西方政治文明的源头。

②推动文化事业的发展。民主制重视全体公民的个体自由和责任感，铸就了雅典人渴求知识、乐于探究的民族性格，从而促进了本国政治、经济、文化的蓬勃发展，使古代希腊在文化领域取得众多辉煌成就。

(2)局限性：①民主性质的原始性。雅典民主仅是一种原始的直接民主形式，只适用于小国寡民的城邦。

②民主范围的狭隘性。它是建立在城邦制基础之上的，是奴隶主的民主，是极少数人的民主，广大的奴隶、外邦人和妇女根本没有公民权。

③运作方式的随意性。抽签选举和轮流坐庄的参政方式，意味着素养不同的人享有同等的国家管理权，很可能会导致国家权力的滥用和误用。

27. 简述史料实证的基本原则。

【参考答案】(1)论从史出。理论、概念和对历史的阐释、评价等都应该是从史料中总结出来的，反对按照某种事先设定的概念取舍、剪裁史料。

(2)孤证不立，坚持多种类型史料互证。在研习历史时要本着“兼听则明，偏信则暗”的理念，要在对同一问题的不同表述和认识上发现问题，秉持开放的史料观。

(3)摆事实，讲道理。不仅要通过史料讲述“是什么”，还要在此基础上讲述“为什么”。

(4)提高全面运用史料的能力。在研究过程中，有时确实没有足够的证据来证明某事，但根据逻辑判断应该如此，也不能轻下结论、妄下判语，只能存疑。要全力挖掘史料中蕴含或隐藏的各种信息和意义。

(5)注意挖掘史料背后的社会背景含义和特定的微观情境，切忌望文生义、断章取义。既要关注宏大叙事、长时段、全球化视域下的融会贯通，又要着意于历史的细节和个体的生活世界。

28. 简述中学历史教师如何正确使用中学历史教科书。

【参考答案】历史教师正确使用历史教科书应做到以下几点：

(1)认真钻研和深刻理解中学历史教科书中各章、节、目之间的联系，从整体上掌握教科书的框架。

(2)透彻理解历史教科书中每个章节的内容，备课中围绕教学重点、难点，设法调动一切教学手段，把重点和难点转化为学生可以接受的信息。

(3)教学中应充分利用历史教科书，包括有关图表、附录都应当重视。

(4)教师还应根据教学目标和学生知识基础等实际情况，灵活引进适合学生年龄特征、学生能理解的有关历史学科的新知识，促进学生的发展。

(5)能结合本地区的需要，适当补充本民族、本地区的乡土历史教材。

(6)在教学中，教师还应当指导学生充分运用好历史教科书。要注意培养学生阅读教科书的能力、

方法和习惯，防止学生产生把教科书丢在一边，单纯地记笔记、抄笔记的倾向。

三、材料分析题

29.【参考答案】(1)一战后，协约国将奴役性的《色佛尔条约》强加于战败的土耳其；土耳其人民在凯末尔的领导下击败了希腊干涉军；凯末尔领导的土耳其与协约国存在矛盾。

(2)土耳其摆脱了《色佛尔条约》的枷锁，实现了民族独立；在帝国主义凡尔赛体系中打开了一个缺口，鼓舞了被压迫民族的解放运动；和会未能完全保证土耳其对黑海海峡的主权，存有缺陷。

30.【参考答案】(1)教学目标：

①深入认识五四运动的背景。

②搜集并分析各类历史材料，了解五四运动的导火索和过程。

③重新认识一百年前的五四运动，深刻理解五四运动的影响，学习五四先辈的爱国主义精神。

(2)教学重难点及突破方法：

教学重点：掌握五四运动的背景、导火索、经过、结果等基本史实；采用问答法进行教授。

教学难点：理解五四运动的影响；采用小组讨论法进行突破。

(3)板书设计：

五四运动
背景：国内、国际
导火索：巴黎和会上，中国外交的失败
过程：两个阶段
结果：取得初步胜利
意义：新民主主义革命的开端

31.【参考答案】课程改革要求教学中应充分体现学生的主体地位，但教师的引导作用却不能放弃。循循善诱是一名教师必备的基本功。在上述案例中，教师注意加强了学法指导，从史实中总结归纳出“地位”“特点”“原因”“影响”，又从历史的、现实的、中国的、外国的加以分析，还从近代影响中国资本主义发展的内因、外因方面做出分析，最后从经济地位、政治地位、思想地位等几方面，确定了中国近代资本主义经济的历史地位。这就落实了对知识的把握程度，又落实了能力的培养要求。

四、教学设计题

32.【参考设计】

环节一：导入新课

教师在多媒体课件上出示一张名为《全面取消农业税》的纪念邮票的图片，提问：同学们，请你们仔细观察这张邮票，能从中得出什么信息？

学生回答：这是张面值80分的邮票，上面有大大的“税”字，还写着“2006年1月1日全面取消农业税”。

教师：同学们回答得很正确。农业税是国家对一切从事农业生产、有农业收入的单位和个人征收的一种税，俗称“公粮”。随着改革开放的展开，我国经济迅速发展，农业税所占税收比例越来越小，1999年农业税占全部财政收入4%，2003年则降低到1%。2006年1月1日起，我国更是全面废除了农业税。这是具有划时代意义的重大变革，标志在我国实行了2600多年的传统税正式退出历史舞台。取消农业税不仅有利于我国经济的可持续发展，也是实现社会公平正义的要求。这种变革在我国古代是不可想象的，因为赋税制度是我国古代经济制度中最为重要的内容，它是维护封建国家机器运转的重要经济手段。我国古代的赋税制度经历了多次变革。同学们，你们知道从魏晋到唐朝，赋税制度有哪些变化吗？为什么会发生这些变化？它们这种变化说明了什么？由此导入新课的讲授。

【设计意图】通过时事导入，引导学生从现实社会中的问题去透视历史上的同类问题，进而激发学生的学习兴趣，投入到对历史问题的探究过程中。

环节二：新课讲授

(一)魏晋到唐朝赋税制度的变化

教师用多媒体课件出示表格，请学生阅读课文，完成表格内容。学生完成表格后，教师出示表格完整内容。表格如下：

时期	赋税制度	内容或特点	作用和意义
北魏孝文帝改革	租调制	颁布均田令，受田农民承担定额租调，一夫一妇每年纳粟为租，纳帛或布为调，成年男子负担一定的徭役	促进了北魏的经济发展和社会繁荣

续表

唐初	租庸调制	内容:(1)将赋税征收对象定为21—59岁的成年男子;(2)男子不去服役的可以纳绢或布代役;(3)规定了农民负担的上限。 特点:(1)建立在均田制基础之上;(2)以庸(纳绢或布)代役	(1)相对减轻了农民负担;(2)以庸代役保证农民有较充分的生产时间;(3)政府的赋税收入也有了保障
唐朝后期(780年)	两税法	内容:(1)由中央政府确定总的税额,分配到各地征收;(2)"户无主客,以现居为簿";(3)每户按人丁和资产缴纳户税,按田亩缴纳地税,取消租庸调和一切杂税、杂役;一年分夏季和秋季两次纳税。	(1)简化税收名目,扩大收税对象,保障国家的财政收入;(2)它"唯以资产为宗,不以丁身为本",改变了自战国以来以人丁为主的赋税制度,减轻了政府对农民的人身控制

(二)唐朝赋税制度变化的原因

教师:我们已经知道,唐朝的赋税制度经历了从租庸调制到两税法的变化。为什么会发生这种变化?请同学们阅读一则材料,回答这个问题。

材料　唐前期,继续推行北魏以来的"均田制"。在此基础上,实行租庸调制,"有田则有租(田租),有家则有调(纳绢、布等),有身则有庸(每丁每年服力役二旬,若不服役则纳布帛等代替)"。庸和调在整个国家财政中占据重要地位。唐中期以后,随着人口增加,土地兼并加剧,均田制急剧崩坏,租庸调制难以维持。"有幼未成丁,而承袭世职,家累千金者,乃薄赋之;又有年齿已壮,而身居穷约,家无置锥者,乃厚赋之,岂不背谬!"百姓举家逃亡,规避赋税,被称为"客户"。公元780年,唐朝推行两税法,以国家财政开支所需为总额,所谓"量出以制入"。所有民户在现居地登记,根据财产情况定户等,按户等高低缴纳赋税,"户无主客,以见居为簿;人无丁中,以贫富为差"。分夏秋两季征收,"不居处而行商者,在所郡县税三十之一",结果"赋不加敛而增入,版籍不造而得其虚实,贪吏不诫而奸无所取,自是轻重之权,始归于朝廷"。每户负担并未增加,但国家财政总收入增加,对户口的掌握也更为准确,"天下便之"。

——摘编自白寿彝主编《中国通史》等

学生阅读材料,根据材料回答:随着人口增加,土地兼并加剧,均田制无法推行,租庸调制也无法维持。

教师补充:同学们回答得很好,需要补充的是,租庸调制无法维持造成了唐朝财政的困难。除此之外,还有户口不实,贫富两极分化,贫户与富户承担的赋役不公的问题,农民大量逃亡,阶级矛盾尖锐。

(三)两税法的利弊

教师出示两则史料,请学生按照历史小组,分组讨论对两税法利弊的认识。

材料一　两税法推行后,有人批评说:

每州各取大历中一年科率钱谷数最多者,便为两税定额,此乃采非法之权令以为经制,总无名之暴赋以立恒规。

——陆贽《翰苑集》卷22《中书奏议·均节赋税恤百姓第一条》

材料二　诗人白居易则写出如下诗句:

国家定两税,本意在忧人。厥初防其淫,明敕内外臣:税外加一物,皆以枉法论。奈何岁月久,贪吏得因循。浚我以求宠,敛索无冬春。织绢未成匹,缫丝未盈斤。里胥迫我纳,不许暂逡巡……昨日输残税,因窥官库门。缯帛如山积,丝絮似云屯。号为羡余物,随月献至尊。夺我身上暖,买尔眼前恩。进入琼林库,岁久化为尘。

——《白居易集》卷2《重赋》

学生阅读史料并进行小组讨论5分钟,之后小组代表发言。

教师对学生发言进行点评,总结两税法的利弊:

利:(1)分夏秋两次征税,明确纳税时间。

(2)扩大纳税主体,扩大了纳税面,确保了封建王朝的税收,解决了唐朝政府财政危机。

(3)明确各阶层税率,推进税收公平,两税法是以财产征税,不再以丁户来征税,照顾了人民的

负担能力,体现了合理负担原则,符合社会发展趋势。

(4)两税法实施后,中央财政实力得到加强,起到了巩固和加强中央集权的作用。

(5)户税纳钱,地税交实物,适应了商品经济的发展,同时也加速了封建社会商品经济的发展。

(6)否定了以"人丁"为基础的赋役制度,开创了我国封建历史上以土地和财产为基本计税依据的先例。

弊:(1)税外加征,税外又出台许多苛税,人民负担逐渐加重。

(2)配赋不均,两税法以大历十四年的垦田数为准,各州各道按照所掌握的旧有数额进行摊派,但由于战乱,田亩数量变化很大,而当时仍然以旧额摊派赋税,显然是不合理的。

(3)折钱纳税,使得人们的负担随币值的波动而波动,负担不稳定。

(4)两税法按照资产计税,但是实际操作过程中,资产难以估算。

【设计意图】以表格的形式厘清从魏晋到唐赋税制度演变的历程,让学生对赋税制度形成总体认识。通过对史料的探究,培养学生的史料实证和历史解释素养。小组讨论有利于调动学生学习的积极性和主动性,培养学生合作探究的能力。

环节三:小结作业

1. 小结:师生共同总结本课所学。

2. 作业:学生课下搜集关于均田制的资料,写一篇关于均田制的小论文。

【设计意图】课后作业的布置,可以帮助学生锻炼搜集、分析史料和历史写作的能力,培养史料实证和历史解释素养。

教师资格考试预测试卷(八)

答案速查:

1	2	3	4	5	6	7	8	9	10	11	12	13	14	15
A	A	B	B	A	B	D	B	A	B	B	A	D	A	B
16	17	18	19	20	21	22	23	24	25					
A	D	C	A	B	B	B	B	D	D					

一、单项选择题

1. A 【解析】从"深耕易耨""多粪肥田"等说法,可见当时的农业注重精耕细作,通过耕作方法、技术等进步,提高产量,因此选A。B、C、D三项在题干中都没有体现。

2. A 【解析】从材料信息"波斯""度流沙""听驼铃""易桑麻"可以反映出波斯商人远道而来,与此相关的就只能是丝绸之路了。

3. B 【解析】秦统一六国的兼并战争中,对一些地方的人口造成严重影响,通过大规模的移民,有利于均衡全国人口的分布,B项符合题意。其他三项与材料信息不符,排除A、C、D三项。

4. B 【解析】材料中的"以孝治天下""汉文帝设置《孝经》博士""儒家著作《孝经》成为读书人的必修经典",说明汉代统治者试图通过强化宗法伦理来巩固自己的统治,B项正确。A项在材料中没有反映,排除。汉武帝接受董仲舒的建议,"罢黜百家,独尊儒术",逐步确立儒学的正统地位,C项排除。D项与材料无关,排除。

5. A 【解析】唐朝时,我们形成了南青北白两大瓷器系统,材料诗句描述的是唐朝的白瓷。

6. B 【解析】相同时期内南北方的户口数量增长情况有很大反差,导致这种现象的原因是北方国家政权对人口控制力强,检括人口有力,南方政权因世家门阀势力强大,拥有大量佃户,造成国家直接控制的人口数量增长缓慢。这一时期,北方各政权间相互攻伐,南方社会相对稳定,A项说法错误。自孙吴控制江东后,南方地区在北方流民的帮助下开发速度加快,C项说法有误。门阀政治最终是在唐代衰微,这一时期尚未终结,D项错误。

7. D 【解析】本题考查的是科举制,说明学子为科举而坚持,科举是当官的途径,但不是唯一的,故A项错误;材料显示了文人对科举的坚持,不是指朝廷笼络文人,故B项错误;学子们学习是为当官不是为追求真才实学,故C项错误;学子们之所以为科举坚持不懈,是为实现自身价值,故D项正确。

8. B 【解析】根据材料信息"对外国公使进驻北京,则以有违礼制为由多次拒绝,甚至打算以全免关

税来换取列强放弃公使驻京”,可知清政府缺乏近代外交意识,仍然抱有天朝上国观念,B项正确。材料信息“清政府对增开商埠、割地、修改税则、赔款各项均比较容易予以接受”“甚至打算以全免关税来换取列强放弃公使驻京”,体现清政府主权意识淡薄,A项错误。材料没有关于清政府采取了灵活的外交策略的信息,C项错误。清政府成立总理衙门是开始建立近代外交体制的表现,D项不符合题意。

9. A 【解析】根据材料中“决心废除所有外国特殊地位、特权和治外法权”,可知反帝是明确的。新三民主义于1924年提出,故材料中激进的反帝表现体现了新三民主义中民族主义的内容,A项正确。B、C、D三项均与题干材料不符,排除。

10. B 【解析】材料信息反映了日本对上海的侵略,结合时间信息“1937年”可知此时国民政府正在开展淞沪会战,因此照片赢得了国际社会对中国抗战的同情。答案选B项。淞沪会战是国民政府军队的抗战,中国共产党并未参加,排除A项;C、D两项与史实不符。

11. B 【解析】从材料信息看,相当多的举人反对梁启超等“废除八股取士”的建议,这说明科举改制缺乏广泛的社会基础,答案选B项。材料仅涉及梁启超等人建议“废除八股取士”,并不是要废除科举取士制度,A项表述本身错误;材料仅说明许多举人对“废除八股取士”的态度,不能充分说明知识分子政治保守,排除C项;材料信息无法说明新旧学之间矛盾不可调和,排除D项。

12. A 【解析】从材料表格来看,20世纪30年代末40年代初中国各行业有些工厂内迁至西南地区,使得这一地区社会经济结构有所改变,A项符合题意。从表格内容看内迁工厂侧重于重工业方面,并没有协调发展,B项错误。C项结论无法从材料中得出。D选项不符合材料主旨。

13. D 【解析】城市经济体制改革包括在管理体制上、所有制结构上和分配上三个方面。所以,管理体制改革即实行政企分开,增强企业活力提高经济效益。

14. A 【解析】苏格拉底的意思是正确的判断应来源于客观的知识,而非多数人的主观意见。他的观点针对雅典民主制度过于追求形式上的平等与民主,一定程度上忽视了客观事实。答案为A项。

15. B 【解析】由材料可知,罗马法十分重视私有财产,体现出对物权的保护,B项符合题意。A项在材料中没有体现,排除。材料强调的是对物品的态度,而非人身安全,C选错误,排除。D项在材料中没有体现,排除。

16. A 【解析】“机器工厂的出现”本身属于天才的发明,故应该排除。而工业革命的发生是18世纪政治、经济、科技进步综合作用的结果。

17. D 【解析】根据题干提供的信息和所学史实可知,1894年美国工业生产总值跃居世界第一位,德国也在这一时期赶上英国。所以此题正确选项是D。

18. C 【解析】依据材料可分析出17世纪时自由平等思想在英属北美殖民地已产生一定的影响。A项表述不准确;B项与题干要求不符;D项表述错误,17世纪欧洲大部分国家受到了文艺复兴的影响。故选C项。

19. A 【解析】根据材料可知,《共产党宣言》揭露了资本主义私有制的弊端及其社会问题,结合所学可知,《共产党宣言》发表于1848年,此时正值第一次工业革命完成,第二次工业革命即将开始,资本主义正处于上升时期,A项正确。题干没有涉及社会主义理论学说的问题,B项排除。C项在材料中没有涉及,排除。D项垄断资本主义的形成是在第二次工业革命期间,排除。

20. B 【解析】由材料信息“1941年12月29日”“用漫画的形式提前祝福反法西斯战争中新的世界组织和安全机制的诞生”可知,新的世界组织和安全机制即将诞生。依据所学知识可知,1942年1月1日《联合国家宣言》签署,标志着世界反法西斯同盟的正式形成。故B项符合题意。

21. B 【解析】上海合作组织是由中国、俄罗斯、印度、巴基斯坦、哈萨克斯坦、吉尔吉斯斯坦、塔吉克斯坦、乌兹别克斯坦组成的地区性国际组织,和美国没有关系;《北大西洋公约》签署于1949年,故排除①③。20世纪70年代,面对苏联的战略攻势,美国实施了两项措施,一是从越南撤军,二是改善和中国的关系,中美上海联合公报的发表就是中美关系改善的产物。故②④符合题意。

22. B 【解析】1961年,不结盟运动正式形成。不结盟运动奉行非集团、不结盟的政策,推动了民族解放运动的深入发展,加速了帝国主义殖民体系的崩溃。从20世纪70年代开始,不结盟运

动把反对美苏两个超级大国的霸权主义作为重要任务,同时,将建立国际经济新秩序作为不结盟运动的行动纲领。不结盟运动的兴起,标志着第三世界国家作为独立的政治力量登上国际舞台,在一定程度上冲击着两极格局。

23. B 【解析】题干中莫言作品属于魔幻现实主义,因此和选项中的《百年孤独》属于同一种风格,B项符合题意。A、C两项属于现代主义文学作品,排除。D项属于苏联社会主义“解冻文学”,排除。

24. D 【解析】修昔底德按年代顺序,分八卷记录伯罗奔尼撒战争的大致经过,编纂成《伯罗奔尼撒战争史》。

25. D 【解析】口述史学因来自普通民众,内容广泛,编纂者与亲历者可以直接面对面地接触,具有生动性、广泛性和民主性的优点。

二、简答题

26. 简述英国1832年议会改革概况。

(1)背景:工业革命后,工业资产阶级兴起,要求获得更多的政治权利。

(2)时间:1832年,英国议会进行选举改革。

(3)内容:重新规定选民的财产限制,重新划分选区。

(4)影响:工业资产阶级获得了更多的议席,大大加强了在议会中的作用,为工业资本主义的进一步发展提供了保障。

27. 简述现代教育技术在高中历史教学中的作用。

【参考答案】(1)创设历史情境,有利于激发学生的兴趣。

(2)提供多种条件,培养学生的综合思维能力。

(3)提高课堂效率,加深学生对知识要点的理解。

(4)因材施教的教学原则,使教育个别化、个性化成为可能。

(5)归纳总结,精讲巧练,有利于学生思维的发展。

28. 在设计教学目标时,教师应注意哪些问题?

【参考答案】(1)要以问题解决的水平程度作为教学目标的核心内容,避免将核心素养的五个方面机械地分离。

(2)所制订的教学目标要结合教学内容和学生的实际水平,使教学目标具有可操作性,通过教学能够达成。

(3)教学目标要有可检测性,能够衡量出学生通过学习所表现出来的进步程度。

三、材料分析题

29.【参考答案】(1)认识:对西方的认识较为全面;对西方的认识建立在改造日本基础之上;较为注重西方思想精神方面的价值;对西方文明的认识较为极端,认为西方文明优于亚洲文明。

(2)评价:推动了日本思想的近代化;促进明治维新的发展;脱亚入欧理论助长了日本国内的对外扩张情绪。

30.【参考答案】(1)主题:北魏孝文帝改革。

(2)教学提纲:

北魏孝文帝的改革

①孝文帝改革前的背景

②改革的具体措施

a. 建新制:均田制、三长制

b. 汉化措施

③影响

(3)采用情景教学法和活动教学法相结合呈现。

31.【参考答案】(1)教师已经在前面的学习中,培养学生独立思考、大胆质疑的习惯。这一教学片段主要说明了学生敢于提出个人见解。这种情况在课堂上随时都会出现,这对教师来说是一个巨大的考验,该教师的弹性设计没有跟上学生的进步。

(2)因本课教学内容较简单,在后续的教学中不需要对内容学习作补救,可以提供新材料,让学生对众人观点进行分析、归纳,提高思维能力。

四、教学设计题

32.【参考设计】

环节一:导入新课

教师:鲁迅先生曾说过:“外国人用火药制造了子弹御敌,中国却用它做爆竹敬神;外国人用罗盘针航海,中国却用它看风水。”四大发明在中国和西方命运为什么会有不同?教师顺势导入新课。

【设计意图】问题导入增加课程悬念,引起学生兴趣。

环节二:新课讲授

(一)四大发明的概况

教师播放我国古代四大发明的纪录片片段,用课件展示空白表格,要求学生阅读教材内容,自主填充表格内容。

师生共同完成表格之后,教师通过课件分别展示我国古代四大发明的图片及传播路径,加深学生对这些发明的印象。

(二)四大发明的影响

教师将学生分成四组,分别向各组发放有关四大发明影响的材料,要求各组通过阅读材料并进行小组讨论,说一说每一项发明的历史影响是什么。

学生代表发表各组的看法,教师总结并补充成表格:

	造纸术	印刷术	指南针	火药
中国	有利于中国古代文化事业的发展以及古典文化的保存	有利于文化的传播和发展	早期有利于中国航海事业的发展,但后来却成为迷信活动的工具	我国是世界上最早发明火药、使用火药武器的国家,后来火药成为搞迷信、敬鬼神所使用的工具
西方	造纸术经阿拉伯人传到欧洲,纸张取代了羊皮纸和小牛皮纸,促进了欧洲文化的发展	推动了文艺复兴运动和宗教改革,促进了人们的思想解放和社会进步	指南针的使用,促进了远洋航行,迎来了地理大发现的时代	火药传播到欧洲,推动了欧洲火药武器的发展,帮助欧洲资产阶级战胜封建贵族
认识	四大发明是中国成为世界文明古国的重要标志,但后来却没有转化为生产力,这影响了中国古代向近代社会转型;四大发明传入欧洲,促进了欧洲社会的进步,推动了欧洲从封建社会向近代社会的转型			

教师:现在我们可以回答课堂开始时的问题了,四大发明在中西方为什么有不同的命运?

学生回答:受明清当时社会条件、社会制度、经济水平、人的观念的限制,中国古代的科技成就没能及时转化为生产力。但四大发明在欧洲却极大地促进了资本主义的发展。

教师补充:(1)政治方面,封建专制制度束缚科技继续发展。(2)经济方面,腐朽的生产关系严重阻碍科技的发展。(3)文化教育方面,儒家文化和封建奴化教育阻滞科技的发展。(4)社会价值观导向方面,反功利主义的传统价值观制约着中国近代科技发展。

(三)中国古代科技的特点

教师带领学生回顾中国古代在天文、农学等方面的重要科技成就的影响,提高文化自豪感。

之后教师提出疑问:哥白尼提出日心说,开启了欧洲自然科学的大门,自然科学飞速发展起来。欧洲的哈雷不是最先发现哈雷彗星的,但却是最早计算了彗星的轨道和回归周期。中国人最早发现并记录了雪花的六角形规律,但是角和角之间的关系,以及由此引发的早期集合原理却和中国人无关。

要求学生通过这一疑问的提出结合所学知识,进行小组讨论,思考中国古代科技的特点。

学生讨论之后进行分享,师生共同归纳中国古代科技的特点:中国古代科技具有很强的实用性;具有较强的经验性,大多是对生产经验的直接记载,是对自然现象的直接描述,没有抽象出理论。

环节三:小结作业

1. 小结:教师以展示古代科技成就相关图片为线索,带领学生回顾相关知识。

2. 作业:英国科学家、中国科技史大师李约瑟博士在《中国科学技术史》中彻底推翻长期称霸国际史学界的"西方中心论",为中国科技讨回公道。李约瑟困惑的是,中国古代科学技术遥遥领先,为何到16世纪却衰落了?请你思考并解答李约瑟的困惑。

【设计意图】思考作业的设置引起学生课下学习探索的兴趣,提高学生的历史思维能力。